Marco Aldag

MIDLIFE CRISIS
nicht mit mir!

Der Männer-Ratgeber mit
fesselnden Anekdoten aus New York

BOOKS4SUCCESS

Copyright 2012:
© Börsenmedien AG, Kulmbach

Gestaltung und Satz: Johanna Wack, Börsenmedien AG
Lektorat: Moritz Malsch
Korrektorat: Hildegard Brendel
Druck: CPI – Ebner & Spiegel, Ulm

ISBN 978-3-864700-56-9

Alle Rechte der Verbreitung, auch die des auszugsweisen Nachdrucks,
der fotomechanischen Wiedergabe und der Verwertung durch Datenbanken
oder ähnliche Einrichtungen vorbehalten.

Bibliografische Information der Deutschen Nationalbibliothek:
Die Deutsche Nationalbibliothek verzeichnet diese Publikation in der
Deutschen Nationalbibliografie; detaillierte bibliografische Daten
sind im Internet über <http://dnb.d-nb.de> abrufbar.

Postfach 1449 • 95305 Kulmbach
Tel: +49 9221 9051-0 • Fax: +49 9221 9051-4444
E-Mail: buecher@boersenmedien.de
www.books4success.de

Inhaltsverzeichnis

7   Einleitung:
     Die Mitte des Lebens

19   Ich will einfach raus
31   Ankommen in New York
63   Das Phänomen Mann
79   New York
101   Einfach ich
135   Leverage your life!
187   Lifestyle
197   Hinterfrage deine Welt
227   Es ist Zeit, zu wagen

Einleitung

DIE MITTE DES LEBENS

Wann ist die Mitte des Lebens – muss ich 40 Jahre alt sein? Werde ich 80 Jahre alt?

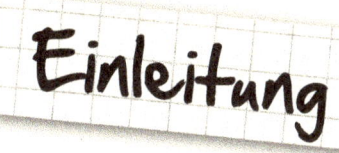 habe ich am Vortag meines 30. Geburtstages in Los Angeles getroffen. Als Inhaber einer Medienproduktionsfirma muss man sich um seine Jobs selbst kümmern. Jahrelang haben wir uns auf Interviews von Stars konzentriert. Dazu muss man einen guten Kontakt zum Management pflegen, immer informiert sein, wann welcher Star etwas Neues macht. Sei es ein neuer Film, eine neue CD oder sonst irgendetwas, worüber man berichten könnte. Wichtig ist es, am Ball zu sein, tagesaktuell und schnell – schneller als die Konkurrenz zu sein, denn Storys über Stars wollen alle, und der Markt ist umkämpft. Gute Kontakte nach Los Angeles und New York sind

wichtig, um Informationen zu bekommen und Einladungen zu wichtigen Events, nicht zuletzt der Oscar-Verleihung. Diese gilt als Beweis: Man ist noch mit dabei und gehört zu den angesagten Journalisten im Boulevard-Society-Bereich.

Verleiher und Produzenten sind natürlich einerseits sehr interessiert, Interviews und Geschichten über neue Produkte in Hochglanzmagazinen veröffentlicht zu sehen – denn das ist ja Promotion; andererseits gibt es das Problem mit der Zeit – denn wenn die Journalisten weltweit „gefüttert" werden müssen, damit eine Story über das neue Projekt abgedruckt wird, wenn der Film, die CD et cetera startet, sind diese noch gar nicht fertig. Wenn über eine neue CD oder einen Film aus Amerika hier in Deutschland berichtet wird, ist der gesamte Marketingprozess bereits beendet. Gedruckte Magazine haben einen Vorlauf von mehreren Monaten.

Ein Film ist oft noch gar nicht abgedreht, geschweige denn geschnitten, wenn die Journalisten für Interviews eingeladen werden. Deshalb wird einem die Möglichkeit gegeben, am Filmset dabei zu sein. Dann schaut man ein wenig zu und bekommt anschließend die Möglichkeit, mit den Stars und dem Regisseur zu reden. Bei CDs besucht man die Produzenten und den Star im Studio und hört zu, wie einige Passagen eingesungen werden. Dann redet man über das neue Projekt und interessiert sich für das Zustandekommen der Texte, die Gesangspassagen, den neuen Sound, einen neuen Rhythmus und Effekte, fragt etwas über eine kommende Tournee. Aber in Wirklichkeit macht man diese Verrenkungen nur, um einige News zu privaten Dingen aufzuschnappen und auf Band zu haben.

US-Firmen organisieren sogenannte „International Junket Days": Weltweit werden wir Society-Journalisten eingeflogen und in den tollsten Hotels untergebracht. Dann gibt es die Möglichkeit für Gespräche und Interviews. Man kommt in einer Hotelsuite zusammen – dort ist dann der Star, um den es geht. Ich erinnere mich an Pierce Brosnan, Mel Gibson, Meryl Streep und viele andere. Was muss das für sie anstrengend sein, von morgens bis abends die unterschiedlichsten Journalisten aus der ganzen Welt zu empfangen – meist mit denselben Fragen. Immer nett, immer Glamour, immer alles nur toll!

Immer dasselbe. Das vorgesehene Zeitfenster von zehn Minuten. Der Star sitzt auf einem Stuhl, man selbst nimmt Platz gegenüber und stellt seine drei, vier Fragen, die natürlich vorher vom „Publizisten", der zuständigen Fachperson für Marketing, Image und Presse, durchgesehen und mit ihm abgesprochen waren. Privates sollte tabu sein, erwünscht sind Fragen zum Film, zur Rolle und so weiter. Natürlich kann man diese Vorgaben nur durchbrechen. Man bekommt erst einen guten Kontakt zu diesen Stars und VIPs, wenn man sie über mehrere Projekte begleitet. Ist man freundlich zu Tom Cruise, so grüßt er einen einige Wochen später am roten Teppich bei der Premiere wieder – ein galantes „Hey, how was L.A.?" oder: „Did you enjoy the interview?" Man erkennt einander wieder, und das ist gut so. Beim nächsten Mal knüpft man daran an – denn von diesem angenehmen Wiedererkennen ist es abhängig, ob Anfragefaxe nach einer Homestory sowie weitergehende Interviews fernab in Produktionsfirmen und Managements erhört werden.

Ob man sich wiedersieht, hängt auch von den Veröffentlichungen ab, die man vorweisen kann. Mit einer Radioagentur im Hintergrund, die sämtliche Äußerungen, sogenannte O-Töne, europaweit verbreiten kann, um aktuelle Projekte zu bewerben, wird man sehr gerne zu Interviews eingeladen. Natürlich ist eine Agentur, die immer für mehrere Sender und Magazine arbeitet, gefragter – denn wenn ein Star mit einem Gespräch gleich in mehreren Sendern präsent ist, ist dies natürlich effizienter, als wenn jeder kleine Regionalsender (es gibt über 200 Radiostationen in Deutschland) einzeln Fragen beantwortet haben möchte. Ergänzt man sein Veröffentlichungsportfolio noch mit einer Glamourzeitschrift im Hochglanzsegment oder einem TV-Magazin, in dem über Premieren, Filme und CDs berichtet wird, so steigen die Chancen auf Exklusivinterviews oder gar Homestorys immens, und man findet sich bald am Strand von Malibu, bei Berühmtheiten zu Hause in Beverly Hills und in den Hollywood Hills oder auch am Schreibtisch von Steven Spielberg wieder. Shoppen bei Fred Segal auf der Melrose Avenue, Breakfast im Earth Cafe und so weiter ... tägliches „must have" – man ist genau am „Place to be".

So war es auch am Vorabend meines 30. Geburtstags. Whitney Houston ... Geladen zum Konzert in Los Angeles. Es war die Tour, für die Whitney von Dolce & Gabbana ausgestattet wurde – wenn man sich für sie interessierte, dann vergisst man diese bunten Kleider, die wirklich tollen Outfits und die Presseberichte darüber nicht mehr! Alles lief glatt – eine tolle Stimme, alle großen Hits und Emotionen pur – sie zog sich nach jedem zweiten Song um, das Licht war perfekt gesetzt, und irgendwann wurde ich mir wieder einmal bewusst, inmitten welcher Glamour-Welt ich mich bewegte.

Amerikanische Konzerte unterscheiden sich von Auftritten in Europa dadurch, dass zwar ebenfalls alle Zuschauer am Ende der Show „Zugabe" schreien – diese ist aber meist auf ein weiteres Lied beschränkt. Kein Star kommt wieder auf die Bühne und nochmal und nochmal. Denn in den Staaten geht es eher um die Show – und die ist, genau wie die Interviews, präzise festgelegt und abgestimmt. Eine Tournee und selbst die Zugaben sind vorgeplant, alles stimmt und passt. Nicht zu viel Schweiß am Ende der festgesetzten Zeit und fernab der geplanten Glamourzeit für die Fans! Das sieht nicht gut aus und zerstört dann auch ein Stück Illusion. It's professional, so be part of it!

Kylie Minogue kann man auf der Bühne kaum sehen – die Tänzer sind präsenter als sie selbst auf den großen Bildschirmen – irgendwo da vorne auf der Bühne huscht das kleine Mädchen herum ... Bei Beyoncé wundert man sich, wie sich eine Frau so verdammt viele Schritte merken kann – darüber hinaus sind das Bühnenbild und die Animationen atemberaubend. Lady Gaga ist Wahnsinn, ebenso wie Madonna!

Doch zurück zu Whitney Houston: Auf ihrer letzten Tournee, es sollte ja ein Comeback sein, hat sie die Fans in Berlin angepöbelt: „Wenn ihr die Whitney von früher hören wollt, so müsst ihr die CDs abspielen!" Aber damals in Los Angeles war sie noch perfekt. So war das Konzert wirklich toll, und eine Stunde nach dem Spektakel wartete ich dann am Bühneneingang darauf, zu ihr in die vorbereitete Garderobe vorgelassen zu werden.

Unvergesslich. Das war genau am Höhepunkt ihrer Karriere, und es ist erst ungefähr zehn Jahre her. Whitney Houston ist inzwischen tot.

Und ich? Ich werde nachdenklich. Habe ich jetzt noch einmal 40 Jahre zu leben oder nur 20 – oder sogar nur noch 10 Jahre? Whitney Houston hat ihr Leben selbst aus den Fugen gleiten lassen und ist zu selten aus dem Glamour-Himmel auf den Boden hinabgestiegen – vielleicht ist sie auch zu oft auf den Boden geknallt und hat sich dann auf dem Teppich nicht mehr sortieren können, um aufzustehen. Jedenfalls wird die Midlife-Season, die Mitte des Lebens, uns alle unaufhaltsam ereilen.

Neulich wäre ich fast von der Straßenbahn erwischt worden – in Gedanken vertieft und mit Kopfhörern im Ohr habe ich die nahende Tram echt nicht bemerkt – puh, das war wirklich knapp. Oder damals auf der Autobahn. Irgendwie habe ich in der Zeit, als ich noch ein Auto hatte, auf jeder Fahrt einen Unfall beobachtet. Ein Crash ... das war's dann.

Oder vor ein paar Jahren im Urlaub auf Jamaika ... ein tolles Hotel an der Küste. Das Schild am Rand „no swimming" habe ich einfach nicht beachtet – zu verlockend verliefen die Stufen von den Klippen hinunter zum Meer. Klar fielen mir die vielen Sedimentausläufer und Steine im flachen Wasser auf. Aber ein Einheimischer, der am Rand saß und kiffte, meinte, ich könne da ruhig reingehen. Er fragte mich noch, welche Bungalow-Nummer ich hätte.

Marco ist also beseelt von Sonne und Urlaub, hinein ins Wasser ... das sollte ich bald bereuen. Noch nie hatte ich eine solche Panik: Ich schwamm, so gut ich konnte, und merkte dabei, dass ich nicht vorankam. Und da spürte ich schon den Sog nach unten. Die Strömung war einfach stärker als ich. Am Rand versammelten sich auf einmal unglaublich viele Menschen, die ich vorher im Ressort noch nie entdeckt hatte. Auch Simon, der Freund, mit dem ich dort war, stand auf den Klippen und schrie: „Du bist verrückt!", wild gestikulierend. Wenn man spürt, es geht zu Ende, man kämpft und wird bei vollem Bewusstsein besiegt – dazu die Panik ... Bilder aus meinem Leben schossen mir durch den Kopf. Nur indem ich durch ruhiges Atmen die Panik niederrang, konnte ich neue Kraft gewinnen, an den Steinen Halt finden – und mich darauf konzentrieren, diese verdammt weit entfernten Stufen zu erreichen.

Ich lebe noch. Simon habe ich danach, sozusagen als Revenge für das Fast-Ertrinken am Strand von Jamaika, drei Tage lang durch New York gehetzt. Schon immer war ich ein Freund davon, Dinge zu verbinden – und warum soll man nicht auf dem Weg in den Strandurlaub nach Jamaika einen Stopp in New York einlegen? Oft ist das kostengünstiger, als wenn man zweimal über den Atlantik fliegt: Ein Flug in die Karibik nach Jamaika kostet von Deutschland aus 700 Euro, 300 Euro mehr als nach New York. Nach New York sind es rund 400 Euro. Wenn man im Internet bei den Gesellschaften der amerikanischen Flugdrehkreuze nach Flugangeboten schaut, so sind Flüge von dort in die Karibik manchmal für 100 Dollar zu haben! Somit bleiben noch 400 Dollar übrig, um New York, Atlanta und so weiter zu entdecken. Und schon war man nicht „nur" in der Karibik, sondern auch noch Shoppen in einer Weltmetropole – das hat doch was!

Natürlich ist es so etwas stressiger, und man muss es mögen. Vor allem aber muss man in der Lage sein, die Strand-Emotionen ein wenig zu verdrängen, um dann ganz lässig in New York, dem „Place to be", zu landen. Dazu muss man entspannt die Wege vom Flughafen in die Stadt und später wieder zum Flughafen zurücklegen. Denn der, für den es schon Stress bedeutet, den richtigen Zug in die Stadt zu erwischen ... der wird sich auch niemals über einen Kaffee-Stopp in Manhattan freuen.

So ging es auch Simon. Ich war ganz beseelt: Hey, wir sind in New York – that is so cool! Er dagegen dachte immer nur an das Gepäck – alles noch mal aus dem Koffer nehmen und umräumen, nur um jetzt noch drei Tage durch die Stadt zu hetzen ... wozu das alles? Ganz beunruhigt ist er hinter mir hergelaufen, und ich, natürlich begeistert von all den Eindrücken und einer genauen Vorstellung, wo und wann man in welche Geschäfte muss oder wo man mal kurz stoppen sollte, um den Blick auf die Skyline, auf eine der Brücken oder Ähnliches zu erhaschen, fand es natürlich viel zu unbedeutend, irgendwo anzuhalten, damit er sich ein Wasser kaufen konnte … Irgendwie hatte ich den Eindruck, er wollte mitten in der coolsten Stadt der Welt immer nur Pause machen, um seine Freundin anzurufen, seine Beziehungskrise zu besprechen und noch einmal zu diskutieren, warum man nun alleine in den Urlaub fährt. Er war nach dem Urlaub eine Woche krank und litt an Dehydrierung. Heute, Jahre danach, sind das Erfahrungen und Erlebnisse, die zusammenschweißen, und man lacht darüber.

Aber da wir ja hier die Kosten im Blick behalten wollen: Was kostet das Beinahe-Ertrinken?

- Den Flug nach New York gibt's für 429 €.
- Eine Nacht in der Stadt kostet nichts (das Hotel ist überflüssig – man will ja die Stadt erleben).
- Taschengeld für eine Nacht in der Stadt (Taxi, Burger etc.): 80 €.
- Flug nach Jamaika: pro Person 25.000 Meilen zzgl. jeweils 130 € Steuern und Gebühren.
- Der Leihwagen in Jamaika.
- 6 Hotelunterkünfte.
- Essen am Straßenrand, Restaurantbesuche: 230 €.

Gar nicht mal so teuer, und dafür gibt's dann das Gefühl, fast zu ertrinken oder dehydriert zu sein, inklusive. Und solche Erlebnisse machen schließlich das Leben aus. Aber hilft eine Woche auszubrechen schon gegen die Midlife-Crisis? Wohl kaum – dennoch, wir sind auf der richtigen Spur. Denn geht es hier nicht um die nicht eingestandenen Bedürfnisse und die materiellen Dinge, die cool sind, die man unbedingt schon immer mal machen wollte? Geht es nicht darum, einmal aus der Rolle zu fallen, etwas ganz anderes zu machen, vielleicht auch etwas Exzessives, etwas, das Sie sich noch nie getraut haben – ohne die Konsequenzen fürs Morgen zu durchdenken?

Wovon träumen Sie? Was muss noch geschehen, wohin möchten Sie noch verreisen in Ihrem Leben? Wollen Sie etwas anderes entdecken oder einmal fremdgehen? Zieht es Sie nach New York? Buenos Aires? In den Weltraum? Oder wollen Sie doch eher alles in das Studium der Kinder investieren? Meine Antwort: Wenn es Ihr Traum ist, tun Sie's einfach – was es auch ist. Probieren Sie es aus, sonst werden Sie nie erfahren, ob es richtig war!

Ich hatte schon lange darüber nachgedacht. Ich war schon einmal für zwei Jahre in Los Angeles – die Amerikaner und deren Art, Dinge anzugehen, einfach mal zu machen und nicht immer ewig nachzudenken und abzuwägen, bevor man etwas Neues macht, hat mich schon immer fasziniert. Da ich schon seit dem Studium in zwei deutschen Städten lebte und danach beruflich so alle vier, fünf Jahre umzog, habe ich den Entschluss gefasst, kurz vor 40 einen Cut zu machen und es einfach zu wagen, nach New York zu ziehen!

Viele, denen ich von meinen Plänen erzählte, in die USA zu gehen, fanden das gut. „Oh ja, einfach mal raus hier!" oder: „Oh, hast du es gut, wie gerne würde ich auch mal einfach den Job sein lassen und was Neues starten!" – „Boah, Alter, was machst du? Du gibst das alles hier auf und ziehst nach New York?"

Ich mochte es nicht, dafür bewundert zu werden – aber wie soll man etwas ändern, wenn man nicht einfach mal etwas wagt? Wie soll man glücklich in die Zukunft gehen, wenn man nicht mal die Vergangenheit ausblendet und das Bewährte hinter sich lässt?

In Beziehungsbüchern wird genau beschrieben, was ein Paar tun soll, wenn es feststellt, dass es nicht mehr zusammenpasst. Mein Leben ist doch meine allererste Partnerschaft – bin ich nicht glücklich mit meinem Lebensverlauf, wie soll dann alles Weitere wie der Job,

Beziehungen, Freizeitaktivitäten erfüllend sein? Wer sein Leben an sich nicht mag, wird niemals glücklich, das ist meine Meinung. Permanent an irgendetwas festzuhalten, und sei es ein Job, der mich nicht mehr ausfüllt, das kann es doch nicht sein! Ein unglückliches Leben frisst wirklich die gesamte Energie einer Person auf. Trägheit entsteht, eigene Ideen werden nicht mehr entfaltet, da man meint, es hätte sowieso alles keinen Sinn. Und genau darum geht es: mit sich selbst bewusst umzugehen, seine Möglichkeiten zu erspüren und die Schönheit des Lebens ein bisschen neu zu entdecken. Das lernt man zum Beispiel in New York – doch dazu später mehr.

Aber was kostet das alles?

> Kurz gefasst: In New York zu leben, kostet an Miete im Monat zwischen 2.000 und 4.000 € zuzüglich Lebenshaltungskosten. In den Weltraum kommen Sie demnächst für 200.000 €. Kindern ein Studium zu ermöglichen, kostet pro Jahr mindestens 15.000 €, wenn's nicht knauserig wirken soll.

Selbst Fremdgehen ist in Euro und Cent zu ermitteln. Sie beginnen eine Liebschaft, Sie laden sie zum Essen ein, danach verschwinden Sie irgendwo in einem Hotel, um „mal wieder" so richtig Spaß zu haben. Sex findet statt, Beischlaf pur, und Sie leben sich aus: Sie bezahlen 100 Euro die Nacht, dafür kann man in Deutschland schon tolle Hotels buchen – oder Sie bieten Ihrer Geliebten etwas ganz Besonderes und entscheiden sich für ein Luxushotel, welches Sie sich und Ihrer eigenen Frau für den gemeinsamen Urlaub niemals gönnen würden. Wäre das eine Vorstellung, die Ihnen gefällt? Dann besorgen Sie vor dem Treffen eine Flasche Champagner, stellen diese kalt, blasen Luftballons auf (98 Cent im Supermarkt) und dekorieren diese auf dem Bett. Ihre Liebschaft wird bewundern, wie kreativ Sie sind. Sie strahlt übers ganze Gesicht, und dann kann es auch schon passieren: Sie erleben die Nacht der Nächte, jedes Mal, wenn Sie sich treffen. So geht das doch mit Liebschaften.

Allerdings – Ihre Ehefrau daheim wird irgendwann den fremden Geruch an Ihnen wahrnehmen. Zweifel an der Beziehung kommen auf. Macht die Ehe noch Sinn? Was wird aus den Kindern, was wird aus dem Haus, dem sozialen Umfeld und all dem Vertrauten?

Sie haben Kinder? Wenn Ihre Kinder die eigene Mutter irgendwann heulend vor der Waschmaschine sitzen sehen, weil wieder einmal Lippenstiftflecken am Hemdkragen entdeckt worden sind … das mag Klischee sein – aber dann ist es Zeit, zu gehen. Ich selbst erinnere mich noch an einen letzten Spaziergang meiner Eltern, und dieser dauerte nicht lange. Dann kehrte meine Mutter zurück und sagte: „Ich bringe den Papa jetzt mal zur Oma – von jetzt an sind wir allein. Aber wir schaffen das!" Und der Vater kommt noch mal ins Zimmer und sagt, dass man sich bald wiedersieht und dass das alles nicht so schlimm sei … Wieder nur Klischee? Oder Wirklichkeit?

Das wird dann teurer als mal so eine Nacht in irgendeinem Hotel, eine Flasche Champagner, einmal essen gehen und 98 Cent für 10 bunte Luftballons … Aber sollte es das Geld sein, was uns lenkt? Kann man alles mit Geld aufwiegen?

Was macht mich zufrieden – und was riskiere ich dafür? Nicht für meine Familie, meinen Arbeitgeber, meine Nachbarin oder eine Freundin: Was riskiere ich für mich selbst, und vor allem: Wann riskiere ich das? In einem Ratgeber zum Männlichsein finde ich den Tipp, dass Männer einfach ehrlich sein sollen. Warum nicht einfach an einem Sonntagnachmittag sagen: „Du langweilst mich – unsere ganze Situation langweilt mich!" Das wird in dem Ratgeber zur Abenteuerreise erklärt, als „Cowboy-Modell" deklariert[1], aber darauf und auf die psychologischen Thesen dahinter kommen wir an anderer Stelle zu sprechen.

---

[1] Lebert, Andreas und Stephan (2007): Anleitung zum Männlichsein. Frankfurt am Main. S. 41.

Dies ist kein egozentrisches Buch, auch wenn es sich vielleicht so liest wie die Anekdoten eines Egozentrikers, aber meine Erfahrungen, Erlebnisse und Thesen sollen Ihnen Anstoß und Anlass bieten, eigene Gedanken zu entfalten. Diese entzünden sich vielleicht, wenn Sie zwischen den Zeilen lesen, vielleicht, wenn Sie sich an den „bedeutungsschweren Auslassungspunkten …" Ihren Teil denken. Sie werden sich an der einen oder anderen Stelle wiedererkennen und sich entdecken – schmunzeln Sie über Ihre Gefühle, über Ihre eigenen Assoziationen, fühlen Sie sich ertappt, oder entdecken Sie an sich Geheimnisse, die sich ein Mann von heute unbedingt bewusst machen sollte.

Viele Männer lieben ihr Auto. Klar ist es schön, in einer Garage die Auswahl zu haben zwischen den neuen Modellen. Egal ob Porsche, Infiniti oder BMW und Mercedes … alles steht da einfach herum. Aber wer hat schon das Glück oder auch das Pech, mit so viel Verantwortung – denn Besitz bringt Verantwortung mit sich – ausgestattet zu sein? Wer kann schon sich selbst neu entdecken oder die Welt, wenn daheim ein dickes Haus, eine große Firma et cetera stehen – irgendwann wird man davon eingeholt. Je weniger man besitzt, desto freier ist man – oder machen Geld und Reichtum etwa frei? „Freedom is just another word for nothing left to loose", das sang schon Janis Joplin, und Roland Kaiser ergänzte: „Die Gefühle sind frei."

Dagegen beobachte ich in den Städten Deutschlands das Phänomen, dass offensichtlich ein älteres Auto, richtig aufgemotzt mit dickem Auspuff, Ledersitzen und Bass-Reflexbox frei machen muss, jedenfalls dröhnt hier die Musik am lautesten aus allen Boxen. Das Gefühl, im Cabrio durch eine tolle Landschaft zu fahren gibt's ab 86 Euro/Tag zuzüglich Benzingeld für ein Mietfahrzeug.

Aber fangen wir an, uns über Ihre Träume zu unterhalten: Wo wollen Sie leben? Vielleicht ist es bei Ihnen Buenos Aires – ich bin nach New York gegangen. In eine Stadt, wo Extreme aufeinanderprallen, ineinander und miteinander leben. Für Europäer ist New York ein Symbol. Der Traum vom „Alles, Immer und Öfter": Die meisten Menschen haben Shoppen vor Augen, das Wahrwerden aller erdenklichen Träume, und auf der anderen Seite: arbeiten, bis der Reichtum zu Kopf steigt. Man kennt die Stadt von Kurztrips und meint meistens Manhattan, auch wenn die Stadt New York fünf Stadtteile hat und sich der Staat New York bis zu den Niagarafällen, hoch an der Grenze zu Kanada erstreckt.

Alle wissen genau, was sie mit New York verbinden. Es soll Leute geben, die in irgendeiner „Harry's New York Bar" sitzen – egal wo in der Welt, und glauben, sie hätten nun das New-York-Gefühl – wie auch immer sich das ihrer Meinung nach anfühlt!

Spielt es überhaupt eine Rolle, wo man ist? Kann man nicht einfach sein, wo man will, um Glück zu empfinden, Ruhe in sich zu entwickeln, um seine Midlife-Crisis auszuleben? Oder muss man alles aufgeben, um einen Schnitt im Leben zu machen, noch mal neu anzufangen, sich zu verwirklichen oder wie man das auch immer nennen mag – um dann für seine Midlife-Crisis bereit zu sein, sie vielleicht sogar im Keim zu ersticken?

1. Kapitel

ICH WILL EINFACH RAUS!

The secrets of a man's life

Kennen Sie das Gefühl nach einer Nacht voller Träume? Sie erwachen am nächsten Morgen und haben genau davon geträumt, was Sie in der Zeit davor irgendwie beschäftigt hat? Eine Frau würde sagen: „Ich gehe mit etwas schwanger." Auf einmal durchleben die Traum-Gedanken eine Wandlung. Man liegt wach im Bett und denkt darüber nach. Man geht mehr schwanger, mehr und mehr – obwohl „schwanger sein" überhaupt nicht steigerbar ist – wir tun es jetzt einfach!

Nur Sie selbst wissen es: Wie oft machen Sie die Person, die neben Ihnen vielleicht schläft, wach – so mitten in der Nacht, um von Gedanken zu berichten, die Sie auf einmal ganz für sich geträumt haben? Sie lassen doch den anderen weiterschlafen und erzählen dann am nächsten Morgen vielleicht von Ihren Träumen. Das, um was es aber wirklich geht und was Sie gerade beschäftigt, das erzählen Sie doch gar nicht ausführlich. Denn die neuesten Wandlungen Ihrer ureigensten Gedanken, die sich vielleicht um die Partnerschaft, um die Lebenssituation oder berufliche Dinge drehen, die berichten die meisten von uns nicht jeden Tag unseren Liebsten. Sie gehen also weiter damit schwanger. Und doch treiben Hirngespinste in uns herum. Einfach mal weg! Einfach mal einen neuen Job oder was wäre, wenn …

Und das fühlt sich gar nicht so gut an, weil man nicht wirklich weiterkommt. Man ist in sich selbst gefangen. Zwar hat das Problem durch die Gedanken vielleicht einen neuen Impuls bekommen – aber geklärt ist es nicht wirklich; es ist eben ein „secret", dass wir als Männer doch nicht schwanger werden können. Bei einer Frau kann man Schwangerschaft sehen – wenn ein Mann etwas Lebensveränderndes aushecktet oder etwas in ihm Unruhe auslöst – niemand sieht etwas. Wir müssen darüber reden!

Und das ist ein entscheidender Nachteil bei uns Männern. Unzufriedene Frauen kennt jeder Mann, man trifft sie vornehmlich samstagabends in Diskotheken. Hier greift ein Prinzip, das ich als Frauen-Wunder bezeichne. Es mag ein Klischee sein, aber, geben wir es doch zu, ein bisschen was ist dran: Kaum hat eine Frau ein Kind geboren, ist sie glücklich, alle Probleme, Zweifel, Unzufriedenheit einer Lebensphase … vorbei – es folgen dann später noch die körperliche Umstellung und dieses „Mal-heiß-mal-kalt-Gefühl" … Das nervt dann nochmal alle Beteiligten, aber im Prinzip ist eine Frau nach neun Monaten Schwangerschaft mit all ihren Problemen durch, alle Zweifel des Lebens sind dann vorbei. Wie einfach eigentlich, denn eine Schwangerschaft ist irgendwann beendet – da gibt es einen berechneten Termin, und dann sollte das Kind auf natürliche Weise geboren werden. Wenn nicht – dann wird es eben geholt. Narkose, Kaiserschnitt und dann gibt es News, ob Mädchen oder Junge! Von diesem Moment an sind dann die Frauen glücklich – praktisch automatisch kann man Frauen

Glück bereiten, und man beobachtet, wie sie dann entspannt und selbstzufrieden mit dem Kinderwagen durch den Park schlendern. Aber wir Männer? Mann ist nicht nach neun Monaten mit seinen Wünschen und Begierden fertig, und es ist dann keineswegs alles so, wie man es will.

Eine andere Situation. Besonders an der Küste kann man das erleben: Am Abend Chaos oder heftiger Regen, der Wind bläst Ihnen um die Ohren, Bäume fallen um, ein Knacken geht durch die Nacht, und dann, am nächsten Morgen, kreisen die Möwen wieder am Strand – so als wäre nichts gewesen. Ein neuer Tag ist geboren, die Welt ist nicht untergegangen, und die Luft ist klar und frisch. Aber hat sich wirklich etwas verändert? Nein, es ist immer noch dieselbe Welt, und dieselbe Endlosschleife der Natur.

Bei uns Männern lässt sich das Gefühl: „Irgendetwas sollte oder könnte sich ändern, und ich will noch so viel …" ebenfalls nicht durch einen Streit besiegen. Oder schaffen Sie das: Einfach mal ein Gewitter aufziehen lassen, einen Sturm, der bei Ihnen alles durcheinander fegt, und wenn man am nächsten Morgen auf-

---

Tipp:
- Schreiben Sie einmal auf, was Sie in der letzten Zeit geträumt haben. Machen Sie sich Gedanken, was davon Alltagsbewältigung oder die Verarbeitung eines momentanen Problems ist. Was aber sind Vorstellungen, die Sie gern verwirklicht sehen möchten?
- Sind Sie im Job zufrieden, in der Beziehung, mit Ihrem Wohnumfeld?
- Wohin möchten Sie gerne reisen? Können Sie eine Veränderung Ihres Lebensmittelpunkts herauskristallisieren? Wo möchten Sie gerne leben und warum möchten Sie woanders leben?

wacht, ist alles gesagt und geklärt? Nein, am nächsten Morgen beginnt alles wieder von vorne! Wir machen nicht einfach mal das Fenster auf und alles ist schön und neu! Die Sonne scheint vielleicht, und Dinge klären sich, wenn man neu und mit Abstand einer Nacht darüber nachgedacht hat – aber die Midlife-Crisis ist ja eine ernsthafte Krise, die sich so schnell nicht besiegen lässt. Und die durchleben wir nun, oder besser gesagt, wir begegnen ihr, setzen uns mit den secrets eines Mannes auseinander, um so einer aufziehenden Krise locker zu begegnen.

Schauen Sie TV-Magazine, die sich mit fremden Kulturen beschäftigen – eine Reise dorthin schafft Aufschluss, was Sie wirklich faszinierend finden. Ein Blick in ein Modemagazin verrät Ihnen vielleicht, was Sie gerne einmal anziehen würden, wovon Sie immer glaubten, dass das nicht zu Ihnen passen würde.

In New York habe ich mir Schuhe gekauft mit einem Fashion-Absatz von fast acht Zentimetern, mit einer Plateausohle hinten und vorne – eine Art Cowboystiefel und wirklich für Männer.

Mein Cowboystiefel-Modell kann ich in Deutschland kaum wagen anzuziehen, es ist zu sehr Fashion. Immer wenn ich schlecht drauf bin, ziehe ich diese Schuhe an und laufe durch SoHo. Niemanden stört es, denn niemand hat hier Zeit, sich mit meinen Schuhen zu beschäftigen! Ich aber war happy und ich bin happy. Ich ziehe an, was mir Spaß macht und was für mich und meine Welt neu ist. Damit habe ich ein Bedürfnis befriedigt. 360 Dollar für ein Paar Schuhe, und schon habe ich das Gefühl, total zufrieden zu sein. So einfach kann es sein – aber hilft Shoppen auf Dauer?

Selbsterkenntnis

Die Midlife-Crisis wird versteckte Wünsche offenbaren, sie wird uns einholen, weil wir glauben, etwas zu verpassen, bzw. bis zum heutigen Tage tatsächlich etwas verpasst haben. Es ist egal, ob es um private oder berufliche Wünsche geht. Man möchte der eigenen Welt entfliehen und Dinge tun, die in dieser bisher nicht möglich waren, die aber eigentlich möglich sind, wie uns andere Menschen vorleben. Natürlich ist diese Krise nicht durch ein paar neue Schuhe oder andere Konsumausgaben zu lösen. Was können wir also tun? Beginnen wir mit eine Reflexion über uns selbst:

Wenn man sich mit Psychologen unterhält, kommt oft heraus, dass Männer ihre Sozialisation anders in sich hineinfressen und sich viel mehr von ihr bestimmen lassen als Frauen. Überlegen Sie für sich selbst, welche Themen in Ihrem Leben störend sind, und reden Sie darüber. Nach der Lektüre einiger Bücher zum Thema wird auch Ihnen endgültig klar, dass das Hauptproblem bei Männern darin liegt, dass Gefühle nicht geäußert werden. Wenn man Dinge nicht äußert, dann kann man auch keine Erkenntnisse erlangen, keine Differenzierungen vornehmen und sich selbst auch nicht einschätzen, es fehlt der Austausch mit anderen – und nur das hilft als Reflexion.

Lange ist es her, da habe ich einmal einen Schauspielkurs in Los Angeles besucht. Die für mich herausragende Übung lief so: Wir befragten völlig fremde Personen nach unserer Außenwirkung. Dazu sollten wir uns einmal besonders gut anziehen – was auch immer für uns „besonders gut" bedeutete. Die meisten zogen eine Anzughose an, ein nicht ganz verschlossenes Hemd, dazu schöne Schuhe, etwas Gel in die Haare für einen Look, den man ansonsten samstagabends wählt, um alles aufzureißen, was ... . Wir gingen zum Flughafen, um dort die wartenden Passagiere zu befragen. Ihnen wurde eine Liste mit circa 60 Adjektiven auf einem DIN-A4-Blatt vorgelegt. Wir hatten uns in Zweiergruppen aufgeteilt. Einer stellte sich einfach nur gut sichtbar für die wartenden Passagiere an eine Säule oder Wand – der andere ging auf die Passagiere zu und fragte, ob sie Lust hätten, unsere kleine Übung mitzumachen. Die Amerikaner sind dazu meistens spontan bereit, mögen sie doch solche kleinen Spielchen, um sich die Zeit vor dem Flug zu vertreiben. Sie sollten einfach nur spontan ankreuzen, wie die dort vor ihnen stehende und wartende Person wirkt. Schnell kamen so 40 bis 50 Antwortzettel zusammen.

An einem anderen Tag tat man dasselbe noch einmal, diesmal mit einem anderen Look. Schlabbershirt, Jeans oder Sporthose, Turnschuhe und gar kein Gel in den Haaren. Jeder von uns hatte ein Outfit, mit dem man eigentlich nicht am Flughafen auftaucht. Wieder alles nur, um sich von wartenden Passagieren einschätzen zu lassen.

Tja, und dann mussten wir uns auf einem dritten Bogen selbst bewerten, ankreuzen, wie wir uns mit den unterschiedlichsten Outfits einschätzen würden. Niemand von uns würde sich selbst als spießig bewerten, niemand möchte zwielichtig, draufgängerisch, sexsüchtig, schleimig, zu verträumt, eigen, äußerst in sich gekehrt oder pedantisch wirken. Jeder von uns möchte als aufgeschlossen, sympathisch, dezent eitel und interessant wahrgenommen werden.

Aber schauen wir nur einmal ins deutsche Fernsehen. Es gibt Stars, die werden immer wieder für ein und dieselbe Rolle verpflichtet. Es gibt die betrogene Ehefrau, den Draufgänger-Typ, die spießige Frau, die Geschäftsfrau, den Schlägertyp und die Rockröhre. Wir nennen das Schubladentypen und erfahren in sämtlichen Talkshows, dass die meisten Schauspieler, die immer die heile Welt verkörpern, auch gerne einmal den Räuber und den Fiesling spielen würden. Ich persönlich habe zu meiner Modelzeit immer Charakterpersonen dargestellt. Betont wurden immer dieses verschmitzte Lachen und die große Nase und das spitze Kinn – wie habe ich das gehasst, wollte ich doch so gerne einfach einmal Kaffeetrinken und nur sympathisch herüberkommen. Aber nein, solche Rollen habe ich nie erhalten. Für eine große Wochenzeitung war ich der Student, der erst durch die Inhalte dieser Zeitung zu einem guten Studenten wurde, für ein Haarshampoo war ich der aufdringliche Reporter, der die Blonde, die gerade aus der Dusche kam, nach ihren Haaren befragte, am Traualtar war ich für eine Handycam-Firma der Ehemann, der nach der Trauung aus der Kirche eilte und die Schwiegereltern nicht mochte, für einen Autokonzern wurde ich als markant aussehender Fahrer gecastet. Nie aber durfte ich nur nett sein, anschmiegsamer Ehemann, hilfsbereiter Nachbar oder schleimiger Liebhaber.

Nun ja – und genau darauf lief dieser Flughafentest hinaus. Egal wie wir uns angezogen haben, egal wie viel Gel wir in den Haaren hatten – die wartenden Personen haben jeden von uns unabhängig von Styling und Klamotten immer gleich bewertet. Besonders bei Frauen war das eklatant. Wie oft brauchen Frauen besonders lange, um sich „fertig" zu machen, wie viel Mühe geben sie sich, um das perfekte Styling zu haben – aber dieser Test hat bewiesen: Einmal Schlampe, immer Schlampe – einmal interessanter Hingucker, immer interessanter Hingucker. Und wenn wir ehrlich sind, ist das ja auch so, aber nie redet man darüber! Dafür, ob wir eine Frau für einen Reißer im Bett halten und sie gerne einmal vernaschen wollen, spielt es keine Rolle, was sie anhat, welches Makeup sie trägt und wie sie sich die Haare stylt – entweder ich möchte mit jemandem Sex haben oder nicht. Klar gibt es Outfits, die stärkere Signale aussenden und angenehmer sind als andere. Aber Frauen, die nachts so ab elf vornehmlich in Regional-Diskotheken an der Bar stehen, nett zurechtgemacht auf einen Mann warten, Cha-Cha- und Samba-Schritte beherrschen und nach zwei, drei Stunden dann sowieso mit sich selbst tanzen – diese Frauen werden auch noch in ein paar Monaten, oder, wagen wir es zu sagen, in ein paar Jahren alleine an selbiger Tanzfläche stehen und auf den Traumprinzen warten, wobei die Ansprüche an diesen im Laufe der Zeit sinken. Egal, welcher Mann, Hauptsache überhaupt einer.

Ich wirke, wie ich wirke – im Schauspielbereich hat die Flughafenübung gezeigt, dass ich meinen Typ erkennen muss. Und da Schauspiel ein Business ist und nichts mit meinen eigenen Wünschen zu tun hat, ist derjenige erfolgreich, der diese Tatsachen kennt und sie für sich selbst nutzen kann. Dementsprechend wird das Casting-Material zusammengesucht – diese Aspekte werden mit dem Styling, dem Fotografen und der Garderobe abgestimmt, es wird noch an den „Eigenschaften" gefeilt, um einen Typ zu unterstreichen – denn was bringt ein biederer Typ, der mit seiner Setcard oder Headshot in zu modischem Outfit in den Agenturen aushängt? Den werden die Regisseure übersehen, und er wird irgendwann als nicht vermittelbar aus der Agentur fliegen. Das lernt man in den USA! Dieses „Rezept" gilt übrigens dann wiederum privat wie beruflich. Ein Aufreißertyp wird eine Frau mit mimihafter Liebe zum Herd und Trutschigkeit niemals glücklich machen, da sie immer bedacht ist, ihren Mann vor der Bewunderung anderer zu schützen, Eifersucht ist vorprogrammiert. Beruflich bringt es nichts, wenn ich als Verkäufer arbeite, aber nun einmal kein Verkäufertyp bin. Andere werden immer mehr Umsatz einfahren als ich, der viel besser im organisatorischen Bereich aufgehoben ist.

Sie ahnen, worauf ich hinaus möchte?

Natürlich befriedigt mich selbst die Erkenntnis, dass ich persönlich kein schmusiger Liebhaber und Kaffeetrinker bin in keiner Weise. Ich möchte es aber vielleicht sein.

Jeder von uns hat andere Erinnerungen, Vorstellungen oder Imaginationen, die er mit einer fremden Stadt verbindet. Welche Stadt es ist, hängt davon ab, wo man vielleicht schon ein- oder zweimal urlaubsbedingt war, worüber man etwas gelesen oder im Fernsehen etwas Faszinierendes gesehen hat.

> **Tipp:**
> Schreiben Sie Ihre Wirkung auf, indem Sie beobachten, wie andere auf Sie reagieren. Versuchen Sie herauszufinden, wie man Sie einschätzt. Finden Sie möglichst viele Adjektive heraus, die beschreiben, was andere und wie andere über Sie denken.
> Dann ergänzen Sie diese Aufzeichnungen um Kriterien und Punkte, wie Sie sich selbst sehen und wie Sie gerne sein möchten. Welches Bild haben Sie von sich selbst und welches Bild versuchen Sie zu verkörpern?

Passe ich in die Zeit, passe ich in den Trend – was ist gerade „angesagt", und wer ist gerade gefragt – zur richtigen Zeit am richtigen Ort. Habe ich eine Idee, die einen anderen fasziniert, oder bin ich nur da, wo ich einmal hinwollte – was ist überhaupt die Faszination von New York, von Tokio oder von Buenos Aires, Singapur oder ...?

Ich hörte von einem Aussteiger, der in seiner Midlife-Crisis beschloss, Schafzüchter zu werden, und sich ein Haus im Grünen anschaffte. Er kaufte ein paar Tiere, die er pflegte und wieder verkaufte – Ökobauer sein ist doch gerade „in" und gibt ein Gefühl von etwas Neuem. Doch diese Geschichte ist eine andere.

Endlich ich!

Kennen Sie das: Du sitzt daheim mit der Familie am gedeckten Tisch und konzentrierst dich aufs Essen; plötzlich klingelt es an der Tür. Oder du bist gerade dabei einzuschlafen, und auf einmal bringt dich eine SMS wieder in den absoluten Wachzustand.

Plötzlich wieder dieses Gefühl: Als klingele die innere Uhr, die eigene Glocke – ein „Bang" haut dich aus den versunkenen Gedanken eines inzwischen zur Routine gewordenen Fluges.

Etwas muss sich ändern! Die Glocke lässt dich hochschrecken. Hinten am Rückgrat kriecht dieses Gefühl hoch, ein vergessenes Gefühl, der Kopf wird heiß und im Nacken dieses Kribbeln: Etwas muss sich ändern, etwas wird sich ändern, und irgendwie hat sich auch schon etwas geändert.

Bin ich vielleicht in der Midlife-Crisis, wo Beischlaf noch so eben klappt, meine Substanz aber nachlässt und ich spüre, wie die letzten Happen des Glücks mir in meiner Persönlichkeit willkommen sind, um verschlungen, aber dennoch nur benutzt zu werden, um einer Lust zu frönen? Was kann ich tun, das ist die entscheidende Frage: Was wird sich ändern, was mich ändert, oder ändere nur ich mich selbst? Und vor allem was kostet das alles?

Bleaching, Botox für Männer – oder tut es die Zahnseide von Schlecker für 0,97 Euro und die Massagelotion für 7,46 Euro mit

Geruch Calendula, die ich dann demonstrativ beim nächsten Damen- oder Herrenbesuch (ist heute ja eigentlich egal) auf dem Nachttisch platziere, um massiert zu werden, ohne diese 34 Euro pro 30 Minuten im Fitness-Studio bezahlen zu müssen oder wahlweise 10 Euro Praxisgebühr, wenn ich mir die Massage vom Arzt verschreiben lasse? In den USA würde ich 90 Dollar zahlen, zusätzlich aber die doppelte Anzahl an Meilen erhalten, denn ich kombiniere ja immer geschickt die Kreditkarte je nach Zahlungsgrund. Angesammelt ergibt sich nach ein paar Monaten eine schöne Summe, und damit könnte ich eine Menge anstellen – das bewegt die Welt sozusagen im Lifestyle von heute. Für 10.000 Meilen gibt's schon einen Europaflug, und diese Meilen kommen fix zusammen – sich ein paarmal massieren lassen und drei Zeitungen zur Probe abonnieren – man muss nur wissen, wie.

Was aber macht mich wirklich glücklich, reicht mein Geld in der neuen Heimat, wie viel Geld benötige ich noch, bis ich Fuß gefasst habe, und wie stelle ich es geschickt an, mir das alles zu erlauben?

Welcher Typ sind Sie, in welchem sozialen Niveau bewegen Sie sich, welches Leben haben Sie sich gewählt und wo sind Sie angekommen?

Wie sage ich es meiner Frau, dass nun etwas anderes kommen muss als immer nur der triste Familienalltag – setze ich alles aufs Spiel, nur um mich neu zu entdecken?

Geschieden, alleine, vielleicht verzweifelt, kaum Geld für die monatliche Telefonrechnung von 28,60 Euro oder gehören Sie etwa zu dem Milieu Berlins, am Prenzlauer Berg, das inzwischen als peinlich belächelt wird und wurde Ihre Frau fitgespritzt, damit es mit dem Nachwuchs noch klappte? Schieben Sie schon Doppelkinderwagen vor sich her?

Wo ist unsere Gesellschaft eigentlich angekommen? Wie wollen Sie Ihren Kindern einmal erklären, dass es sie nur gibt, weil die Person namens Mutter damals regelmäßig zu einem Arzt ging und sich hat fitspritzen lassen, um zu gebären … was ist verwerflicher aus dem Blickwinkel von Gestern, sagen wir, der Großeltern:

Botox ins Gesicht zu spritzen, sich mit fast 50 Jahren als Frau für den Playboy auszuziehen oder zur Mutter gespritzt zu werden? Das alles ist nicht so einfach zu beurteilen – bleiben wir also bei uns Männern, denn das ist schon kompliziert genug.

Der Abschied vom alten Leben:

Wieder einmal sind neue berufliche Pläne angesagt – diesmal in New York. Wenn man eine Wohnung selbst umgebaut hat, steckt besonders viel Herzblut drin, Geschichten, die einen prägen. Also gehe ich noch einmal durch die leeren Räume, noch einmal fällt mein Blick aus dem Fenster – werde ich diesen Blick in den Himmel jemals wieder haben?

Wird noch einmal irgendwann so eine tolle Badewanne mitten im Raum meiner Wohnung stehen – mit Blick auf den Kamin? Werde ich jemals wieder solch eine tolle alte Tür irgendwo in Frankreich auf dem Flohmarkt finden und dann nach Berlin bringen? All diese Erinnerungen und noch zwei Fotos fürs Handy gemacht – dann den Zählerstand von Wasser und Gas noch einmal überprüfen, Licht überall aus – sind die Fenster alle geschlossen? Noch einmal durchatmen und klick ... die Tür ganz bewusst zugezogen. Im Treppenhaus steht schon das letzte Gepäck – zwei wirklich große Taschen mit dem Nötigsten, denn der Rest ist schon von der Spedition abgeholt worden und auf dem Weg zum Container, der dann über den Atlantik gebracht wird – fast 3.000 Dollar kostet das ... nennen wir es einmal: das Experiment.

2. Kapitel

ANKOMMEN IN NEW YORK

Ich sitze im Flugzeug: Europa – New York

Gerade zurück aus der Galley erfahre ich, wo Marion, die wirklich süße Stewardess, in New Jersey geboren wurde. Ein wenig die Beine vertreten und on top wieder einen zusätzlichen Salat, einen Kaffee, zwei Orangensaft und zwei typisch amerikanische in Folie eingeschweißte Dessert-Apfel-Streusel-Küchlein abstauben. Natürlich ist Marion – „Hey, Berlin is so nice, I would love to live there" – von Europa angetan. Sie hat auch schon erfahren, dass die Lufthansa ihr als Arbeitgeber mehr bezahlen würde und sie vielleicht sogar jedes Mal einen Tag mehr Aufenthalt hätte. Leider muss man aber auch sagen, dass sie dann wohl auch weniger ausgelatschte Schuhe tragen würde und die Schleife um den Hals adretter sitzen müsste – eben Lufthansa-like. Nachdem ich ihr verrate, dass ich Los Angeles viel mehr mag als Manhattan, entzückt sie wieder mit: „Oh – New York is so nice, really, you like L.A., oh why? Just such beautiful people over there", und sie offenbart mir, dass sie eines Tages nach Los Angeles fliegen und sich ihre „Boops" machen lassen wird. Nun ja, mehr Intimität ist kaum möglich …

Gelandet, jetzt ab in die Customs-Halle. Anstehen. Der Officer fragt nach meinem Job und wie lange ich hier bleibe. Tja. Journalist war ich doch nur bis gestern – heute bin ich frei. Aber in Freiheit und ohne irgendeinen Status will mich hier niemand – „I am a journalist", lasse ich ihn wissen. Dann noch den Namen meiner Firma im weißen Kärtchen in meinen Pass geheftet – schon darf ich einreisen.

Jetzt die zwei großen Taschen vom Rollband gezogen, ab im Laufschritt zum Airtrain. „Hey, how are you doing", schallt mir eine Bedienstete vom JFK-Airport entgegen und zeigt nach rechts bzw. links zum Airtrain-Eingang. Man muss schmunzeln – weiß man doch, wie diese typisch amerikanische Freundlichkeit zu verstehen ist. „Wie geht es dir?", fragt man mich … und es ist schön, weil man nicht antworten muss und, wie man sehr schnell lernt, auch gar nicht antworten sollte.

Einmal im Treppenhaus, als mich meine Nachbarin fragte: „How are you?", legte ich so richtig ausführlich los und begann von „Germany" und meinem nächsten Flug zu erzählen. Angestrengt trat sie von einem Bein auf das andere – schaute zur Treppe hoch, obwohl dort niemand war – schaute auch die Treppe hinunter und auf ihr Telefon … aber es klingelte nicht. Irgendwann hatte sie es geschafft, zu sagen: „Honey – it's so nice to hear that from you but I really have to go", und verschwand. Aber sie hat sich diese Begegnung nicht gemerkt – eine Woche später fragte sie wieder: „Wie geht es dir?" Als ich erneut ausholte, ging sie vorsorglich weiter … Als ich ihr aber hinterher schlenderte und immer noch erzählte, wie es mir geht … nun ja – ab sofort beließ sie es beim „Hi" und einem

Lächeln. Ihre Mundwinkel aber sanken beim nächsten Treppenabsatz wieder in die Ausgangsmimik „unbefriedigt" zurück.

Das war für mich wie ein persönliches 1:0 – aber nun, mit drei Jahren Abstand, frage ich mich: Warum eigentlich, warum fand ich es gut, dass endlich jemand nicht mehr einfach so: „Hey, how are you?" sagt? Ist es der Erfolg meiner irgendwie Retro-gewendeten Kultur, nur sich selbst zu beachten und sich nur herabzulassen, mit anderen zu reden, wenn sie vermeintlich über einen äquivalenten Status verfügen und dieselbe Art haben, sich zu artikulieren? Warum war ich nicht in der Lage, trotz angemessener Englischkenntnisse die Vokabel „Good morning, how are you?" einfach mit „Guten Tag" zu übersetzen und zu lernen, dass der deutsche Ausdruck: „Wie geht es dir?" im Amerikanischen so eigentlich gar nicht existiert. Es interessiert aber auch niemanden, wie es dir geht. In New York zählen Zeit und Geld. Jeder ist busy.

Zurück zum Air-Train – Treppe hoch, Penn Station – Hauptbahnhof. Im Menschenstrom fällt es schon auf, wenn man zwei große Taschen nicht im Takt vor einer Ladung Menschen eine Treppe mit 60 cm (gefühlt 30 cm oder 1 foot) Platz pro Laufrichtung hochhievt. Es kommen einem auch noch Leute entgegen. „Sorry", „I am sorry", „excuse me" sagen die anderen! Dabei müsste ich ein einziges „I am so sorry" als Endlosschleife von mir geben, denn ich habe ja die zwei großen Taschen dabei. Aber nein, ich bin Deutscher, und in Deutschland bleibt man dickfällig, und das Wort ist untertrieben – also benutzen wir den Superlativ: man bleibt dickfälligst links und rechts auf einer Rolltreppe stehen und versteht gar nicht, warum irgendjemand auf die Idee kommen könnte, an einem vorbei zu wollen.

In New York bleibt niemand stehen – alles rennt, und ich mit meinen zwei Taschen rege mich über die Tatsache auf, dass der Bahnhof aus Zeiten Jacqueline Kennedys noch nicht einmal über Rolltreppen zu den Bahngleisen verfügt. Darüber verärgert, denke ich ja gar nicht daran, auch nur irgendein „I am sorry" von mir zu geben. Die anderen haben ja Schuld, denke ich mir, die ganze

Welt hat Schuld, dass hier die Treppe so eng ist und mir auch noch dickfällige Leute entgegenkommen (wieder eine Vokabel: „Dickfällig" ist kein Synonym für „ignorant", sondern besser wäre es mit „übergewichtig" zu übersetzen: dick und fällig fürs Abnehmen).

Am Eingang zur U-Bahn das bekannte Drehkreuz. Auch hier passt genau eine Person durch. Bin ich selbst schuld, dass mir die Stange in die Beine schlägt – bin ich zu dünn für diese Stadt? Dicke Schenkel sind hier im Vorteil, aber man entwickelt eine Technik im Laufe der Jahre – und beobachtet Touristen beim verzweifelten Versuch, auf den Bahnsteig zu gelangen. Karte durchziehen, natürlich in New-York-Geschwindigkeit, und dann durchgehen – das Gesäß langsam nach links gedreht, um die Federung des Gestänges abzudämpfen. Das klappt schon bald, und mit etwas Übung tut es dann auch nicht mehr weh! Man ist hier mit sich selbst beschäftigt – in Deutschland ist man ja eher auf die anderen konzentriert, und wenn man sich dickfällig auf die Rolltreppe stellt und den Weg versperrt, hat man ja Grund, Zeit und Lust, sich über die anderen aufzuregen. In USA wird man gedrängt, nun endlich durch das Drehkreuz zu gehen. Man hilft anderen auch dabei, den Weg zu finden. Wenn Sie jemanden fragen, ob er Ihnen helfen kann, diese oder jene Adresse zu finden, so werden Sie meistens auf eine bewundernswerte Hilfsbereitschaft stoßen: Je schneller und effizienter man jemandem behilflich ist, desto eher verschwindet der andere auch wieder, und man hat nicht nur das gute Gefühl, geholfen zu haben, sondern kann auch in Ruhe wieder seines eigenen Weges gehen. Charity-Country. Deswegen helfe ich: Was nicht im Weg steht, hält auch nicht auf. Also freundlich sein – so ist die Situation auch eher vorbei. Diskussionen sind fehl am Platz – kosten ja auch Zeit … und Zeit ist in Manhattan Mangelware.

In Deutschland gibt es als Zugang zum Bahnsteig erst einmal gar kein Drehkreuz. Hier ist es ja auch Satisfaction, schwarz zu fahren. Warum auch ein Ticket kaufen – was kann schon passieren? 40 Euro Strafe haben ja keine weiteren Konsequenzen. Sowieso hat hier in Deutschland fast nichts Konsequenzen – außer falsch zu parken. Da wird man verfolgt bis … da gibt es weltweit kein Entrinnen.

In Amerika hat aber jedes Verhalten Konsequenzen. Falschparken kostet ab 70 Dollar aufwärts, die Miete drei Tage zu spät zu überweisen führt vielleicht schon zum Rauswurf, zur Versiegelung und Räumung der Wohnung, und seine persönlichen Gegenstände muss man dann irgendwo auslösen. Deswegen wird ein Scheck immer pünktlich persönlich beim Wohnungsbesitzer abgegeben. An eine Palme in Los Angeles am Strand zu pinkeln kostet einen Tag Knast und Diskussionen mit der Botschaft, um nicht ausgewiesen zu werden. Man kennt die Strafen und ist sich bewusst, dass man es, wenn man nicht in der Spur läuft, außerhalb derselben nicht einfacher haben wird. Also bemühen sich alle, die Regeln einzuhalten.

Tipp:
Wenn Sie etwas anderes wagen und sich verändern wollen, dann versuchen Sie, Ihr Auto loszuwerden. New York ist dafür perfekt. Ein Auto ist Ballast, ein Parkplatz kostet richtig viel Geld. Außerdem verlieren Sie in Deutschland all Ihre angesammelten Punkte – schon nach zwei Jahren sind Sie wieder bei null. Das ist gut und gibt einem ein klärendes Gefühl. Auch bemerkt man, dass es nicht mehr so erstrebenswert ist, eine gewisse Marke zu fahren. Nach zwei Jahren im Ausland sind gewisse Fabrikate in Deutschland auf der Skala der „Must-have-Artikel" von angesagt auf peinlich abgerutscht. Das liegt an Größe, Benzinverbrauch, Farbe, Praktikabilität und so weiter. Jetzt inzwischen wüsste ich gar nicht mehr, welches Auto ich überhaupt haben wollen würde. Mein altes Porsche-Cabrio-Schätzchen, schwarz mit lila Sitzen, halt typisch 964er, vermisse ich jedenfalls nur am Strand von Santa Barbara!

> **Und was kostet das alles bis hierher?**
> Neben dem Flug in die USA kosten das Train-Fahren und die dabei gewonnenen Erkenntnisse pro Fahrt 2,50 $ – als Monatskarte so etwa 70 $.

Enjoy the city

Angekommen bei Brian – hier darf ich in der nächsten Zeit auf dem Sofa schlafen, bis mein Container mit den Möbeln angeschippert ist und ich eine Wohnung gefunden habe. Die Wohnung ist schön – nun ja, klein eben. Aber es gibt ein Wohnzimmer und ein Schlafzimmer, drei Einbauschränke und einen Fernseher. Der Fernseher ist so groß wie eine Werbe-LED-Tafel am Times Square – wenn er läuft, haben die Personen im TV Köpfe, so groß wie ein Wagenrad, die Zähne sind so weiß wie Toiletten-Porzellan, die Haut der Personen, die irgendetwas präsentieren oder die Zuschauer begrüßen, ist faltenfrei wie Lack und die Haare so schön – so schön wie Barbie und Ken, nur noch viel schöner. Was das wohl kostet?

So ein Fernseher ist preislich vergleichbar mit dem von Aldi. Nicht viel also. Die Technik in den USA ist unserer ein bisschen voraus – sehnen sich Deutsche noch nach LED-Technik, so ist hier die Kombination aus LED und LCD angesagt, 3D ist eine Selbstverständlichkeit. Dabei hinken die USA ihrerseits technisch hinter Japan her. Denn dort in Shibuya sind selbst die Plakatwände schon mit 3D-LED-LCD-HD-Kristallen ausgestattet.

In New York hat man dafür in der Wohnung schon zwei oder auch drei TV-Geräte – die alle zugleich eingeschaltet sind. Die Fernseher werden niemals ausgestellt oder auf Standby geschaltet, genauso wie das Airconditioning in jedem Raum ständig läuft. Und in jedem Zimmer läuft natürlich ein anderes Programm.

Die Kosten, so viel kann ich schon jetzt verraten, sind so hoch, dass inzwischen viele New Yorker nicht mehr alleine wohnen, sondern als Roommate irgendwo untergekommen sind. Außerhalb Manhattans, etwa in Brooklyn oder Queens, beträgt die Stromrechnung locker 300 bis 500 Dollar im Monat. Ein Amerikaner schränkt sich eher bei der Wohnfläche ein, als dass Fernseher und Airconditioning auch nur für eine Stunde mal nicht laufen würden! Anders als in Deutschland werden hier elektronische Geräte auch eher ausgetauscht. Ein Fernseher wird einfach bei dem nächsten Mülltransport auf die Straße gestellt – es gibt zu viele, die sich die Dinge nicht leisten können und sich bedienen. Die Angebote der Technikkaufhäuser überfluten den Hauseingang – in Manhattan kommt man ohne Hausschlüssel nicht an die Briefkästen. Werbeprospekte werden, genau wie Tageszeitungen, einfach in regendichte Folie geschweißt und vor die Eingangstüren geschmissen. Zeit ist Geld, und auf diese Weise muss der Zusteller nicht vor jedem Haus anhalten – er bleibt einfach auf dem Gehsteig stehen und wirft eine passende Anzahl von Werbeprospekten vor die Haustür.

Hinzu kommen Feiertage wie Presidents' Day, Valentine, Easter, Father's und Mother's Day, Memorial Day, Thanksgiving, Independence Day, Labor Day oder sogar Super Bowl und selbst Christmas, die eigentlich nur als Anlass genommen werden, einen mit besonderen Shopping-Angeboten dazu zu verlocken, sich wieder einmal für ein neues TV-Gerät, einen Computer, ein neues Handy oder eine Kaffeemaschine zu entscheiden. Die Lust auf Technik ist in den Staaten einfach größer – gerne wird auch mal ein Angebot einfach spontan mitgenommen und ausgetestet. Egal ob Xbox oder Nintendo, Wii und PlayStation ... warum nicht einfach alle diese Geräte besitzen?

Genauso ist in einem guten amerikanischen Haushalt die Küche mit allen nur erdenklichen Geräten ausgestattet. Es gibt nichts, was es nicht gibt: Da ist ein Milchshaker, ein Vitamin-Shaker, ein Shaker für Obst und Gemüse – für Suppen zum Quirlen und vieles mehr. In Europa wird die Kitchen Aid als Allheilmittel angepriesen – in den Staaten kostet sie nur ein Drittel, weil sie einfach nicht für alle Funktionen benutzt wird und die gesamte Kollektion an Küchengeräten lediglich ergänzt, aber keinesfalls ersetzt! Fragt man einen US-Bürger, ob im Haushalt nicht das eine oder andere Gerät entsorgt werden könne, erntet man Unverständnis. Ohnehin erscheint es unbegreiflich, wie die Europäer es schaffen zu frühstücken, ohne mindestens einen Quirl, drei Messer, zwei Pfannen, einen Mehlschüttler und Berry-Enteiser, dazu noch Saftpresse und Vitamin-Gras-Schneider, Milchquirl und zusätzlich noch Förmchen, Quittenschneider, Eitrenner, Waffeleisen, Toaster, Kaffeemaschine, Coffeeshaker, Pfannen- und Backofenspray benutzt zu haben!

Was das alles kostet? Ich möchte es hier nicht auflisten – schauen Sie auf eine amerikanische Website und klicken Sie sich durch den Kochspaß. Die Geschirrspülladung allmorgendlich nach dem Frühstück auch mit nur einem Gedeck, aber ansonsten überfüllt mit Küchenutensilien ist selbstverständlich!

Ich bin jedenfalls angekommen. Ich bin da, wo ich sein wollte – mitten in Manhattan! Morgens, wenn ich aufwache, höre ich gedämpften Autolärm, nach einiger Zeit fällt das aber gar nicht mehr auf. Die schrillen Sirenen der Feuerwehr sind jedoch selbst nach drei Jahren nicht zu verdrängen. Auch nachts schreckt man hoch, weil die Sirenen der übergroßen und mit acht Personen besetzten Feuerwehrautos laut hörbar in der Stadt herumbrausen. Ganz ehrlich, ich habe noch nie ein brennendes Haus in Manhattan gesehen; die Legitimation dieser Geräuschbelästigung bleibt mir bis heute ein Rätsel. Seit dem 11. September sind Feuerwehrleute aber fast heilig und werden mit äußerstem Respekt und Bewunderung angesehen. Äußern Sie hier nie ein Wort des Zweifels, das ist ein „No-go"! Als Europäer ist man allerdings von ihnen genervt, man denkt auch eher an alternde Männer, die sich in Freizeitgruppen einer freiwilligen Feuerwehr zusammenfinden und dreimal im Jahr grillen. In Amerika sind Feuerwehrleute im Ansehen fast Ärzten gleichgestellt – auch die Ausbildung und der Einsatz für Katastrophen, zum Beispiel bei Waldbränden, sind umfassender als in Deutschland.

Vor den Polizisten in den USA habe ich dagegen größte Hochachtung. In den USA wollte ich kein Polizist sein. Schwer bewaffnet, mit viel mehr Rechten ausgestattet als hier in Europa, machen diese Guys wirklich einen harten Job. Die Kriminalitätsrate in Manhattan ist in den letzten Jahren deutlich zurückgegangen; Gesetze auf der einen Seite, gezielte Aktionen wie zum Beispiel das Schließen von Parkanlagen nachts oder Auflagen, die auch eingehalten werden, haben die Stadt „gesäubert". Die Polizei, der mit äußerstem Respekt begegnet wird, setzt all diese Dinge knallhart durch.

Hundehaltung in Manhattan

Morgens sehe ich als erstes Mousha. Mousha ist ein Hund, kniegroß, beigebraun – eine Art Dogge, aber mit zu kurzen Füßen. Dafür überfettet und mit eingedrückter Nase, so dass sie schnieft und röchelt. Das Tier müsste mir eigentlich leidtun, Mousha ist aber einfach nur nervig und irgendwie störend, außerdem stinkt sie – gefühlsmäßig tut mir aber gut, dass sie da ist, denn wenn ich in den nächsten Tagen unzufrieden bin, dann hasse ich nicht mich oder die Welt oder alle anderen – ich hasse Mousha, diesen Hund, der nachts schnarcht und röchelt aufgrund seiner überzüchteten Nase. Ich bitte Brian, sein Liebstes doch bitte mit in sein Schlafzimmer zu nehmen und die Tür zu schließen. Am Tag ist sie eingesperrt in der Küche und muss auf 2,5 qm ihr Dasein fristen. Sie legt sich selbst in einem Luxuskörbchen ab, bis das Herrchen nach Hause kommt und mit ihr Gassi geht. Aufgrund der kurzen Beine ist das Tier aber schon nach 15 Minuten wieder zurück. Völlig erschöpft und happy kriegt es etwas zu essen, um dann wieder wohlgefällig in der Ecke vor dem viel zu lauten Fernseher zu pennen.

Ihr Herrchen sagt, Mousha träumt von hübschen Kleidchen. Denn Mousha is a typical New-York dog. Samstags oder irgendwann am Wochenende, wenn Brian frei hat, dann geht man mit

Mousha shoppen. Mousha muss dann mehr als 15 Minuten laufen. Dass sie dann kurz vor dem Herzinfarkt steht, interessiert keinen. Mousha hat Kleidchen und Hüte – sogar eine Sonnenbrille, die am Kopf festgeschnallt wird. Mousha wird passend zum Herrchen angezogen, und wenn man glaubt, dass dies eine Ausnahme sei, dann irrt man sich. Auf den Straßen Manhattans sieht man am Tag des öfteren so genannte „Dogwalker" – das sind Personen, die in einer Area Hunde einsammeln, um sie auszuführen. Dann kommen einem fünf oder sechs verschiedene überzüchtete Hunde entgegen. Der Dogwalker führt sie aus, damit sie ihr Geschäft machen können. Auch Mousha wird am Tag von einem Girl ausgeführt, „oh, Europe is so cool": Die Tür wird aufgeschlossen, Mousha angeleint und dann wie ein Stück Pelz zum Flur hinausgezerrt.

Brian meint, die Dogwalkerin ist Moushas beste Freundin, wenn man Mousha aber beobachtet, würde sie viel lieber noch mehr essen und sich weiter fettschlafen, anstatt nun auf den Bürgersteig hinaus zu müssen, um mit vier anderen Hunden im Kreis, also einmal um den Block zu gehen! Abends aber werden die Hunde von ihren Besitzern eingekleidet. Mal mit Rüschen, mal ein gepunktetes Outfit. Oft passt das Styling zum Frauchen oder Herrchen. Da es im Frühjahr sehr viel regnet, und zwar so, dass man es in Europa als Platzregen beschreiben würde, hat das Frauchen Gummischläppchen, Flipflops, an und der Hund dazu passend kleine Gummistiefel – hinten sogar mit Absatz, der Ergonomie angepasst, damit das Tier sich nicht die Haxen verrenkt. Das ist immer wieder ein Hingucker und ein Punkt auf der Liste „das muss ich meinen Freunden erzählen" oder „bei Facebook posten", den man sich vornimmt, nicht zu vergessen! Sich hierüber auf Facebook lustig zu machen ist aber ebenfalls ein „No-go", denn Mousha hat natürlich auch ein Facebook-Profil – dafür wendet das Herrchen besonders viel Zeit auf! Mousha wird auch zum Zähneputzen gebracht – aber das erscheint angesichts ihrer Ernährung und ihres Gestanks auch angebracht. Wahrscheinlich müsste sie auch die Ami-typische Mundspülung mit Lysterine für 3,89 Dollar durchstehen, könnte sie denn gurgeln! Morgens will mich Mousha begrüßen. Dieses hässliche nasse Maul schnauft vor einem, und man wacht freiwillig auf, um diesem Tier bloß auszuweichen. Ansonsten verfahre ich mit ihr wie mit Kindern: ignorieren. Das hat nur leider bei den Kindern wie beim Hund zur Folge, dass sie einen besonders interessant finden. Was das kostet?

Einen Hund erwirbt man wie einen Pulli. In den Tiergeschäften Manhattans sind hinter der Schaufensterscheibe Welpen, die im Papiergras herumtollen oder schlafen – so süß sind diese Puppies anzusehen! Sie kosten zwischen 600 und 2.400 Dollar. Sie sehen so nice und sweet aus, dass sie dort nicht lange herumspielen müssen. Irgendwie fragt man sich zwar, ob sie nicht für die Trennung von der Mutter noch viel zu jung sind – aber da sie in dem Alter am niedlichsten sind, ist diese Frage egal, ebenfalls ein „No-go". „This puppie needs a new mummy", denken die Vorbeilaufenden – warum nicht also mal einen Hund kaufen? Geht man in solch ein Geschäft hinein, sieht man rechts und links die Käfige mit den etwas größeren Hunden. Diese wurden schon zurückgebracht und spielen halt nicht mehr in der Auslage – denn genau wie einen Pulli oder eine Kitchen Aid kann ich natürlich auch einen Puppy umtauschen und bekomme mein Geld zurück. Mit dem Gang nach hinten wird der Tageslichtanteil geringer, und die Tiere werden älter – irgendwann verschwinden sie aus dem Geschäft. Dreimal umgetauscht kommt nicht mehr gut, und wo dann der inzwischen als „dog" betitelte puppy landet, bleibt ungeklärt. Hunde wechseln mit den Lebensumständen.

> **Ein Hund kostet im Unterhalt:**
> Anschaffung ca. 1.000 $
> Dogwalker täglich 30–40 $
> Halsband (je nach Ausführung) 60–4.000 $
> wöchentliche Outfits ca. 200 $

Hinzu kommt das Essen. Ich kann nur beim Beispiel von Mousha bleiben. Frisst sie nicht so viel wie gewohnt, wobei sie wie gesagt sowieso schon zu fett ist, dann deutet Brian das als: „Sie mag das Essen nicht" – und schmeißt die Packung, die natürlich wesentlich größer ist als in Deutschland, so etwa Großmarkt-Gastronomie-Waschmittelgröße, in den Müll. Dann wird oft auch ein Dog Service angerufen, gerne auch nachts, der im Taxitempo eine andere Sorte oder Variante von Futter bringt. Das kostet dann so rund 60 Dollar, und Mousha kann umgehend weiterfressen. Der Hundezahnarzt kostet 80 Dollar, der Friseur 90 Dollar. Das Hippeste ist aber das Lackieren der Nägel. Das gibt's schon für 30 Dollar und sollte, wie bei Frauen, wöchentlich bis alle zehn Tage erneuert werden.

Abends geht dann ein New Yorker gerne auch mal in den Dogpark. Das ist eine Art Spielplatz – aber nur für Hunde. Eine Fläche, so groß wie ein halber Kinderspielplatz ist mit Hartgummi-Matten ausgelegt – es sind Hindernisse wie auf einer Skater-Fläche aufgebaut, und hier dürfen die Hunde dann mal ohne Leine herumlaufen. Bellen sie aber, so lachen die Herrchen und Frauchen oder raten dem Besitzer, das Tier doch lieber umzutauschen. Der Besitzer schiebt das Bellen natürlich auf das Outfit des Tiers und sieht sich gezwungen, auf dem Rückweg schnell ein kleines Accessoire für sein Liebstes zu besorgen. Übrigens eignet sich der Dogpark auch zum Kennenlernen – so sieht man auch gleich, ob der Tier-Anhang sich versteht. Ein perfekter Anlass, vielleicht mal ein Date auszumachen! Aber dazu mehr in Kapitel 4.

Irgendwie scheinen die Hunde den New Yorkern allesamt als Spielwaren zu dienen – jede Rasse scheint durch einen Pinscher begattet worden zu sein. Alles, was man aus Europa an Hunden kennt, gibt's hier nur kleiner und flauschiger (was natürlich auch am Hunde-Curl-Shampoo liegen kann oder an der asymmetrischen Rasur, die die Zeichnung der Haare wuscheliger macht, so wie ein Stufenschnitt bei Frauen mehr Volumen bringt). Bemerkenswert sind auch die Inkontinenzmatten im Bad, die man in Europa nur aus Altersheimbetten kennt. Hier in New York sind die Hunde darauf abgerichtet, ähnlich wie Katzen auf diese Matte zu machen, falls das Gassigehen am Morgen, dann mit dem Dogwalker und noch einmal am Abend nicht ausreicht oder dieses ausfällt, weil das Herrchen oder Frauchen am Abend nochmal ein Dinner, ein Date hatte oder im Kino war. Sowieso sind die Hunde praktisch rund um die Uhr bis auf nachts, wenn die Besitzer schlafen, alleine. Kleine Wohnung, kleiner Hund ... passt also.

Roommates

Wenn man Gast in einer Wohnung ist, nimmt man Rücksicht – der Gastgeber muss zur Arbeit, da beobachtet man das Prozedere und bleibt auf dem Sofa liegen. Als Erstes kommt also morgens dieses Tier ans Sofa. Dann der Hausherr aus dem Schlafzimmer. „Good morning, Marco!" Ich erwidere: „Good morning, Brian!" Ungefragt antwortet er auf die imaginäre Frage, die ich meistens vergesse („how was your night?"): „Wonderful, I feel good and Mousha also, it's such a nice day!" Ich bemerke zwar draußen vielleicht Regen und denke, dass er bei dem schnarchenden Hund kein Auge zugemacht haben kann – aber alles ist so nice.

Dann wird der Fernseher angemacht. Die schönsten Spots plärren einem entgegen auf diesem Billboard-TV, parallel hallt ein anderes Programm aus dem Bad und der Küche. In der Dusche wird das Wasser angestellt. „I like it steamy", sagt Brian. Ein Ami stellt den Wasserhahn auf Heiß und lässt es laufen. Europäer würden das, was hier „heiß" genannt wird, als „kochend" bezeichnen. Steuerung der Heizungsanlage: Fehlanzeige – selbst wenn ich nachts von irgendwo heimkomme und duschen möchte, schießt das Wasser heiß aus der Leitung!

Der Wasserhahn läuft also morgens erst einmal schön for nothing, und nach dem Aufdrehen von Heiß geht man morgens erst einmal in die Küche und macht Kaffee. Natürlich die ganze Kanne voll. Eine ganze Kanne voller Kaffee aus frisch gemahlenen Bohnen wird zubereitet – egal, ob man alleine, zu zweit oder eine ganze Familie ist. Das ist eben so. Fragt man nach irgendeiner Verschwendung, erntet man ein: „Come on ... it's coffee!"

Dann werden aus dem Froster Toastscheiben genommen und im Ofen aufgebacken – parallel Müsli und Flakes oder ganz hipp und healthy Cereals in Milch eingeweicht. Oben habe ich schon aufgelistet, mit welchen Gerätschaften Pancakes zubereitet werden. Das Wasser läuft im Bad vor sich hin und entwickelt diese „steamy atmosphere". Nachdem der Kaffee aufgesetzt ist, geht der New Yorker kurz ins Bad und dreht den Hahn etwas mehr auf Kalt – das Bad ist inzwischen im heißen Dampf eingenebelt und als „steamy" zu bezeichnen, zum Duschen muss jedoch die perfekte Temperatur vorherrschen. Bis das erreicht ist, schaut man kurz, was eigentlich im Fernsehen läuft, bei Werbung schaltet man einfach weiter. Da aber überall fast parallel Werbung läuft, klickt man bei den unendlich vielen Sendern ziemlich lange. Dann checkt der Amerikaner gerne einmal mit seinem Handy die SMS oder E-Mails der Nacht, die natürlich vornehmlich aus Werbe- und Groupon-Mails bestehen sowie Tipps und Tricks zum täglichen Shoppen versprechen – natürlich nicht ohne entsprechende Angebote zu unterbreiten, die nur heute gelten!

Zurück zum Duschen – als Europäer hat man für das Duschen an sich ein gewisses Zeitgefühl. Wenn die Freundin zu lange im Bad ist, fragt man irgendwann: „Geht's dir gut?" oder: „Ist alles klar?" In den USA jedoch ist dieses Zeitgefühl bereits weit überschritten, bevor überhaupt angefangen wurde, in die Dusche einzusteigen. Die Tatsache an sich wäre ja egal. Nur hat man im Hinterkopf die endlosen Liter an Wasser, die verbraucht sind, bis allmorgendlich E-Mails gecheckt, Kaffee getrunken, die News geschaut sind, bevor dann endlich schnell geduscht wird, weil die Zeit davonläuft, während das Wasser bereits seit einer halben Stunde in den Abfluss rinnt. Was das kostet? Nichts, ist die Antwort eines New Yorkers, obwohl dieses „Nichts" mit einem verschmitzen Lächeln ausgedrückt wird – „We love water and we need water – and we are not in Europe!" Die Anmerkung lässt Hoffnung aufkeimen, dass auch in Manhattan angekommen ist, dass Wasser durchaus etwas kostet. Aber eine Wasserrechnung nach europäischem Stil gibt es nicht, alle Leitungen in einem Haus sind alt, hier die Norm von Zählern oder gar Verbrauchsabrechnungen einzuführen, wäre undenkbar, die Zeit einer Öko-optimierten Lebensführung ist in New York noch nicht gekommen. Wassergeld ist in der Miete inbegriffen.

Auf in die Stadt, in der man immer sein wollte! New York, Manhattan – ich bin da – rein ins Getümmel.

Die ersten Tage vergehen mit dem Organisieren einer eigenen Telefonnummer. Dazu braucht man eine Social Security Card. In den USA hat jeder Einwohner eine SSC. Die Nummer weiß der US-Bürger auswendig, denn sie ist irgendwie Steuernummer, Personalausweis und Bankauskunft in einem – bei Problemen mit dem Strom, dem Gas, dem Telefon oder bei größeren Einkäufen. Einfach immer, wenn es wichtiger wird, benötigt man diese Nummer zum Abgleich. Hier ist außerdem die Credit History eindeutig hinterlegt. Haben wir in Deutschland die Schufa, so gibt in den USA die Credit History sämtliche monatlichen Verpflichtungen, Mietzahlungen, Kreditraten et cetera an, für alle einsehbar, die die jeweilige Social-Security-Nummer haben. Um eine SIM-Karte zu bekommen, muss ich kreditwürdig sein – ich als Europäer muss in den USA 500 Dollar hinterlegen, und T-Mobile ist der einzige Anbieter, bei dem ich mit der europäischen Kreditkarte und einer monatlichen Vorauszahlung einen Vertrag erhalte.

Der Vertrag beläuft sich auf zwei Jahre wie bei uns. Aber wird die Rechnung einmal nicht bezahlt, so erlischt der Vertrag automatisch, und ich erhalte ohne Kaution nie wieder eine neue Nummer über diesen Anbieter. Außerdem erkennt die Verlinkung mit meiner Passnummer eine Social-Security-Vormerkung – wenn ich also jemals eine Social-Security-Nummer erhalte, dann wird nachträglich diese Information zum Telefon eingetragen. So erscheint bei mir nach einiger Zeit, dass ich schon mal in den 1990er-Jahren eine Adresse c/o und eine Nummer in Kalifornien angemeldet hatte. Das ist über zehn Jahre her!

Ich bin also stolzer Besitzer einer eigenen amerikanischen Telefonnummer: Erst später lerne ich, dass die Vorwahl, der sogenannte Area Code, Aufschluss über „real New-York guys" und „New" New Yorkers gibt. 917 war früher einmal, inzwischen wird bei den Mobilnummern die 646 vergeben.

646 als Vorwahl – leicht uncool also, und das gleich zu Anfang – so beginnt mein „to be" in New York. Als Nächstes kümmere ich mich um einen Gebrauchsgegenstand, ohne den man in New York auf Dauer nicht existieren kann.

Das Kreditkarten-Prinzip

Bei Einkäufen in der Stadt und beim Taxifahren oder Essengehen merkt man mit seinen europäischen Kreditkarten keinen Unterschied. Jede europäische Kreditkarte wird gern genommen, durchs Lesegerät gezogen, und man fühlt sich im Land der unbegrenzten Möglichkeiten, frei und shopping-happy – bis das Limit erreicht ist. In Deutschland kommt einmal im Monat die Abrechnung, die tags darauf abgebucht wird. Gibt es einmal Probleme mit dem Kontostand und deckt der Dispo-Rahmen die Abbuchung nicht, dann gibt's erst eine, dann die zweite Mahnung … dann jedoch ist Schluss mit lustig, und natürlich wurde die Karte längst gesperrt. Nichts geht mehr – doch genau hier fängt es in den USA erst richtig an.

In den USA merkt man aber schnell, dass ohne Credit History, das bedeutet übersetzt so viel wie „Tagebuch der Kreditzahlungen", gar nichts funktioniert! Zum Beispiel wenn ich Angebote im Kaufhaus in Anspruch nehmen möchte, besondere Prozente wie „40 % on top", eine Wohnung suche oder ein Auto kaufen möchte. Bei Barzahlung gibt es keine Angebote, jede Firma hat ihre eigenen Kreditkarten und ist daran interessiert, mit dem hauseigenen Bonussystem möglichst viele Kunden zu gewinnen. Das funktioniert so:

Ich fülle im Geschäft an der Kasse schnell und unkompliziert einen Antrag auf eine Kreditkarte oder eine Membercard aus und erhalte je nach Einstufung einen „Credit", in Deutschland würde man von einem Dispo sprechen, meistens anfänglich 1.000 Dollar. Dann kann ich einkaufen bis zu diesem Betrag. Je nach Inanspruchnahme meines Rahmens, erhalte ich einmal im Monat eine Aufstellung meiner Ausgaben sowie die Auskunft über einen Mindestbetrag, den ich bezahlen muss. Dieser Mindestbetrag ist aber nicht der tatsächlich ausgegebene Betrag. Die Firma ermöglicht mir ja einen „Kredit" – und ist an einer kompletten Ablösung gar nicht interessiert, sondern eher an einer regelmäßigen Zinszahlung. So lautet die Rate zum Beispiel bei einer American-Express-Rechnung, wo über 2.000 Dollar ausgegeben wurden, nur 86 Dollar. Was für eine Welt und wie geil: Ich gebe 2.000 Dollar aus und zahle nur 86 Dollar! Natürlich nehme ich den Vermerk zur Kenntnis, dass ich, wenn ich weiterhin „nur" die geforderten 86 Dollar bezahle, in den nächsten 35 Jahren Zahlungen in ähnlicher Höhe leisten muss. Denn der Betrag setzt sich aus den extrem hohen Kreditzinsen zuzüglich minimaler Tilgung zusammen. Außerdem zahle ich 35 Dollar Strafgeld, sollte der Betrag einmal nicht pünktlich eingehen! Und da es keinen Dauerauftrag gibt, ist die Wahrscheinlichkeit, dieses genaue Zahlungsdatum zu vergessen, und sei es nur für ein paar Tage, relativ groß! Deutsche Banken mögen uns allen unschöne Erfahrungen mit Überziehungszinsen, Gebühren, Rückgabelastschriften, Mahngebühren, Depotkosten und so weiter bereiten – alles harmlos gegenüber den USA, denn wer weiß schon immer genau, welche Karte welchem Teilzahlungsdatum unterliegt?

Das Kuriose ist nur: Belegt die Credit History, dass jemand in der Lage ist, seine geforderte Mindestsumme für die in Anspruch genommenen Kredite zu begleichen, erhält er ein gutes Ranking. Und jemand, der seine Raten bezahlt, ist ganz sicher auch in der Lage, noch mehr Kreditwürdigkeitspunkte zu erhalten, also erhält er weitere Kreditkarten, oder die Limits werden hochgesetzt!

Aber dahin ist es ein langer Weg, länger als die drei Monate erfolgreicher Führung eines Kontos, nach denen die erste amerikanische Kreditkarte ausgegeben wird, wie mir der Citibank-

Berater genau erklärt. Also eröffne ich ein Citibank-Konto und erhalte Tage später die dazugehörigen Schecks. Ja richtig, in den USA begleicht man Rechnungen wie Strom und Gas oder Miete immer noch mit einem Scheck! Dieser muss zu einem Stichtag mit Uhrzeit, zum Beispiel Eastern Time, abgegeben werden oder im Automat eingebucht sein, ansonsten sind Verzugszinsen fällig, und die Credit History erhält einen negativen Eintrag. Das darf auf keinen Fall passieren, denn es wirft einen Monate zurück auf dem Weg zur ersten amerikanischen Kreditkarte.

Der Berater verrät mir ein paar Tricks, wie die Punktezahl bei der Credit History steigt. An erster Stelle steht: Bezahle möglichst viel mit der Karte deiner Bank. Jetzt, da ich ja nur eine einfache Kontoführungskarte habe, vergleichbar mit unserer EC-Karte, soll ich also möglichst viel mit dieser bezahlen. Also splitte ich die Einkäufe manchmal auf, gehe in den Supermarkt und kaufe die Hälfte von dem, was ich kaufen möchte. Dann bezahle ich an der Kasse mit der Citibank-Karte.

Daraufhin gehe ich noch einmal in den Supermarkt und suche den Rest zusammen, um dann am Ende mit zwei Transaktionen auf meiner Karte die Einkäufe nach Hause zu bringen. Ein anderer Tipp sind Zeitungsabonnements. Zeitungen werden in den Staaten im Abonnement viel günstiger angeboten als in Deutschland. Der Preis deckt nur die reinen Druck- und Portokosten – Hauptsache, die bei den Kunden angelangte Auflage ist hoch. Der Verdienst der Verlage wird durch Werbung eingefahren und ist umso höher, je mehr Menschen eine Zeitung bestellen.

Also bestelle ich erst einmal eine amerikanische *GQ* und die *Financial Times*. Kommt doch gut und ist als Anfangsausstattung geeignet, um zu sehen, wie ich auszusehen habe hier in den USA und wie ich mein Geld arbeiten lasse – einen Überblick über amerikanische Firmen zu bekommen, kann nicht schaden. Ich vergesse aber, dass zwar das Abonnieren an sich Pluspunkte bringt bei der Credit History, die Angabe einer c/o-Adresse jedoch Abzüge. Wer sich keine eigene Wohnung leisten kann und nur c/o bei jemand anderem wohnt, geht wohl nicht genügend arbeiten!

Nun ja. Meine drei Monate Bankführung überstehe ich gut, und dann halte ich meine erste amerikanische Kreditkarte in den Händen – die blaue Citibank Visa Card. Eigentlich möchte ich mit jedem Einkauf Meilen sammeln – dazu bräuchte ich aber die Citibank-Kombination mit Continental Airlines. Dann würde ich auch bei jedem ausgegebenen Dollar einen Airline-Punkt kassieren. Diese Karte jedoch gibt meine Credit History noch nicht her. Verschmitzt macht mich der Bankberater auf die gute Führung meiner Credit Card aufmerksam. Bald sei ich würdig, auch eine andere Karte zu erhalten und die Meilen mit jedem Einkauf on top. Und siehe da, nach weiteren sechs Monaten trudelten in meinem Briefkasten ohne weiteres Hinzutun auf einmal Werbeangebote anderer Kreditkarten-Anbieter ein mit dem Angebot, jetzt weitere Kreditkarten zu erhalten. Als Europäer ist man ein bisschen stolz. Denn in Deutschland muss ich mir eine Kreditkarte nicht verdienen, sondern einfach nur bezahlen. Jetzt in den USA zu sitzen und trotz Bankguthabens irgendwann die erste amerikanische American Express Gold Card zu erhalten – whow, that's a Lifestyle-Feeling! Denn die amerikanische Gold-Card hat mit der in Deutschland ausgegebenen goldenen Kreditkarte nichts, aber auch gar nichts zu tun! Selbst die Platin-Amex-Karte aus Deutschland oder die schwarze der Deutschen Bank halfen bei der Wohnungssuche in den Staaten nicht weiter. „Honey, these cards are from Europe – you want to live in the States, so you need our Card system – build up your Credit History!", hieß es immer wieder.

Wohnungssuche

Mit Telefon und Kreditkarte ausgerüstet, kann ich nun als Nächstes daran gehen, eine Wohnung zu finden. Mousha zu ertragen und auf einem Sofa zu nächtigen, kann auf die Dauer kein Ersatz sein für 240 qm über den Dächern Berlins, einem alten Porsche Cabrio und Champagner-Promi-Leben in der alten Heimat.

Eine Wohnung zu finden ist in New York an sich kein Problem – die Frage ist nur, zu welchem Preis! Für Touristen ist es am günstigsten, von Europa aus einen Flug mit Hotel pauschal zu buchen. Gelingt mir ein geschickter Deal, ist die Unterkunft rein rechnerisch im Vergleich zum Flugpreis eines Linienfluges for free. Das gilt natürlich nur für eine begrenzte Tagesanzahl – ab wöchentlichen Aufenthalten gibt es Mitwohngelegenheiten, diese sind bei craigslist.com zu finden. Möblierte Apartments gibt es aber auch bei Untermiet-Webseiten – hier werden vielfältig möblierte Zimmer angeboten. Exklusivere Tipps sind auch bei asmallworld.com zu finden. Hier muss man aber Mitglied sein … und das ist nicht so einfach, man muss für die Mitgliedschaft geworben werden. Exklusive Kreise bleiben gerne unter sich.

Bei mir war der Entschluss aber ein anderer. New York ist angepeilt für länger als nur ein oder zwei Monate. Also muss ich eine Wohnung finden, die nicht möbliert ist. Meine Einrichtung aus Deutschland war ja schon unterwegs im Container, irgendwo auf dem Atlantik. Wie also eine Wohnung finden ohne Credit History? Anzeigen gibt es genügende. Der Wohnungsmarkt in New York funktioniert von Montag auf Freitag – das heißt, wenn eine Wohnung montags geräumt wird, ist sie am Freitag bereits wieder vermietet. Dazwischen ist ein Maler in der Wohnung, und die notwendigsten Reparaturen werden zu Lasten des Eigentümers durchgeführt. Man erhält mit Zahlung von drei Monatsmieten, womit die erste, die letzte und ein Monat als Security abgedeckt sind, die Schlüssel.

Die nächste Frage ist, in welchem Stadtteil man suchen soll. In Manhattan gilt: Sag mir, wo du wohnst, und ich sage dir, wer du bist. Es gilt natürlich auch, schnell hin- und herzukommen. Es führen U-Bahnen von der Südspitze Manhattans bis in den Norden – dann gabeln sich die Linien, um nach Queens, in die Bronx et cetera weiterzufahren. Es ist gar nicht so einfach, die richtige Gegend zu finden, denn die Frage orientiert sich an dem persönlichen Tagesablauf. Warum bin ich in der Stadt, in welchem Bezirk habe ich etwas zu erledigen, wo bin ich busy? Denn es ist relativ umständlich, von der Upper East Side zum Meatpacking District zu gelangen oder von Chinatown zur Upper West Side. Überall sind zwar U-Bahnen, gewisse Verbindungen sind aber nur mit dem Crosstown-Bus möglich. Dieser fährt an festgelegten Straßen von West nach Ost und zurück – tags wie nachts! Aber umsteigen in unterschiedliche Busse – das nervt auf die Dauer und kostet Zeit, gerade zur Rush Hour. Und man fragt sich, wann die eigentlich nicht ist. So dauert eine Crosstown-Fahrt wirklich lange – Laufen wäre nicht wirklich langsamer, wenn der Verkehr sich durch das Straßennetz quält. Planung, auch schon in der Frage, wo ich wohnen möchte, ist also äußerst sinnvoll. Aber da ich mein Leben neu beginnen möchte, weiß ich ja gar nicht, wo ich eigentlich sein muss und ob ich überhaupt irgendwo sein muss. Daher sind die Entfernungsargumente zweitrangig. Be trendy, be fourty – being cool ist also wichtiger.

SoHo, Little Italy, vielleicht noch Chelsea sind gut – das sind die Stadtteile in der Mitte von Manhattan. Hier sind die Häuser nicht so hoch wie am Times Square oder im Financial District. Unten sind Geschäfte und Cafés zu finden, darüber Wohnungen. In der Umgebung gibt es kleine Supermärkte – Whole Foods, eine Öko-Supermarktkette breitet sich stetig aus. Angesagt ist ebenso Trader Joes, der amerikanische Aldi. Die Lebenshaltungskosten sind in Manhattan ein entscheidender Kostenfaktor. Der Unterschied zwischen einem gleich bestückten Warenkorb im teuersten Markt und bei Trader Joe's beträgt bei einem Einkauf von 100 Dollar etwa 15 bis 20 Dollar. Das ist viel, sodass man sich schon überlegt, ob man nicht etwas weiter läuft, um seinen Bedarf zu decken.

Die Treppenhäuser in diesen Bezirken sind meistens alt, die Wohnungen noch ursprünglich, wie man das aus Filmen kennt. Ein Vergleich zu einer deutschen Stadt ist unmöglich, man muss es erlebt haben. Die Wohnungen in Manhattan sind klein und teuer, saniert bzw. durchgemalert wird immer nur bei Mieterwechsel, und dann obligatorisch. Es ist ganz oft dasselbe Bild. Schon das Treppenhaus ist eine Zumutung. Mal ist der Wohnungsflur so schmal, dass mein Sessel aus dem Container, der gerade auf dem Atlantik heranschippert, hier wohl niemals durchpassen würde, mal führt der Blick aus dem Zimmer direkt auf die Straße – oder in den Hinterhof, wobei der Abstand zum Nachbarn oft weniger als einem Meter beträgt. Oft ist ein Zimmer ganz ohne Fenster – ein Durchgangsraum sozusagen, der hier aber selbstverständlich als eigenständiger Bedroom gesehen wird. Gängig ist Laminatboden, der sich fast auflöst, oder ein Bad, in dem schon Generationen nicht wirklich happy waren. Schöner ist Parkettboden. Das Ganze kostet dann 2.000 bis 3.000 Dollar im Monat. Man hat am Anfang Illusionen und schaut bei zwei Bedrooms, wobei dann aber ein Raum nicht größer ist als eine Abstellkammer, wie man sie aus Deutschland kennt.

Ich habe alles gesehen: Zimmer ganz ohne Fenster, wobei der Makler betont, dass das Fenster auf dem allgemein zugänglichen Flur sei, Wohnungen mit Bad im Zimmer, Dusche in der Küche und vieles mehr. Man selbst bemerkt, dass man eigentlich der Einzige ist, der sich an irgendetwas stört.

Ein Blick in den Keller: Appartmenthäuser in New York haben im Keller meistens einen Gemeinschaftsraum mit Waschmaschinen und Trocknern. Für ein paar Coins, 25-Cent-Stücke, kann man hier seine Wäsche waschen. Viel zu risikoreich wäre eine Waschmaschine in der eigenen Wohnung – solch eine Wasserversicherung gibt es schlicht nicht, denn niemand riskiert, dass das Wasser einer ganzen Waschmaschine durch alle Stockwerke sickert – da würden immense Schadenersatzansprüche drohen. Außerdem ist der Platzbedarf in einer kleinen Wohnung viel zu groß.

Bei amerikanischen Waschmaschinen gibt es zwei Einstellungen der Temperaturvorwahl – cold oder hot. Dabei heizen amerikanische Maschinen nicht auf, was wiederum das Hauptargument für deutsche Waschmaschinen ist, weswegen Amerikanerinnen bei deutschen Brands in Begeisterung verfallen. Für cold kommt das kalte Wasser aus der kalten Leitung, für hot das heiße Wasser eben aus der heißen Leistung. Verschmutzungen werden mit mehr oder weniger Pulver, Bleaching-Mitteln oder Ähnlichem gelöst.

Ein Problem sind die Fenster. Diese sind oft alt und schließen nicht wie in Deutschland mit Flügeln, man schiebt vielmehr die Scheiben von unten nach oben auf. Viele sind noch einfach verglast und aus Holz – dabei hat man Glück, wenn der Holzrahmen sich nicht auflöst. Viele Wohnung habe ich gesehen, da waren Schnitt und Lage wirklich schön. Am Fenster klaffte aber ein fetter Spalt, da der untere Rahmen schon weggefault war – zum Schutz vor Regen wird dann ein Handtuch in den Spalt gequetscht. Daran stört sich hier niemand. Für Europäer ernsthaft undenkbar, auch wenn der Kitt schon die Scheiben lose im Rahmen zittern lässt: „Why do you open the window? You have AC!", ist die Antwort. Man gerät ins Grübeln und fragt sich wirklich, warum man eigentlich trotz Aircondition (AC) den Wunsch verspürt, die Fenster zu öffnen. It's loud, dirty and cold in wintertimes – and steamy in summertimes.

Tja ... aber wiederum ist es egal, was man als Deutscher darüber denkt, denn tags drauf ist die Butze sowieso vermietet – an Leute mit Credit History! Schaut man in einer höheren Kategorie und will 4.000 bis 5.000 Dollar pro Monat bezahlen, dann ist der Zustand der Wohnung schon besser – die Fenster schließen, das Bad ist zumindest im Dusch- oder Badewannenbereich neu mit Silikon verstrichen, und alles wurde vor dem Einzug noch einmal durchlackiert.

In amerikanischen Filmen fällt auf, dass die Küchenfronten oft in einer einheitlichen Farbe gestrichen sind und aus Holz bestehen. Praktisch deswegen, weil bei jedem Mieterwechsel die Küche einfach komplett inklusive Fronten, Nischen unter dem Fenster sowie Ablageböden frisch übergepinselt wird. Ebenso wie die obligatorischen Einbauschränke. Wohnungen werden hier nach Bedrooms deklariert. Man sucht einen Bedroom – denn darauf kommt es an, und wenn man über mehr Geld verfügt, dann leistet man sich zwei oder drei Bedrooms – um Platz für ein Wohn-, Arbeitszimmer und so weiter zu haben.

Oft sind die Bedroom-Größen auch nach den amerikanischen Bettenmassen beschrieben. Standard, Queen und King – internationale Bezeichnungen, die wir Deutschen nicht benutzen. Das schafft aber Klarheit bei der Suche, um eine Orientierung über die Zimmergröße zu bekommen. Jeder Raum hat mindestens einen Einbauschrank – so benötigt man weniger Möbel, da Umziehen selbstverständlich ist und nicht so ein Akt wie bei uns Deutschen. Freitags gekündigt, findet man zum Montag eine neue Wohnung – niemand schaut wochenlang nach Objekten. Man geht arbeiten; eine Bleibe zu finden, hat absolut keine Priorität in Manhattan. Die Gegenden im mittleren Bereich vom Meatpacking District bis zum Eastvillage sind trendy, und die Wohnungen kleiner als Richtung Central Park oder Upper West und Upper East. Hier befinden sich auch zunehmend Doorman Buildings: Unten in der Lobby sitzt ein Bediensteter, der Wäsche aus der Reinigung, Post und so weiter annimmt und bei dem man sich als Besucher ankündigt – man kennt das aus Filmen, und es hat durchaus einen Luxus- und Sicherheitsaspekt. Da ich aber das Tipping-System nach wie vor hasse, obwohl ich es inzwischen verstehe, und ein Doorman zur Weihnachtszeit je Wohneinheit mehrere hundert Dollar zugesteckt bekommt, fand ich die Wahl einer Wohnung ohne Doorman geschickter – und von den monatlichen Kosten her überschaubarer.

Außerdem mag ich alte Häuser und habe Ausschau gehalten nach einer netten Wohnung mit Parkett in einer angenehmen Gegend – und genau das alles wurde ein Problem. Wie unterscheiden sich die Wohnbedürfnisse von Deutschen und Amerikanern? Das wäre ein eigenes Kapitel und sprengt hier den Rahmen – jedoch sind freie Steinwände und offene Räume keine Pluspunkte für Amerikaner. Türen sind wichtig, sonst bewegt man sich im Loftbereich, und der ist wiederum eher im 5.000-Dollar-Segment zu finden.

Credit Check

Als ich ein passendes Objekt gefunden hatte, ging es um den Credit Check. Als Europäer ohne Social-Security-Nummer kann man den Vermieter nur mit Geld überzeugen, einem den Mietvertrag zu geben. Man verhandelt mit Management Companys, die alle Unterlagen prüfen. Bankauszüge müssen auf den Tisch sowie eine Bestätigung der Aufenthaltsgenehmigung oder des Visums. Man zahlt zwei Monate mehr an Kaution als Amerikaner – alles in allem sind vorab fünf Mietzahlungen bei Unterzeichnung des Vertrages fällig. Rechnen wir nun die Mieten hoch, sollte man also über ein Bankkonto von mindestens 30.000 Dollar verfügen, ansonsten werden die ersten Monate im neuen Land nicht einfach. Ohne eigene Wohnung bleibt man ein Tourist. Es sind doch gerade ohnehin so viele Unsicherheiten zu bewältigen, sodass eine eigene Bleibe Vorteile bietet – Rückzug, die eigene Einrichtung und der eigene Stil, um sich wohlzufühlen. Als Roommate ist man irgendwie immer Gast der Einheimischen – und niemand wird die persönlichen Vorlieben der Amerikaner auf Dauer überstehen, ohne genervt zu sein. Ich glaube, das wäre in Japan, Argentinien oder Russland nicht wirklich anders.

Ein neues Leben als Roommate zu starten, kam also für mich nicht in Frage. Ich habe viele Leute kennengelernt, die es trotzdem so versucht haben. Viele sind am Anfang nach Brooklyn in eine WG gegangen – auch dort leert sich das Bankkonto gerade in den ersten Monaten extrem, und es dauert, bis es sich wieder auffüllt – aber gegen das eigene Fremdheitsgefühl kann man nicht anbezahlen. Als Gast wird man nicht heimisch – da muss schon eine ganz gehörige Portion Ignoranz vorherrschen, um sich als Roommate zu Hause zu fühlen.

Befindet man sich aber in der Lebensphase, die als Midlife-Crisis umschrieben wird, oder will dieser entgehen oder begegnen, so geht man von einer gefestigten Lebenssituation aus und möchte etwas ändern. Solch ein Umzug ist schon Änderung genug – glauben Sie mir, die Probleme kommen erst noch, und dann irgendwo als Gast zu sein, das wird die Ich-will-zurück-Gedanken eher verstärken. Vielleicht braucht ein Europäer auch die Einbindung in persönliche Verpflichtungen – und sei es ein

Mietvertrag –, um durchzuhalten, was noch kommt. Denn – einmal unterschrieben, kommt man aus den finanziellen Verpflichtungen in den USA nicht heraus. Miete wird bezahlt! Miete wird niemals zurückgehalten oder unpünktlich abgegeben. Jawohl, abgegeben – denn Mietzahlungen werden hier noch immer per Scheck oder cash beglichen! In den USA herrschen Schecks vor. Zu einem Konto erhält man Schecks, und Amerikaner sind mit nichts so secret wie mit ihrem Bankkonto. Abbuchungsaufträge werden nicht erteilt, viel zu groß ist die Angst, dass jemand einfach so etwas abbucht oder Zugriff auf das Konto erhält, sodass das Geld verloren ist und man es nicht zurückbekommt. Das persönliche Budget ist so genau durchkalkuliert, dass ich, der ich nicht konservativ im Umgang mit Geld bin, sondern eher auch einmal spontan etwas ausgebe und das dann eben später mit etwas Hin und Her auf den Konten wieder regele, schon umdenken müsste.

Bedenken Sie aber, wenn alles, was man hat, mit den schon erwähnten Credit Cards bezahlt wurde und auf einem Ratensystem aufbaut und selbst die Schul- oder Berufsausbildung noch auf Raten basiert, die regelmäßig zurückgezahlt werden müssen – wie viel Verantwortung haben Sie auf einmal! Gehaltszahlungen müssen einfach zu einem genauen Zeitpunkt eingegangen sein. Wenn Kreditraten auf 12 Uhr Eastern Time unterschrieben sind, dann ist selbst eine Scheckeinreichung um 12 Uhr Pacific Standard Time in Los Angeles schon zu spät, da das Land vier Zeitzonen hat. Wenn es in New York 9 Uhr morgens ist, schlummert Los Angeles noch mit 6 Uhr in der Früh. Während in Los Angeles um zehn Uhr abends die Geschäfte schließen, ist in New York schon der nächste Tag angebrochen. „Faszinierend!", sagen Sie nun? Beängstigend, denkt man, wenn man dort lebt und von den finanziellen Verpflichtungen der Amerikaner hört.

So kann es sein, dass eine einzige Scheckeinreichung bei der Bank, nur um einen Tag verspätet, mehrere 100 Dollar an Verzugsgebühren kostet. Die Miete ist bis zum 5. eines Monats fällig – bis 12 Uhr, New York Time. Danach fällt eine Verzugsgebühr an.

Ist die Miete nicht bis zum 10. eingegangen, per Scheck oder bar, wird zum nächsten Monat die Wohnung geräumt, und wenn man gar wegfährt, so kenne ich aus Schilderungen Fälle, in denen inzwischen ein anderer Mieter die eigene Wohnung bezogen hat. Die persönlichen Dinge kann man dann in irgendeinem Storage auslösen – so wie ein Auto, welches wegen Falschparken abgeschleppt wurde. Konfisziertes Eigentum gibt es erst bei Cash-Auslösung zurück – rechnet man also eine Auf-einmal-Zahlung zu seinen Kreditraten hinzu, so wird der spontan fällige Zahlungsumfang das vorhandene Budget absolut sprengen. Und all das nur, weil vielleicht eine Überweisung nicht ankommt oder nach deutschem Geschäftsgebaren („Ich habe das längst überwiesen") dezent verschoben wird. Verständlich, dass ein Amerikaner ungern Abbuchungsaufträge erteilt – nur selbst eingelöste Schecks sind wirklich abgegeben, und nur tatsächlich geleistete Zahlungen sind wirklich gedanklich eingelöst.

Das ist Stress, den wir Europäer nicht wirklich verstehen, denn unser soziales Absicherungssystem fängt uns immer wieder auf. Bedenkt man die automatischen Ver- und Absicherungen, kann einem Europäer im Gegensatz zu einem Amerikaner niemals wirklich etwas passieren – und ein Sozialfall aus europäischer Beurteilung wird in den USA immer noch als äußerst bedenkenlos eingeordnet. Nach amerikanischer Denkweise gibt es in Europa überhaupt keine Armut. Wenn man die Berichterstattung weltweiter Medien über Deutschland verfolgt, werden Sozialfall-Diskussionen oder überhaupt jegliche Sozial-Dramen als absolut lächerlich eingestuft. Man wird als Deutscher gefragt, warum eine deutsche Familie ein Jahr lang den Staat verklagt, um 5 Euro mehr Hartz IV zu bekommen. Dieses Verhalten klingt absurd für Amerikaner, die auch nicht einsehen, warum man eine Krankenversicherung für den Nachbarn mitbezahlen soll, wenn dieser raucht und trinkt und anstelle der Krankenversicherungsbeiträge lieber einen neuen Fernseher bezahlt. Hier zu diskutieren bringt wenig! „Hallo, wach auf und rette dich selbst, das geht immer!" Das ist die Devise in den Staaten.

> **Tipp:**
> Wie finanziere ich die 30 bis 40.000 €, um den Traum von New York anzuschieben?
> Leben Sie alleine, ist es einfacher – verkaufen Sie eine Wohnung, verkaufen Sie Ihr Auto, oder opfern Sie Ihre Lebensversicherung. Die sollten Sie sowieso hinterfragen, denn die gerade veröffentlichten bereinigten Zuwächse von unter 2 Prozent, brauchen Sie die wirklich? Nein – denn das, was Sie durch einen Wechsel in Ihrem Leben für sich selbst bewirken – die Erfahrungen und Erlebnisse sind wohl mehr wert als die 2 Prozent Rendite Ihrer Lebensversicherung. Nehmen Sie einen Kredit auf. Verfügen Sie über ein festes Einkommen, so gibt es genügend Banken, die Ihnen einen Kredit geben. Antrag ausfüllen, und ist das Geld da – wagen Sie etwas. Wagen Sie etwas für sich selbst – dieses Endlich-Ich-Gefühl setzt Adrenalin frei.

Fast alle Deutschen, die ich kennengelernt habe oder von denen mir berichtet wurde, haben es in der Bronx oder anderswo nicht geschafft. Das Budget hat letztendlich nicht gereicht, auch wenn man die Chance bekam, in New York zu arbeiten oder ein Praktikum zu machen. Wir Europäer pflegen wohl doch andere „Werte" – hat doch das Denken in Deutschland, die Erziehung, die Sozialisation oder was auch immer dazu geführt, dass das Geld anderswo zu schnell aufgebraucht war und man zurückgekehrt ist. Manhattan ist im Gegensatz zu dem, was viele erwarten, nicht Freiheit pur, und alles ist hier auch nicht möglich – man muss aber seinem Traum trotzdem nachjagen.

Besitz ist auf einmal nicht mehr entscheidend. Ein Auto zumindest ist in Manhattan eher ein Hindernis – aber dieses aufzugeben, ist schon ein gewaltiger Schritt für einen deutschen Mann – zumal der Verkaufserlös schon mit der ersten Zahlung an Ihren New Yorker Vermieter aufgebraucht sein wird. Aber denken Sie um: Die nächsten Monate sind bereits bezahlt – machen Sie etwas draus!

Ein Mann kann Freiheit wagen – haben wir vorher über den Unterschied zum weiblichen Geschlecht und neun Monate Schwangerschaft nachgedacht, gibt es einen weiteren Vorteil gegenüber der Frau, die nach neun Monaten Schwangerschaft zwar vielleicht all ihre Sinnkrisen überwunden hat, aber dafür Geisel all ihres Wollens wird: Ein Kind bringt Verpflichtung, und eine Mutter wird sich nie von Kindern trennen, um eigener Sinnfindung nachzugehen. Wir Männer haben es einfacher: Selbst wenn wir irgendwo auf der Welt ein Kind haben – feste Bezahlsätze regeln, wie viel uns das kostet. Das Kind bleibt meist bei der Mutter, und wir sind frei – frei für uns selbst.

Da den Mann die Sinnkrise und das „Ich-will-jetzt-mal-raus-Gefühl" erst ereilen, wenn er bereits etwas erschaffen hat und gefestigt ist, können Sie Ihr Budget genau berechnen, was Sie zu Hause in Deutschland behalten müssen. Krankenversicherung fürs Ausland, Rentenversicherungen laufen weiter, die Haftpflicht wird für das Ausland ergänzt, eine internationale Reiseversicherung ist zu empfehlen, Kreditverpflichtungen und Unterhalt ist nachzukommen.

Nach der Schulzeit gehen wir unseren beruflichen Wünschen nach – nach einiger Zeit des Schaffens schauen wir auf eine mehr oder weniger ertragreiche berufliche Zeit zurück. Erst, indem wir einen Trott entwickeln und in immer denselben Fragen des „Was nun?" und „Wie geht es weiter?" verharren, entwickelt sich die Idee eines „Press Reset" – nochmal etwas anderes tun, sich weiter im Leben entfalten zu wollen. Somit sind die Möglichkeiten auch berechenbarer als in der vergleichbaren Phase nach der Schulzeit. Damals wurden wir vom eigenen Sozialstatusdenken, den Eltern und den Freunden der Schulzeit bedrängt. Nun aber kennen wir unsere finanziellen Mittel, sehen Möglichkeiten und können unsere Fantasien genau berechnen. Das Einzige, was uns nun aufhält und scheinbar im Weg ist, sind persönliche Bindungen, das soziale Gefüge und Festgefahrensein im Alltag. Das sind alles finanziell überschaubare Größen. Jeder kennt seine Verpflichtungen und kann sich einen Überblick von angesammeltem Haben und Verbindlichkeiten aufstellen. Haben Sie ruhig Selbstvertrauen. Denn wenn Sie in der Lage sind, in Deutschland einer Arbeit nachzugehen, warum sollten Sie es nicht schaffen, in Neuseeland, Argentinien oder in den USA zu arbeiten?

Dieser Vorteil ist immens: Eine Midlife-Crisis-bedingte Veränderung ist also nicht von finanziellen Möglichkeiten abhängig! Egal welchen Sozialstatus wir betrachten: Jede Berufsgruppe ist auch in einem anderen Land und auf einem anderen Kontinent vorhanden.

Dezent geschockt war ich neulich, als ich eine Reportage im deutschen TV gesehen habe, wo berichtet wurde, dass alte Menschen, die pflegebedürftig werden, in Deutschland derzeit nach Fernost ausgesiedelt werden. Dort sei eine gute Rund-um-die-Uhr-Versorgung auf europäischem Niveau zu bezahlbarem Preis möglich – First Class für Low Budget sozusagen. Also hier liegt der endgültige Beweis: Im Ausland ist es manchmal günstiger zu leben als hier im Inland, in Osteuropa besorgt sich der Westeuropäer neue Zähne, Frauen pilgern gen Osten für mehr Brustfülle oder wir Männer für Haartransplantationen – diese Art von Nutzen durch Reisen haben wir bereits entdeckt. Und wenn wir nicht davor zurückschrecken, unsere Senioren umzusiedeln – warum schrecken wir dann so davor zurück, uns selbst im Best-Age-Alter noch einmal zu verändern? Warum halten uns etwaige Familienverhältnisse, Kredite und Verpflichtungen zurück, obwohl Menschen, die eine Veränderung wagen, so bewundert werden?

Warum schaut man neidvoll auf den Manager, der jetzt Schafzüchter wird? Warum wünscht man sich insgeheim, ein

Café irgendwo am Strand zu eröffnen – mit Surfbrett-Verleih? Und warum ernte ich ein „Ah!" und „Das ist ja cool!", wenn ich den Entschluss mitteile, jetzt in New York leben zu wollen?

Es sind psychologisch verankerte Sichtweisen, die uns hier hemmen, glaubt man der Fachliteratur.

3. Kapitel

DAS PHÄNOMEN MANN

Die Midlife-Crisis oder die Chance auf Weiterentwicklung

In einem Ratgeber zum Männlichsein wird als entscheidende Hürde im Leben eines Mannes das weibliche Geschlecht genannt[1]: „Ein Mann erkennt, dass er niemals so perfekt sein kann wie seine Mutter, die er ein Leben lang am meisten liebt. Eine Mutter ist also schuld, dass ein Mann Geborgenheit woanders suchen muss!"

„Als Heranwachsender wird ein Mann oft von Mädchen zurückgewiesen, da diese sich für etwas ältere Männer interessieren. Deswegen ist die Frau eigentlich selbst schuld, wenn man sich an ihr rächt und sie irgendwann durch eine jüngere Partnerin ersetzt."

---

1) Lebert, Andreas und Stephan (2007): *Anleitung zum Männlichsein*. Frankfurt am Main. S. 13.

„Ein Mann möchte Bestätigung von Frauen und macht angeblich nur Witze, um das Lachen einer Frau zu bewirken – das bringt Selbstbestätigung im tristen Männeralltag."

Für alle drei Thesen gibt es wissenschaftliche Belege. Ich selbst habe jahrelang für den Boulevard-Sektor gearbeitet, und besonders Stars und Königshäuser bieten im Privatleben immer wieder gute Beispiele dafür. Die Thesen 2 und 3 können wir zusammenfassen. Ein Mann sucht das Lachen einer Frau, und die Begeisterung für den eigenen Habitus ist bei jüngeren Frauen leichter zu gewinnen, die natürlich auch noch knackiger, blonder, besser gekleidet sind als das gewohnte gleichaltrige Weib, das dem Mann vielleicht zu Hause morgens in der Küche Frühstück bereitet. Eine frische, jüngere Frau ist attraktiver und begeistert mehr, sieht viel besser aus und verspricht besseren und neuen Sex. Dem Trugschluss, dass Frauen alles machen sollten, um jung zu bleiben und sich fit und attraktiv für den Mann aufzubereiten, gehen wir hier nicht nach – denn dies ist ein Ratgeber für Männer. Vielmehr zeigen die späteren Beispiele aus New York, welche Secrets ein Mann anwenden kann, um attraktiv zu bleiben, und wie selbstverständlich Männer in New York in sich selbst investieren, um sich als angesagt und up to date zu präsentieren.

These 1 beweist sich selbst – wenn ein Mann der ewigen Liebe einer Mutter nachhängt, wird er feststellen, dass diese Liebe bestehen bleibt, egal wo auf der Welt er sich befindet. Sind Sie verheiratet, so kennen Sie die Beziehungsspannungen zwischen Ehefrau und Mutter. Sind Sie nicht gebunden, wird Ihre Mutter all Ihre Bestrebungen nach Bindung oder Befriedigung früher oder später kommentieren. Warum also nehmen Sie Ihre Mutter nicht als gegeben hin? Ein Gespräch mit einer Psychologin hat mir geholfen: Kocht eine Mutter gute Lasagne, so fahren Sie heim und freuen sich auf das Essen daheim, welches für Sie zubereitet wird. Verlangen Sie aber nicht von Ihrer Ehefrau, dass sie die Lasagne der Mutter kopiert. Sie verlangen ja auch nicht von Ihrer Mutter, die Sie (wenn wir den Psychologen glauben) über alles in der Welt lieben, dass sie Eigenschaften Ihrer Ehefrau übernehmen soll.

Bekommen Sie von Ihrer Mutter gute Ratschläge, so nehmen Sie diese auch weiterhin an, aber wägen Sie ab – so lernen Sie Eigenständigkeit trotz der Existenz Ihrer Mutter! Grenzen Sie auch immer Ihre eigene Lebenssituation von der Ihrer Mutter ab, und versuchen Sie nicht, Ihre eigenen Wünsche, Bedürfnisse und Gewohnheiten mit denen Ihrer Mutter zu vermischen.

Ein Blick nach New York – im Supermarkt. Meine Mutter war gerade zu Besuch. Es war nachts um eins – eine durchaus übliche Shoppingzeit hier in New York, da entdecke ich diesen blonden Typen – irgendwie ein typischer Ami-Guy. In Berlin würde man sagen, er sei ein „A-Gay" – klassifiziert wie A-, B- oder C-Promi oder Eier, die je nach Boden-, Freiland- oder Käfighaltung in Güteklassen eingeteilt werden. Scheinbar finde ich ihn ganz faszinierend, aber bin ich schwul? Hier in New York vermischen sich die Geschlechter, es gibt das Wort homodent. Mal so – mal so ... und ist es heute noch schlimm, sich ab und zu mit dem eigenen Geschlecht abzugeben?! Heute probieren doch sowieso schon Kids mit 12 alles Mögliche aus. Sowieso bin ich der Meinung, dass meine Eltern mit mir als Nachwuchs eher Glück hatten. Mein Lifestyle bestand aus Lego sowie der Diskussion, ab wann ich „Bravo" lesen durfte. Das Blatt wurde dann von den Eltern – als ich 16 war – geprüft und ... fiel durch. Heute undenkbar und lachhaft, wo Freundinnen der Ziehtochter eines Freundes von mir ganz unverblümt im Nebenzimmer über mich sinnieren, wie es wohl „mit ihm" (mir) wäre!

Also bitte ...

New York. Supermarkt an der 6th Avenue Ecke 58. Straße: Meine Mom und ich kaufen Orangen, Kekse, Marmelade und Butter und diskutieren über das nächtliche Shoppingverhalten. Dann durchstöbert sie die Butter nach „salted" und unsalted". „Marco, warum ist da so viel Butter im Karton?", „Warum ist die Butter in Pappe eingepackt?", „Was ist der Unterschied zwischen der blauen Pappe und der roten und der mit der gelben Schrift?", „Wer braucht denn so viel Butter?", und so weiter. Die übertriebenen Packungsgrößen fallen mir mittlerweile gar nicht mehr auf.

Ich gebe allerdings zu, bei der Milch finde ich es heute noch erstaunlich, warum man sich dreieinhalb Liter in einem Plastikkanister kauft, und wenn man diesen Kanister dann morgens öffnet und versucht, etwas in den Kaffee zu gießen, plätschert ein Schwall heraus.

Während meine Mom also immer noch im Buttervergleich versunken ist, zwinkere ich dem blonden Ami-Typen zu. Denke mir insgeheim, hoffentlich beeilt sich meine Mutter nun mal mit der Butter, denn der Typ scheint genau zu wissen, was er kaufen möchte, und schreitet dann gezielt zur Kasse. Zur selben Zeit sollten wir auch dort sein; aber wie kann ich mit Mutter im Gepäck einen Typen anmachen?

Am Tag zuvor wurde ich von ihr, meiner Mutter, als „Preiskuh" bezeichnet. Irgendwie fiel ihr auf, dass Verkäufer in New York wohl homosexuell sein könnten. Zwar folgen sie einem nicht wie in Berlin und Europa in die Umkleide, doch selbst eine Mutter merkt, wenn der Sohn angemacht wird, ihm zugezwinkert wird und … nun ja, was eigentlich?

Be flirty – be happy! Der Blonde schaute jedenfalls genauso nach mir wie ich nach ihm, und wir kamen gleichzeitig an der Kasse an. Die nächste Hürde war, dass es sich um eine Selbstbedienungskasse handelte. Meine Mutter war nicht in der Lage, ohne vorherige Diskussion einfach der selbsterklärenden Logik zu folgen und mit dem Automaten in Kommunikation zu treten. Selbstständig müssen die einzelnen Produkte aus dem Korb eingescannt und dann in die vorbereitete und geöffnete Tüte gelegt werden. Der Computer merkt am eingescannten Code genau, ob das Gewicht, welches anschließend in der Tüte verschwindet, mit dem eingescannten Produkt übereinstimmt. Mogeln kann man da nicht. Ich habe es ausführlich probiert. Es klappt nur, wenn man zwei dünne Produkte, sagen wir mal zwei Packungen Salami-Scheiben zusammen nimmt, jedoch nur eine Packung scannt und dann beide in den Korb legt. So etwas würden Amis aber nie tun. Genauso wie sich New Yorker niemals vordrängeln würden und sich stattdessen gerne gegenseitig die Tür aufhalten, um anschließend:

„Oh, thank you!" oder: „Thanks so much!" oder: „Oh, that's so nice, thank you!" zu sagen.

Ich habe es aber natürlich versucht. Jedes Mal, wenn es nicht klappte, piepste eine Sirene, und die Aufpasserin kam sofort an die Selbstbedienungskasse, um mit ihrer Scankarte die automatische Blockade zu entfernen. Dann zählt sie die Produkte nach, und ich bin in der peinlichen Situation, sagen zu müssen: „Oh, I am so sorry!" oder „Oh, I didn't notice that, I am so, so sorry!" oder „Oh no – so sorry for that!" Dann ist alles wieder gut, und der Kunde scannt seine Produkte weiter selbst ein – bis alles eingescannt ist und in den Tüten wartet, bis die Kreditkarte durch den Schlitz gezogen wird und man auf dem Display für die zu bezahlende Summe unterschrieben hat.

Jedenfalls stand der blonde Ami-Typ neben uns und beobachtete mich. Meine Mutter schaute mich und den Automaten an: „Also so etwas in Deutschland, das wäre es ja noch, da findet man ja gar nicht durch. Also alle meine Freundinnen wüssten überhaupt nicht, wie man damit umgeht." „Nun ja, dann werden sie es eben lernen", gab ich zurück. Der Lifestyle ändert sich. Frauen ändern sich, Männer ändern sich. Ich schaue rüber zu dem Typen, der meine Situation erkennt und merkt, dass hier keine Zeit ist, um Telefonnummern ins Handy zu tippen oder auf Zettel zu schreiben. Unbemerkt zieht er also seine Visitenkarte aus dem Portemonnaie und fächelt mir damit zu. Ich zucke mit den Schultern und sehe kaum eine Möglichkeit, nachts um halb zwei zwischen Mutter, dem Milchscannen, den Erklärungen für die Mutter, wie der Automat das Gewicht erkennt, und den faszinierenden Blicken dieses Typen klarzukommen. Ich kann mich nicht sortieren – das ist im Leben aber wichtig.

Also ganz locker. Europäer strahlen auf Amerikaner einen gewissen Charme aus. Es gibt Momente, da sollten Sie nicht zögern, etwas zu tun, wenn das Besondere lockt.

Am Ausgang gehen wir, mit zwei Tüten bepackt, an dem blonden Ami vorbei, und er steckt mir seine Visitenkarte zu. Sofort ergreift meine Mutter das Wort: „Marco, der hat dir doch eben einen

Zettel zugesteckt!" Meine Mutter hat's bemerkt, und ich sage: „Nein, was meinst du?" „Also du musst mich doch nicht für blöd verkaufen, ich habe keine Preiskuh erzogen! Was machst du eigentlich hier in Amerika? So ist mir das in Deutschland ja nie aufgefallen." Und irgendwie hat sie recht, aber ich streite alles ab und checke die Visitenkarte, als wir zu Hause sind. Matthieu heißt der Blonde. Anwalt.

> **Tipp:**
> Diese Schilderung ist vielleicht nicht so, wie Sie erwartet haben, aber horchen Sie doch einmal als Übung in sich hinein und überlegen, was Sie erleben möchten, was Sie bisher nicht alltäglich machen. Konkret sind diesmal Erfahrungen gefragt. Ging es im ersten Frageblock um pauschale Veränderungen wie Urlaube oder Lieblingsstädte und Lebenssituationen, fragen Sie sich nun einmal selbst, welche Erfahrungen Sie eigentlich vermissen oder was Sie gerne einmal machen möchten: Nachts in einen Park gehen und auf dem Gras liegend in den Sternenhimmel schauen? Schafe scheren? Morgens aufstehen und Surfbretter verleihen, anstatt Ihrem geregelten Trott nachzugehen? Welche Dinge machen Sie neugierig? Schreiben Sie diese auf! Lifestyle ist ungeregelt – niemand ist im ständigen Glücksgefühl! Glück ist ein Moment.
> Entdecken Sie ungeregelte Dinge, und finden Sie diese gut – jeden Mittag um 12 Uhr zu essen, ist langweilig, immer an denselben Urlaubsort zu fahren, hat nichts mit Lifestyle zu tun. Das ist Trott. Und das kommt nicht gut fürs Gefühl – brechen Sie aus und machen Sie etwas Neues!

Nun ja. Ich habe aufgehört, eine innere Strichliste zu führen. Der Ruf eines Berliners, der einigermaßen aussieht, ist in Amiköpfen so dermaßen verdorben – was das Sexuelle angeht, so kann sich jeder Deutsche durchaus als „Preiskuh" fühlen. Entdecken Sie also Dinge – das erspart bezahlten Sex, wo auch immer Sie in der Welt sind!

Soll ich diese Momente aber mit meiner Mutter teilen? Offensichtlich ist das doch ein Beispiel, in dem sich die Wege von Ihnen und Ihrer Mutter trennen. Das hat aber nichts mit Zurückweisung zu tun. Ihre Mutter wird Sie nicht an einer räumlichen Veränderung hindern, und Ihre Mutter ist auch nicht schuld, wenn Sie Ihre Midlife-Crisis mit allen Konsequenzen ausleben und einer anstehenden Veränderung Raum geben! Sie entwickeln sich parallel zum Lebensweg Ihrer Mutter weiter.

Sich seinen Gefühlen stellen

Als Mann lebe ich mein Leben, ich bin in meiner gewohnten Umgebung und finde mich oft mit meiner Situation ab. Wenn ich an Deutschland denke, dann ist es hier üblich, nach dem Schulabschluss einen Beruf anzugehen und auszuüben. Vielleicht lerne ich eine Partnerin kennen oder versuche mich sonst wie zu binden. Selten denke ich über Veränderung nach. Wenn ich schlauen psychologischen Büchern Glauben schenken darf, dann denken Männer selten über sich selbst nach – seltener als Frauen. Männer beschränken sich sogar im Gesprächsaustausch mit der eigenen Partnerin häufig auf die Informationsvermittlung.[2] „Was habe ich heute gemacht, was gibt es für Neuigkeiten im Job, hat sich etwas verändert im geschäftlichen Umfeld, was machen wir am Wochenende – wollen wir dieses oder jenes anschaffen?" Das sind doch Themen, die Sie mit einer Partnerin durchgehen. Wenn Männer sich untereinander treffen, dann arbeiten sie angeblich,

[2) Süfke, Bernd (2010): *Männerseelen – Ein psychologischer Reiseführer*. München. S. 122 ff.

bauen oder handwerkern zusammen – sie treiben oder gucken gemeinsam Sport. Die Fachliteratur beschreibt dies als Side-by-side-Aktivitäten. Im Gegensatz dazu begeben sich Frauen eher in Face-to-face-Kontaktsituationen: Frauen sitzen stundenlang mit ihren Freundinnen in Cafés, und wir Männer fragen uns dann immer, was zum Teufel sie dort eigentlich machen! Sie reden, quatschen, gehen alles, was sie beobachten, durch und tauschen sich aus.

Männer bewegen sich auf der Ebene dessen, was aufgrund der finanziellen Situation möglich ist. Verdienen sie viel Geld, so ist die Frage nach dem nächsten Urlaub präsent – möglichst vorgeplant, das erspart Überraschungen, liegen sie dann am Strand und essen am Abend in fremden Kulturen vielleicht in der Hotelanlage, die zu einem westlichen Konzern gehört. Sie fragen sich, was gibt es für neue Autos, wie viel PS hat ein Wagen dieser oder jener Marke und wollen wir uns ein neues Auto anschaffen? Ist Mann selbstständig, fragt er sich, ob er investieren soll – wie kann das Wachstum weitergehen? Wo sollen wir am Abend essen gehen? Sind wir in unserem Haus oder in der Wohnung überhaupt noch glücklich, oder sollte man nicht einmal umziehen – oder zumindest die Einrichtung austauschen? Was das kostet? Das wird nicht gefragt, denn Sie bewegen sich in sicherem Terrain, und jenseits dessen wagen Sie sich gar nicht vor.

Sie machen immer dasselbe! Die meisten Menschen machen immer dasselbe, Gewohnte. „Es ergeben sich keine großen Sprünge", so wird es formuliert. Beispiele gibt es hierfür en masse – der Bausparvertrag oder die Hausfinanzierung ist auf 30 Jahre festgeschrieben, der Leasingvertrag für das Fahrzeug steht für drei Jahre – selbst ein Ratenkredit ist festgelegt, und zu Weihnachten steht auch schon fest, was man isst, welche Verwandten an welchen Feiertagen besucht werden et cetera. Auch über die Schulausbildung Ihrer Kinder wird schon frühzeitig nachgedacht! So ist das doch, und alle machen mit. Bei geringerem Budget rechne ich mir vor, wie ich meine nächste Bustour ins Ausland bezahle – wo kann ich bei einer Freundin oder einem Freund schlafen, wo am Essen sparen? Reicht mein Budget auf Sozialstatus, um abends etwas trinken zu gehen?

Kurz – entweder es geht Ihnen finanziell gut, und Sie überlegen schön abgesichert, wie, weiterhin abgesichert, „mehr" möglich ist – oder Sie gehören zu den Sozialschwachen und fühlen sich auch so. Bei jedem Lidl- oder Aldi-Besuch rechnen Sie die Ausgaben für Brot, Zigaretten, Dosenfisch und hoffentlich ab und zu eine neue Flasche WC-Reiniger zusammen – Sie fühlen sich aber weiterhin schlecht, benachteiligt und arm. Oder wachen Sie am Morgen auf und testen etwas Neues?

Investieren Sie in sich selbst? Nein – als sozial Abgesicherter werten Sie Ihre Kenntnisse über ein Fachgebiet nicht auf, Sie lernen schon seit Jahren nur begrenzt für den Job dazu – als Sozialschwacher wiegen Sie sich in der Sicherheit, dass Ihnen das Arbeitsamt vielleicht bald eine Weiterbildung finanziert – und das wird dann auch nur willenlos und eigentlich mit Abwehr begonnen. Wenn Ihnen nicht die Streichung des Hartz IV drohen würde … eigentlich wäre es besser, nichts Neues zu starten. So fühlen wir uns doch, wir Deutschen – aber hallo? Endlich ich? Wo sind Sie selbst, wo suchen Sie nach sich selbst, und was finden Sie an neuen Dingen in Ihrem Leben, das nicht nur vielleicht, sondern ganz sicher gar nichts mit Geld zu tun hat? Immer nur weiter so? Immer mehr oder immer beim Weniger bleiben? Sich ins bisherige Leben fügen oder etwas Neues starten – Mittendrin sein und sich trotzdem aufraffen?

Schmunzeln Sie jetzt nicht – das Phänomen des sozialen Sicherheitsdenkens existiert doch in jedem von uns. Wenn wir anfangen, zu wagen und zu lernen, über unsere Empfindungen, vielleicht Bedenken und Ängste zu reden, unsere persönlichen Gedanken, intimen Gefühle, eventuelle Dilemmata und sogar ganze Lebensereignisse losgelöster zu betrachten, dann belasten uns diese auch weniger. Außerdem entgeht uns durch unser übliches Schweigen Nähe sowie der Austausch von Anerkennung und Wertschätzung. Oft führt das Sprechen über persönliche Themen bereits zur Klärung von Problemen, bringt Entscheidungs- und Verhaltenshilfen. So steht es in den Ratgebern, und ich finde es durchaus nachvollziehbar – wenn ein Zimmer verraucht ist, komme ich nicht drum herum, das Fenster zu öffnen, damit – wen wundert's – der Rauch verzieht. Wenn ich keine Perspektiven sehe und festgefahren bin ... nun ja – dann muss ich mich öffnen und den Austausch suchen. Nur so erhalte ich neue Impulse, und auf einmal klärt sich eine Situation, ein Problem verändert sich oder löst sich auf einmal komplett in Luft auf, aus einem anderen Blickwinkel betrachtet. Neue Wege tauchen am Horizont erst auf, wenn Sie ein Stück weit vorgelaufen sind – wer immer nur in den Pauschalurlaub fährt, mit dem Bus am Flughafen abgeholt und in das Resort am Urlaubsort gebracht wird – erlebt der etwas Neues? Immer nur zum Arbeitsamt pilgern in der Hoffnung, dass Ihnen jemand einen Job vermittelt? Fehlanzeige – selbst ist der Mann!

Ich war neulich in den Bergen, Skifahren in Sölden. Nach zwei Tagen war ich kaputt und hatte keine Lust mehr auf den Après-Ski-Trubel. Was sollte man da tun? Mein Urlaub war aufs Skifahren ausgelegt, aber nun erkundigte ich mich nach Wanderwegen, die natürlich im Ötztal perfekt ausgebaut sind. Da ich aber keine Lust auf eine fest vorgegebene stundenlange Wanderung hatte, schaute ich auf die Karte, und ganz am Ende vor der Grenze zu Italien lag dieses kleine Dorf Vent. Der Bus fuhr dreimal am Tag dorthin, und so beschloss ich, einfach bis zur Endstation mitzufahren – alle anderen saßen in Skisachen und Skiern im Bus, denn im Winter fahren Touristen hier halt Ski.

Irgendwie meinte ich, dass mir etwas fehlte, und habe ja auch ganz bewusst meine Skier im Hotel gelassen. An der Endstation bin ich ausgestiegen und habe als Erstes geschaut, wann der nächste Bus nach Sölden zurückfährt. Das war drei Stunden später. Nun saß ich für drei Stunden an einer Busstation in den Bergen fest, an einem Ort, für den man keine Pläne machen konnte, denn hier war nichts – Fuchs und Hase, die sich Gutenacht sagen könnten, selbst die hätten sich hierher nicht verirrt.

Der Bus kehrte am Wendehammer um, und ich stand nun da in Obervent. Ich hatte ja rausgewollt aus dem Trubel vom Skifahren. Meine App zeigte mir keine befestigte Straße – hier war ja auch die Straße zu Ende. Rechts auf der sonnenbeschienenen Seite des Berges ein dünner Schotterweg, und links führte ein Steg über einen Bach auf die der Sonne abgewandte Seite; es lag noch dicker Schnee. Richtig romantisch und still, einsam sowieso ... mir wurde klar: Wenn ich jetzt weitergehe, ist dort hinten irgendwo Italien. Ich blickte nach rechts und wägte ab, ob ich mir zutraute, den Berg zu erklimmen, um über die Kuppe zu schauen. Schließlich folgte ich dem Schotterweg, und da ja über jedes Bacherl ein Brückerl führt, und wo ein Brückerl ist, ist schon auch noch ein zweites ... ich bin einfach einmal losgegangen auf dem Schotterweg. Klar habe ich überlegt, dass ich, wenn der Bus nicht käme, verdammt weit weg von Sölden sein würde, und klar habe ich meine Handybatterie gecheckt. Empfang war da, und das gab Sicherheit. Aber ansonsten war und ist dort an diesem Punkt der Erde wirklich nichts – ich musste mich vorwagen, um zu entdecken, dass ich einen verdammt schönen Wanderweg gefunden hatte.

Natürlich konnte ich nach einer halben Stunde Wanderung auf der Sonnenseite schon erkennen, dass der Weg weiter hinten über den Bach hinüberführte und ich auf der anderen Seite wieder zu der Bushaltestelle zurückkommen würde. Es war ein wirklich toller Ausflug, und als ich auf der schneebedeckten Seite des Berges zurückstapfte, konnte ich sogar eine Haltestelle auf der Busstrecke weiter zurücklaufen und noch entspannt eine Cola trinken, bis der Bus nach drei Stunden wirklich wiederkam und mich zurück nach Sölden brachte. Es waren drei verdammt entspannte Stunden, die mir viel länger vorkamen, denn ich konnte einmal in absoluter Stille nachdenken und die Dinge mit Abstand betrachten – außerdem verdeutlicht es, dass am Horizont neue Wege auftauchen, ich mich aber erst einmal ein Stück bewegen muss, um sie für mich zu entdecken.

Das gilt für jeden von uns. Gesprächspsychologen berichten, dass bei Therapien die Patienten immer erst ein paar Sitzungen brauchen, in denen sie einfach so erzählen, und eine Therapie oft davon abhängt, wann der Patient in der Lage und bereit ist, sich zu öffnen, damit man über die Probleme reden kann. Man stellt sich einen Besuch beim Psychologen ja so vor, dass man dort sitzt oder sich hinlegt und dann tiefgreifende Fragen gestellt werden. Sowieso denkt man über einen Besuch beim Psychologen nie nach und meint, dass dieser nur für Extremfälle zuständig ist: „Warum haben Sie den Gedanken, Ihre Frau umzubringen?" oder: „Warum möchten Sie Ihr Leben beenden?" Niemand betrachtet einen Psychologen als festen Bestandteil des Lebens, so wie man zum Beispiel einen Automechaniker für das Auto hat, den man ab und zu, mindestens einmal jährlich, einen Check machen lässt, oder einen Fitesstrainer, bei dem man mal zehn Stunden bucht, um wieder neue Impulse zu bekommen und das langweilig gewordene Training für seinen Körper aufzupeppen. Auch würden es deutsche Frauen als Angriff betrachten, wenn Sie ihnen vorschlagen würden, einmal einen Kochkurs zu besuchen, um neue Impulse beim Kochen zu erhalten. Wir mögen unseren Trott und finden alles gut so, wie es ist; Veränderungen oder neue Impulse empfinden wir als Angriff!

Psychologen berichten, dass es eine männliche Depression gibt[3], die uns alle irgendwann ereilt. Das männliche Dilemma besteht aus emotionaler Bedürftigkeit einerseits sowie der Abspaltung, also Unterdrückung, vieler Gefühle andererseits: Zu Gefühlen zu stehen, über sie zu reden, sie zu spüren stört offenbar viele Männer, da es einfacher ist, alles zu verdrängen, als sich seinem Seelenleben und seiner ureigensten Situation zu stellen! Das bedeutet, wir Männer akzeptieren lieber unsere Krise stillschweigend, als dass wir neue oder irgendwann erst entdeckte Gefühle und Wünsche zulassen, ansprechen oder sogar angehen und realisieren – Verdrängung ist einfacher!

Meine Ex-Freundin wählt die Variante der Engelskarten, um sich tagtäglich in Stimmung zu bringen bzw. um Kraft für den Tag zu erhalten. Schon morgens nach dem Aufwachen zieht sie eine Engelskarte. Das sind bunt bemalte Karten, auf der einen Seite ist ein Engel mit schönen bunten Kleidchen abgebildet, und jeder Engel hat einen Namen. Drehe ich die Karte um, dann findet man dort einen wohlklingenden Spruch, einen Vers, der mir Mut

---

3) Süfke, Bernd (2010): *Männerseelen – Ein psychologischer Reiseführer.* München. S. 65 ff.

macht und sagt, dass die Engel irgendetwas tun oder Ähnliches. Sie zieht diese Karten inzwischen so gut wie immer, wenn es um etwas geht oder wenn sie Langeweile hat – und Deutsche sind doch so satt, dass Langeweile ziemlich häufig aufkommt. Am Morgen, am Abend, vor besonderen Entscheidungen. Auch wann sie zum Friseur geht, entscheiden die Engelskarten.

Nun ja – und dann kam ein Silvester in Berlin. Es war alles in allem ein wirklich schöner Abend und sollte wieder einmal die Nacht der Nächte werden. Diesmal also nicht Berghain, die beste Diskothek der Welt, in der „alles geht", sondern Home-Vibrations-Dinner-Night. Es wurde gekocht, sechs Pärchen und ein paar Übriggebliebene. Alles war toll bis zu dem Moment, wo die Tarot-Karten ausgepackt wurden. Anke – irgendwie sollte diese Nacht das Aus unserer Beziehung bringen – zog absolut nur die Karte Tod und Veränderung. Und zwar immer wieder. Alle anderen hatten tolle Karten, und man redete darüber. Anke aber hatte irgendwann so schlechte Laune, dass die Nacht der Nächte für sie wohl noch vor Mitternacht vorbei war, denn sie hatte die Laune verloren und ging heim. „Das war's dann", habe ich am nächsten Tag bei Freunden verlauten lassen, und wenn ich heute zu psychologischen Ratgebern greife, um nachzulesen, wie die Midlife-Crisis einzuordnen ist, stelle ich fest, dass ich damals richtig gehandelt habe. Ich bin eindeutig in der Spur und kann heute über Tipps schreiben, wie man diese anstehende Krise vermeiden kann.

Stehe zu deinen Gefühlen! Genau wie Anke, meine Ex, nachdem sie wegen der bösen Tarot-Karten das Silvesterfest verlassen hatte, sollten wir Männer in uns hineinhorchen. So vermeiden wir psychosomatische Erkrankungen wie Magengeschwüre, Bandscheibenvorfälle, Depressionen, Süchte, sexuelle Störungen und Ängste. Das liest sich gar nicht gut, das gebe ich zu – aber irgendwie will ich Sie ermutigen, sich zu entdecken. Andere Ratgeber führen wieder die Mutter an und berichten über einen unterdrückten Jungen, der in jedem Mann steckt[4], so stehen wir im

---

[4] Wartenweiler, Dieter (1998): *Männer in den besten Jahren – Von der Midlife-Crises zur gereiften Persönlichkeit.* München. S. 35 ff.

Berufsleben unseren Mann, zu Hause sind wir aber abhängig von einer Frau und trauen uns zu wenig zu. Bei der eigenen Frau werden wir zum Kind und suchen eigentlich in unserer Partnerin nur unsere Mutter. Und das Problem daran ist nicht die Tatsache an sich, sondern dass sie uns nicht bewusst ist! Und wenn Sie weiterlesen, so erfahren Sie, dass gerade die ach so harmonischen Ehen, in denen vielleicht die Frau für den Mann spricht à la „Mein Mann mag gerne Schnitzel, und die brate ich dann immer" oder „Also meine Frau kleidet sich gerne in Gelb, denn Gelb ..." – als gefährlich einzustufen sind. Ihnen droht gefährliche gegenseitige Verbundenheit, denn Ihre eigene Identität kommt abhanden, und so wird die Partnerin zum Mutterersatz. Menschen können so nicht wachsen, habe ich gelesen, und das leuchtet mir auch ein – außerdem wird so unsere Maria zu Hause, hochrein und Mutter der gemeinsamen Kinder, nicht mehr als Lustobjekt gesehen. Und ein Lustobjekt braucht jeder Mann und eigentlich jeder Mensch, egal ob Mann oder Frau. Und schon denken wir an den Wunsch, fremdzugehen aus Kapitel 1 zurück und an unser finanzielles Budget und ob man nicht mal fremdgehen sollte, nur um zu Hause mal wieder klärende Perspektiven zu schaffen, oder auch nur, um diesen Psychothesen zu entfliehen – Spaß würde es bringen!

Die Lehre daraus kann sein, unsere Frau daheim zukunftserhaltend öfters als herausfordernde und obszöne Frau der reinen Sinnlichkeit zu betrachten.[5] Daraus entstehen zwar manchmal unbequeme Partner, der für uns selbst erarbeitete Standpunkt ist dafür dann aber besser als die ewige Suche nach dem Mutterersatz. Vermeiden müssen wir jedoch, dass diese Sichtweise der Partnerin zur Gewohnheit wird, denn sonst stülpen wir dem anderen wieder nur eine Rolle auf – und spielen weiterhin unsere eigene Rolle im Familienleben.

Fest steht, dass in Psychotherapien und Gesprächszirkeln mit Männern anders verfahren wird als mit Frauen. Die Erfahrung zeigt, dass Reden manchmal hilft und wir Männer wirklich eher

---

5) Wartenweiler, Dieter (1998): *Männer in den besten Jahren – Von der Midlife-Crises zur gereiften Persönlichkeit*. München. S. 48.

verdrängen, als uns den Themen zu stellen. Wer über persönliche Gedanken nicht redet, kann seinen Standpunkt auch nicht reflektieren, denn ein Feedback auf gleicher Ebene, egal ob von Freunden oder Partnern, regt weitere Empfindungen und Gedanken an.

Ich stimme der Wachstumstheorie von C.G. Jung bzw. Ryff[6] zu. In der Lehre von der „Individuation" durchlebt man in der Lebensmitte eine Krise, durch die der Mensch im höheren Alter Gefühle und Motive zu integrieren in der Lage ist. Ryff spricht von fünf Qualifikationen, die man im Alter erlernt:

- dem Akzeptieren seiner selbst,
- der Bildung positiver Beziehungen zu anderen Menschen,
- der positiven Sicht von Autonomie,
- der Beherrschung der Umgebung und
- dem Gefühl, im Leben ein Ziel zu haben.

Der Mensch funktioniert nur optimal, wenn diese fünf Fähigkeiten ausgebildet sind und man daran weiter arbeitet. Nur so entsteht neues Potenzial, zu wachsen und die eigene Persönlichkeit zu entwickeln; man bleibt offen für neue Erfahrungen und erlebt eine Zunahme der Ich-Kompetenz.

Das empfinde ich als nachvollziehbar und passt zum Endlich-Ich-Gefühl sowie der Fähigkeit, eigene neue Motivation für einen neuen Lebensabschnitt zu schöpfen. Also auf zu neuen Ufern, und entdecken Sie, was Sie wirklich immer schon einmal entdecken wollten.

In den USA ist es total normal, neben seinem Beruf Weiterbildungen zu machen. In jeder Subway von Manhattan hängen Plakate, dass Institute Seminare zu gewissen Themen anbieten. Fast jede Universität bietet besondere Sommer- oder Winterkurse. Egal, welchen Beruf ich ausübe, ob etwas Kreatives oder eher etwas Strukturiertes – hier finde ich Themen, die mich interessieren und sogar die Lust auf etwas Neues wecken.

6) Lehr, Ursula (2003): *Psychologie des Alterns*. Wiebelsheim. S. 66 ff.

NEW YORK

Kaffee, Kennenlernen und Dating

Als busy Guy wacht man in Manhattan auf, eilt zur U-Bahn und hofft, einen Platz zu bekommen. Die Trains sind nach Local Trains und Express Trains aufgeteilt. Ein Local Train hält an jeder Station – und das können von Downtown bis zum Beispiel zur 96th Street ziemlich viele sein. Ein Express hält nur an der 14., 28., 34. Straße, der 59. Straße Ecke Columbus Circle und dann wieder an der 72. und 96. Straße. Diese Logik hat man schnell verstanden, ohnehin kann man sich in Manhattan nicht verlaufen. In Manhattan wissen Sie immer, wo Sie sind, egal ob Tag oder Nacht; selbst angetrunken und berauscht finden Sie das noch heraus.

> **Tipp:**
> Egal wo Sie sind – einfach raus aus dem U-Bahn-Schacht und auf die nächste Avenue stellen. Diese verlaufen von Nord nach Süd. Auch Orientierungsungeübte wissen hier immer, wo sie sind. Einfach an der nächsten Ecke aufs Schild schauen, an welcher Straße Sie sich befinden – diese werden von „0" – das ist die Houston Street – bis weit über den Central Park hinaus durchgezählt. Wenn Sie also nun an irgendeiner Straßenecke stehen, sehen Sie oben auf dem Schild ihre Position. Blicken Sie einfach eine Straße weiter – und wenn diese Straßenzahl höher ist, dann stehen Sie schon in Blickrichtung Norden. Ist die Zahl auf dem nächsten Straßenschild niedriger, dann stehen Sie in Blickrichtung Süden. Logisch – dann drehen Sie sich einfach um und stehen wieder mit Blickrichtung nach Norden!

Die Avenues zählt man übrigens auch von 1 bis 11 durch, im Osten (rechts) beginnend. Orientieren Sie sich nur niemals am Broadway. Als Nicht-New-Yorker werden Sie hier böse überrascht. Da der Broadway von Nord nach Süd quer durch die Stadt verläuft, wissen Sie als Fremder nicht, an welcher Stelle Sie gerade sind, wenn Sie sich allein auf die Aussage: „ich bin am Broadway" verlassen!

Die Lektion fürs Leben aber lautet: vorausschauen, um zu erkennen, wo ich selber im Leben stehe, und schon entdecke ich mehr als die eigenen, oft engen Überlegungen, Situationen, Chancen und Möglichkeiten! Nach vorne schauen hilft mir, um herauszufinden, wo ich jetzt gerade bin und auch wo ich hin möchte, wie das Beispiel der Skiwanderung aus dem letzten Kapitel verdeutlicht.

Auf einen Kaffee

Subway und Kaffee? Auf dem Weg von Ihrem Haus oder Hotel zur U-Bahn ist garantiert ein Coffeeshop – üblicherweise Starbucks. Hier holt sich der New Yorker einen Kaffee mit Deckel und stürmt dann in die U-Bahn. Dort werden auf dem Smartphone oder dem Tablet die Morning News gelesen. Das Gerät ist wichtig, denn parallel zum Lesen wird per Kopfhörer die Lieblingsmusik gehört. Als Europäer versucht man die Klänge zu orten. Es mischen sich Rap von rechts mit Funk und hinten irgendwo Black Beats – das hat schon was. Wichtig ist auch noch zu erwähnen, dass in der U-Bahn Manhattans das Handy nicht geht. Also müssen Sie sämtliche Inhalte, die Sie in den Schächten, die die Stadt verbinden, anschauen oder -hören wollen, vorher heruntergeladen bzw. die App am Tablet oder dem Phone vorher aktiviert haben – New Yorker schreiben ansonsten SMS, die hier in USA Text Messages heißen. Das Wort SMS gibt es hier nicht, genau wie das Wort Handy nicht existiert. That's a mobile!

Der Kaffee spielt aber eine zentrale Rolle – bis heute habe ich nicht verstanden, welchen Flavour, welchen Geschmack man wann wählt. Der „Flavour" ist eine Art Sirup, der in den Kaffee kommt. Dieser schmeckt dann nach Ahorn, Vanille und so weiter – ich muss mich davon übergeben. Auch die süße Sahne obendrauf oder das Ganze als Eisshake – ekelhaft! Aber ein New Yorker liebt diese Kreationen aus Frappuccino, Latte und so weiter. Mir ist es bisher nie gelungen, aus diesem Becher mit Deckel geschickt zu trinken, ständig schütte ich mir das Zeug aufs Hemd, oder mir rutscht der Deckel herunter – ohne Deckel jedoch schaukelt es in der U-Bahn so stark, dass das Kaffeetrinken alles andere als ein Genuss ist!

Viel besser also, wir widmen uns dem nächsten wichtigen Thema: dem Small Talk. „How are you?" – „Oh, I am good, it's such a nice day!" Tja so viel hat man in allen Filmen schon einmal gesehen. Aber was kommt dann? In Los Angeles ist das viel einfacher zu sagen – dort versucht jeder herauszufinden, was man beruflich macht. Irgendwas mit Fernsehen oder Film kommt da schon gut, und sofort erzählt Ihnen das Gegenüber, was für einen Schauspielkurs er gerade besucht hat, welche Skriptidee gerade ausgearbeitet wird und dass doch auch hierher vorgedrungen ist, dass so manche Hollywood-Produktion mit deutschem Geld realisiert wurde. Wenn man erwähnt, man arbeite für das deutsche Fernsehen und war schon oft hier, um Interviews auch mit US-Stars zu führen, dann erzeugt das Aufmerksamkeit, und die Visitenkarten werden gezückt. „Let's have dinner this week!" oder: „We should go for a coffee!", hört man und glaubt es am Anfang.

Was aber feststeht, ist, dass man noch am selben Tag eine E-Mail mit Arbeitsproben, Links und Bildern, Grafiken und Webpages erhält, die das Können der jeweiligen Person präsentieren, die man den Tag über kennengelernt hat. Nun aber zu glauben, man habe neue Freunde gefunden – Fehlanzeige. Amerikaner können professionell kontakten und denken ans Geldverdienen. Natürlich fassen sie umgehend nach, wenn sie einen TV-Guy aus Germany kennengelernt haben. Die nächsten E-Mails sind vorprogrammiert. „Marco, it was so nice to meet you yesterday, did you get my information?" Die Formulierungen lassen einen Bewunderung empfinden. In direkter Übersetzung heißt das so viel wie: „Marco, es war außerordentlich toll, dich heute kennenzulernen", oder: „Ich habe mich gefragt, warum ich heute aus dem Haus ging – und dann traf ich dich", und: „Manchmal ist es so viel sinnvoller, in dem Café, wo wir uns trafen, anzuhalten und sich einen Kaffee zu holen, denn dort trifft man so besonders wertvolle Menschen wie dich."

Und? Diese Formulierungen gefallen einem, kennt man sie doch aus der deutschen Geschäftspraxis eher nicht. In Deutschland wirkt Derartiges befremdlich. Verkäuferinnen schauen einen an, als wolle man sie auf den Arm nehmen, wenn man sagt: „Meine Liebe, du hast einen tollen Pullover an! Sag mal, kannst du mir verraten, wo ich wohl dieses und jenes finde … "

Aber man lernt eine ganze Menge für eigene Geschäftsanbahnungen – schließlich bin ich nach New York gekommen, um hier zu arbeiten!

Die E-Mails der im Café Kennengelernten lassen nach drei, vier Tagen nach. Wenn man nicht ebenso spontan antwortet, wie man sich im Café anlächelt oder „Hello, how you doin'" sagt, dann hört man von diesen Leuten nie wieder. Ich hatte sogar den Fall, dass man dieselbe Person erneut trifft. Wir Deutsche würden meinen, man erinnere sich an ein Treffen, da man schon alle Arbeitsproben dieser Person im Computer hat – aber in Los Angeles beginnt alles wieder von vorne. Private Kontakte entstehen so nicht – eigentlich auch verständlich. Es handelt sich um ein Anbaggern, um einen Job zu bekommen, und dient nicht dem privaten Vergnügen. Ein Amerikaner steht morgens auf, um einen Job zu machen, und geht abends ins Bett, um zu schlafen, um für den selbigen wieder fit zu werden. Die Freizeit dient dem Neu-Connecten und Finden von Orientierungs- und Arbeitsmöglichkeiten.

Amerikaner sehen sich mit einem Job nicht ein Leben lang verbunden. Dieser dient in ihren Augen eher dem Geldverdienen und somit dem Erreichen von Möglichkeiten fürs eigene Leben. Dann entscheiden sie, wofür sie das Geld ausgeben. Für Wohnen, Benzin, Krankenversicherung, Handyrechnungen, Rücklagen für Krankheit, Rente und so weiter. Das System funktioniert freier als bei uns, das weiß man. Aber ohne sich einmal mit einem Demokraten oder Republikaner wirklich unterhalten zu haben, versteht man es nicht, und selbst nach einem solchen Gespräch fällt es schwer, die Denkweise wirklich nachzuvollziehen. Man lernt sehr viel an neuen Denkmöglichkeiten und Konstellationen für sein eigenes politisches Bewusstsein, über das Für und Wider unseres Sozialstaates, und die Perspektive auf Berufliches verändert sich.

Wieder ein Blick in die USA:

Nachts wie tagsüber im Supermarkt an der Kasse. Sie räumen Ihre Einkäufe auf das Band und lassen den Wagen einfach dort stehen – jemand aus dem Markt wird die Wagen, die benutzt wurden, umgehend einsammeln. Dann piepsen die Barcodes wie in Deutschland. Die Verkäuferin lächelt auch nachts um zwei Uhr nett: „Hey honey, did you find everything you were looking for today?" Das stellen Sie sich bitte mal bei Lidl, Netto oder Aldi oder Edeka vor: „Hey honey!" Es fällt uns schon kein deutsches Wort für „honey" ein, geschweige denn würden wir je eine so schmeichelnde Liebkosung benutzen! Ins Deutsche übersetzt würde dann wohl eher ein: „Hey du Arsch, musstest du so viel einkaufen und das ganze Band belegen?" herauskommen. Nun ja, undenkbar auch in Manhattan, dass sich Schlangen bis ins Ladeninnere bilden und dann bei Zuruf eines Kunden: „Könnten Sie wohl bitte eine zweite Kasse aufmachen?" die Kassiererin durch den ganzen Laden brüllt: „Sie müssen halt mal warten – ich habe auch nur zwei Hände, was kann ich dafür, dass es so voll ist!" Frisch zurück aus Amerika denke ich, dass Hartz IV für diese Kassiererin wirklich Sinn machen würde.

In den USA steht hinter der Kassiererin noch eine zweite Person – diese ist dazu da, meine Einkäufe einzupacken. Beide gehen sehr sorgsam mit den Waren um – denn der Denkprozess ist folgender: Jeder Mensch geht arbeiten, um Geld zu verdienen, jedes verdiente Geld kann nur einmal ausgegeben werden. Die Verkäuferin ist sehr froh, dass der Kunde genau in diesen Supermarkt kommt, um sein schwer verdientes Geld auszugeben – denn nur deshalb darf sie dort arbeiten. Um es dem Kunden dabei möglichst angenehm zu machen, denn der Kunde könnte sein Geld auch in einem anderen Geschäft ausgeben, werden die Tüten beim Einpacken nicht zu voll gestopft – denn das Tragen könnte sonst umständlich sein – und die Einkäufe werden sehr sorgsam behandelt.

Noch ein Unterschied: Das Ansehen von arbeitenden Menschen. In Deutschland werden Jobs klassifiziert – die Kassiererin ist – so wie eine Putzfrau – weiter unten angesiedelt. Was hat sie schon zu tun? Sie greift ein Produkt bis es piept und ... das war's. Also im Ranking der Jobs ziemlich weit weg von Anspruch, Aussehen und Ansehen und natürlich auch Wertschätzung. In Deutschland wäre eine Hilfskraft hinter der Kassiererin gar nicht mehr zu rechtfertigen, denn die Kassiererin ist ja schon die letzte Person, die der Kunde im Geschäft sieht. Und wie wird der Kunde in Deutschland im Geschäft verabschiedet? In Berlin steht hinter der Kassiererin höchstens ein Arbeitsloser mit Zigarette im Mund, vielleicht noch ein Hund an der Leine, der fragt: „Haste mal nen Cent?" Ansonsten ist das Ablageboard höchstens 30 cm breit und als Dreieck angebracht, man rafft also schnell seine Einkäufe in eine Tüte. Diese hat natürlich auch noch Geld gekostet. Man verschwindet – vielleicht atmet man noch einmal den Duft von Zigaretten, Alkoholresten aus dem Verwertungscontainer, manchmal sogar Urin vor dem Eingang ein – puh ... Lebensmittel zu kaufen wird in Deutschland zum Happening!

In den USA aber ist die Person, die meine gekauften Produkte sorgsam einpackt, entscheidend für den Eindruck, den ich als Kunde von diesem Geschäft und vom Einkauf mit nach Hause nehme, bevor ich wieder auf die Straße trete und ins hektische Leben, zum Beispiel New Yorks, eintauche. Eigentlich nachvollziehbar, dass der Kunde möglichst mit einem guten Gefühl verabschiedet werden soll. Die Einpackkraft ist also noch freundlicher als die Kassiererin, manchmal wird man auch gefragt, ob die Tüte etwas schwerer sein darf – genau wird das Gewicht geprüft, so dass jeder, der hier eingekauft hat, die Produkte auch gut nach Hause bringen kann. Ganz davon abgesehen, dass ab fünf Tüten natürlich die Möglichkeit besteht, sich das Gekaufte nach Hause bringen zu lassen. Niemand käme auf die Idee, zu diesen Menschen, die „nur" kassieren oder gar Produkte einpacken, unfreundlich zu sein. Denn niemand weiß, wer dort steht. Diese Jobs sind leicht zu bekommen – natürlich arbeiten auch die meisten Menschen in Manhattan nicht gerne nachts. Aber jeder hat verdammten Respekt vor den Personen, die die Chance nutzen, sich nachts oder am Ausgang des Supermarktes Geld dazuzuverdienen. Niemand käme auf die Idee, diese Personen abschätzig anzusehen, denn die Jobvergabe hat in den USA nicht unbedingt etwas mit sozialem Status zu tun!

Ich selbst habe zwei Studiengänge absolviert: Betriebswirtschaftslehre und Angewandte Kulturwissenschaften – beides abgeschlossen. Wäre ich in Deutschland arbeitslos, gäbe es eine Diskussion, ob ein Job an der Supermarktkasse zumutbar wäre. Hallo? Jede Arbeit ist für jeden Menschen zumutbar – denn wem es mit seinem Studienabschluss nicht gelingt, auch einen ausreichend bezahlten Job zu finden, der muss eben einer Arbeit nachgehen, für die er überqualifiziert ist. Warum qualifizieren sich Menschen in Deutschland nicht für Jobs nach Leistung? Hier zählt die Ausbildung – aber eben nur die Ausbildung. Undenkbar in den USA.

Natürlich bin ich für gewisse Jobs ohne Fachwissen und Erfahrung nicht geeignet. Aber die zusätzlich gefragte Eignung wird man nur überprüfen können, indem man den Menschen eine Chance gibt, einen gewissen Job zu machen. Nicht „können" sowie „würde" oder „könnte", auch bei der Auswahl werden keine endlosen Diskussionen geführt – man lässt die Menschen machen. Machen! Viele Akademiker, die meinen, sie verdienen nicht genug Geld, nehmen daher nebenbei auch eben solche Einpackjobs im Supermarkt an. Von der Bezahlung werden dann Extrawünsche erfüllt.

Einmal habe ich erfahren, dass mein Nachbar, der als Ingenieur eigentlich eine gute Position hat, zusätzlich im Supermarkt gearbeitet hat, da er gerne einmal in der Businessclass nach Europa fliegen würde. Sein Gehalt hat dazu nicht ausgereicht, also verdiente er sich als Tüteneinpacker nachts im Supermarkt etwas dazu, bis das Geld reichte! Hut ab vor dieser Einstellung! Man sollte allerdings auch einmal darüber nachdenken, welchen Anreiz unser Sozialsystem überhaupt zulässt, damit sich eine Zusatzarbeit am Ende auch überhaupt lohnt und noch etwas von dem Extrageld übrig bleibt.

Small Talk

Small Talk ist, wenn man so viel von sich selbst erzählt, dass man auf den anderen interessant genug wirkt, um ins Gespräch zu kommen. Dann lotet man aus, ob man beruflich etwas voneinander haben, einander sozusagen beflügeln könnte. In einer anderen Situation ist Small Talk das Gespräch für genau die Zeit, die man gemeinsam verbringt. So zum Beispiel bei einer Geburtstagsfeier, einem Dinner oder beim zufälligen gemeinsamen Herumstehen. Auch bereits erwähnte Treppenhaussituationen und Begegnungen mit den Nachbarn gehören dazu. Seien wir ehrlich. Niemand interessiert sich wirklich für Details, die vielleicht zu Nachfragen führen; niemand möchte für seine Nachbarn wirklich Verantwortung übernehmen müssen, bloß weil er irgendwann einmal zu sehr nachgehakt oder sich zu genau nach dem Befinden des Gegenübers erkundigt hat! Also sind negative Themen tabu. Ebenso abweichende Meinungen zu politischen Themen oder gar Diskussionen. Das fordert viel zu viel an Enthusiasmus und verrät zu viel von den wirklichen Überzeugungen. Da es sowieso nur Demokraten oder Republikaner gibt, ist die politische Ansicht doch eigentlich auch egal. Entweder das eine oder das andere – warum sich also über politische Themen unterhalten? Die Positionen stehen fest.

Das Wetter ist immer ein gern gewähltes Thema. Selbst über Reisen zu sprechen fällt schon schwer, da Amerikaner ein ihrem Status entsprechendes Hotel buchen und dort von Anreise- bis Abreisetag bleiben. Ab und zu machen sie Ausflüge, vororganisiert natürlich. Sie möchten keinen stören, und wenn sie irgendwo fremd sind, wenden sie ihre Small-Talk-Regeln ebenso an. Nicht zu viel fragen oder in unbekannte Themen oder Kulturen vordringen. „Oh Europe is so nice, I love to travel!" ist unverfänglich. Die für Europäer sich logisch anschließende Frage: „Where in Europe have you been?" ist schon fast dreist, ein Amerikaner fühlt sich abgefragt. Europe is Europe, und wo man in Europa war, ist doch eigentlich egal. Man hat Geld getauscht, und alles war so clean, und die Menschen sprachen Englisch! Das ist erwähnenswert, außerdem das Essen und das Bier.

Damit ist dann ein Thema abgehakt, der Amerikaner hat ein gutes Gefühl und denkt an seinen letzten Urlaub zurück. Warum also sollten wir Europäer sie bloßstellen, um zu erfahren, dass sie aufgrund der Urlaubssituation sowieso nur zwei Wochen am Stück verreisen können und dass man logischerweise nicht ganz Europa in zwei Wochen sehen kann, wenn man schon zwei Tage im Hofbräuhaus in München war und im Bus mit einer Gruppe durch

Berlin gekarrt wurde. Warum also den anderen auf Schwächen aufmerksam machen und sich selbst dadurch über ihn erheben? Haben wir das nötig?

In Manhattan trifft man so viele Menschen – jeden Tag beim Einkaufen, und sei es im Supermarkt um die Ecke: „Hey, I like your shirt!" Am Anfang denken Sie, ganz Manhattan sei schwul – auch Männer machen Komplimente. Das hat aber keinerlei sexuelle Komponente. Man beobachtet Frauen, die sich gegenseitig vor dem Band an der Kasse oder an der Tiefkühltruhe anreden. „This beef is wonderful", meint die eine zur anderen. „Oh really, how do you cook it?", entgegnet die andere. Je nach Laune redet man weiter oder geht einfach seinen Einkäufen nach. „These chips are so delicious", meint eine ältere Dame zu mir und lacht – nun ja, was will sie von mir, fragt man sich am Anfang. Denkt sie, dass ich sie nun beglücke mit Gesprächen, mir anhöre, woher sie kommt, was ihre Familie macht und wo sie lebt? Sucht sie einen Erben, will sie, dass man zu ihr nach Hause kommt, oder braucht sie jemanden, der ihr ab morgen die Einkäufe erledigt?

Wirklich, solche Gedanken schießen einem doch in Deutschland durch den Kopf, wenn man einfach so ohne offensichtlichen Grund angesprochen wird. In Amerika bedeutet das jedoch gar nichts, es ist nicht hinter allem eine gezielte Absicht. Freundlich sein heißt die Devise – denn das Leben an sich ist schon hart genug. Man hechtet vom Job zum Abendessen, muss Einkäufe erledigen, hängt in der U-Bahn zum Termin irgendwo – vielleicht geht man einem zweiten Job nach, muss sich zwischendurch umziehen, warum also nicht einfach entspannt sein?

Hey, keep cool und entdecke dich selbst: Jeder möchte lieber freundliche Menschen um sich herum haben als unzufriedene. Man muss sich selbst motivieren. Hartz IV gibt's nicht, kein Staat, der Bespaßung im Leben erlaubt ohne Fleiß. Noch nicht einmal eine Unterkunft wird hier vom Staat bezahlt – wer nicht arbeitet, der muss auch nicht wohnen. Wer nicht arbeitet, muss auch nicht essen – wer nicht arbeitet, sollte am besten verschwinden, weil er das Gefüge stört.

Das ist doch mal eine etwas andere Ansicht: In Berlin kann ich selten U- oder S-Bahn fahren, ohne dass irgendwo ein Obdachloser eine Zeitschrift verkauft – oder einfach seine tragische Geschichte erzählt und um Geld bettelt. In New York werden Bettler in der U-Bahn ermuntert. „Hey, stop doing this ... go to work!", werden die Menschen, die es auf andere Art und Weise versuchen, ermahnt!

Das Leben ist also nicht so abgesichert wie bei uns, und für die zwei Jahre dauernde Klage einer Familie aus Deutschland gegen den Staat, um am Ende 5 Euro mehr an Hartz IV zu erhalten, erntet man in den USA nur Spott und Unverständnis. Denn: „How uncool is that?" Als Strafe für mangelnden Eifer bei der Arbeitssuche wird am Ende höchstens das Geld für Zigaretten gestrichen, und Erziehungsgeld sollen Familien, die sowieso schon Geld vom Staat erhalten, auch nicht obendrauf bekommen. „Why are you guys doing that?", wird man gefragt, und dann: „Why don't they try to get another job?", anstatt zwei Jahre auf 5 Euro erhöhte Zuwendung zu warten. Nun ja – das System in Deutschland, dass beim Arbeiten mit einer zweiten Lohnsteuerkarte fast nichts übrig bleibt und eine Frau mit Zweitverdienst in der Familie, egal mit welcher Bildung und Anstrengung, am Ende aufgrund der Steuerklasse V in jedem Fall nur 900 Euro herausbekommt, das finden dann die Amerikaner auch eher uncool. Man selbst weiß irgendwann nicht mehr, ob derjenige, der Obdachlosenzeitungen verkauft, nicht stattdessen lieber normale Zeitungen austragen sollte, um sich Geld zu verdienen, oder wie man das deutsche System umkrempeln könnte, um den menschlichen Ansporn und die Willenskraft der Amerikaner bei uns zu etablieren.

Unsere deutsche Unfreundlichkeit und Direktheit („Hey ... why are you rude?") ist wirklich keine schöne Eigenschaft. Positiv durchs Leben zu gehen, das macht mehr Laune und vertreibt schlechte Einflüsse oder Gedanken. Nach einiger Zeit in Manhattan begreift man also einen Small Talk im Supermarkt, in der Subway, einfach so auf der Straße, bei dem man gesagt bekommt, dass man eine wirklich coole Sonnenbrille trägt, nicht mehr als

Anmache, sondern als Ausdruck von allgemeiner Happiness und von Lifestyle.

Kennenlernen und Dating

Man lernt jemanden kennen und kann sich lange unterhalten. „Man hatte sofort eine Wellenlänge" – sagt man umgangssprachlich. Man hat das Gefühl, diese Person ist so sympathisch, dass man sich so viel erzählen möchte und gerne mehr von dieser Person erfahren würde. Meistens sind es auch noch Eigenschaften, die man selbst nicht hat und die einem auffallen – manchmal verbinden aber auch dieselben Interessen. Beim Sport zum Beispiel kommt man mit einem anderen ins Gespräch, weil man seinen eigenen Bierbauch loswerden möchte. Oder man ist im Ruderverein und erfährt mehr vom Familienleben eines anderen. Man bewundert vielleicht, wie jemand Job und Familie scheinbar zeitlich perfekt unter einen Hut bringt, oder man erkennt, wie jemand gerade im Beruf eine neue Stufe erklimmt, und denkt dabei an seine eigene Karriere.

Seien Sie selbstbewusst, alt genug sind Sie wahrscheinlich. Und wie Sie sind und was Sie beruflich machen oder welche Freunde Sie haben, und sei es auch Ihre Familie, dies alles wirkt auf Dritte genauso spannend, wie Sie gewisse Dinge bei anderen faszinierend finden. Niemand muss sich verstecken, wenn ein gewisses Alter erreicht ist! Jeder Lebenslauf ist spannend, die Frage ist nur, wie Sie sich darstellen und verkaufen.

Über das Dating in Amerika wurden ganze Bücher geschrieben, und als Neuling in Amerika sollte Mann verstehen, wie Kennenlernen funktioniert. In Europa ist es für uns relativ einfach, wobei Menschen aus anderen Kulturen das bei uns auch als schwierig empfinden und sich oft überrannt und bedrängt fühlen. Deutsche würden zu schnell zu viel von sich erzählen. Wo sei die Scham, wo sei die Grenze, wird dann gefragt. „Distanzlos", so wurde ich einmal bezeichnet. Too pushy, too extreme, very fast action – drum lerne: Take it slow, keep it simple.

In Manhattan lebt man als Single – Kinder stören. Sie sind laut und halten auf. Kinderspielplätze sind in der Stadt nur vereinzelt zu finden. Auf einer Fläche ein neues Hochhaus zu erbauen wäre lukrativer – warum sollte also dann ein Kinderspielplatz bestehen bleiben oder neu errichtet werden? Die Grundstückspreise sind so hoch – da ergibt ein Kinderspielplatz keinen Sinn. Auch ist ein Kinderspielplatz in Manhattan wie ein Hundespielpark mit Gummimatten ausgelegt – und ein Hundeplatz ist belebter als Kinderspielplätze. Außerdem sind Hunde leiser – bellen sie einmal, wird ihnen das verboten, und sie gehorchen. Das funktioniert bei Kindern nicht so.

Kinder sind in Manhattan also out, Hunde sind in – das habe ich schon erzählt. In sind auch Flipflops im Sommer und dicke Winterstiefel im Winter – denn es ist kalt, und da machen dicke, hohe, wasserfeste Schuhe schon Sinn. Sowieso ist in Manhattan alles cool, was Sinn macht. Da am Arbeitsplatz Gummistiefel keinen Sinn machen, nimmt man sich seine Schuhe, die man bei der Arbeit anzieht, morgens einfach in einer anderen Tasche mit und sitzt dann mit Plastiktasche für Schuhe, normalen Arbeitsunterlagen, dem Tablet als Zeitungsersatz und natürlich dem morgendlichen Kaffee in der Subway. Am Arbeitsplatz wechselt man dann die Schuhe, und wenn es auf dem Heimweg regnet, dann trägt man seine Gummistiefel wieder, um nach Hause zu kommen.

Es macht Sinn, oder es macht keinen Sinn, das Prinzip gilt auch bei Freundschaften und Beziehungen.

Mit dem Sex kann es auch sehr schnell gehen. Variante 1 des Kennenlernens: Man geht durch die Straßen, und egal ob Hetero oder Homo – wenn man sich attraktiv findet und „es" will – warum soll man „es" nicht tun? Auf geht's. Da Amerikaner aber eigentlich sehr prüde sind und selbst Küssen am besten noch mit Kondom stattfindet – und so ein „es machen" niemals für eine feste Partnerschaft infrage käme – ist ein weiteres Kennenlernen damit ausgeschlossen. Einmal gepoppt, Freundschaft gefloppt – das gilt hier. Wenn man also jemandem begegnet, den man wirklich interessant oder spannend findet, heißt Kennenlernen hier in

Manhattan „Daten" – und dies ist die Variante 2 des Kennenlernens. Dates werden durchgezählt.

Wie viele Filme hat jeder von uns nicht gesehen, wo vom Dating die Rede ist? In der Mittagspause, beim Job, wird gefragt: „What are you doing tonight?" „Oh, I have a Date", wird erwidert. Das sorgt dann für Erheiterung. Und am nächsten Tag geht der Daumen hoch oder runter – und dann – auf geht's zum zweiten Date. Ab da fragen die Kollegen aber schon nicht mehr, denn das ist dann indiskret.

Variante 1 des Kennenlernens ist für Europäer geeigneter – sich auf Variante 2 einzulassen, hat die Europäer, die ich kenne, allesamt verdammt viel Geld gekostet, denn amerikanische Frauen kosten Geld bzw. das Prozedere der Green Card, der Anwalt, die Hochzeit, die Hochzeitsreise, die Familie, der Ehevertrag, die Steuern, die Trennung, die Ablösesumme …

Aber fangen wir von vorne an:

Date 1

Das erste Date ist etwas ganz Besonderes. Man hat sich beim Sport, im Supermarkt, im Hundepark, beim Shoppen, beim Joggen im Central Park, auf der Highline getroffen und ist ins Gespräch gekommen. Es knistert, und man mag sich. Ständig die Frage, was hier wohl passieren könnte. Man verabredet sich. „How about a coffee?", ist beliebt – einfach mal auf einen Kaffee treffen, um die Schönheit, der man begegnet ist, wiederzusehen. Man tauscht die Handynummern aus. Der Vorname wird verraten oder die Visitenkarte wird gezückt. Egal wie toll man sich findet, am ersten Tag schreibe niemals eine SMS (diese heißt in Amerika „Text Message"). Wer wartet, macht es spannender. Und Daten ist etwas Spannung im tristen Alltag von Manhattan, wo einfach viel zu viel automatisiert abläuft!

Am zweiten Tag sendet der Mann eine Text Message – wenn die Frau sogleich antwortet, gilt das als billig, und somit wartet sie einen Tag, um zu antworten – dann antwortet der Mann wiederum nicht sofort, sondern wartet ein paar Stunden. Am darauf folgenden Tag zu reagieren, wäre unhöflich, aber gleich zurückzuschreiben wirkt so, als hätte man es nötig und nichts zu tun. Nur bei jobbedingten Chancen und Gelegenheiten meldet man sich umgehend und sofort, ohne auch nur eine Stunde vergehen zu lassen – ein anderer könnte ja schneller sein. Private Dinge geht man gelassener an, wenn man sich interessant machen will, und darauf kommt es an.

Okay, die Frau schlägt ein Date vor, und man geht ein paar Stunden später darauf ein. Noch besser kommt es aber, wenn einem der vorgeschlagene Termin nicht passt, weil man beruflich eingespannt ist, und einen Gegenvorschlag macht. So geht es hin und her, und schließlich findet man einen Termin. Dann macht der Mann einen Vorschlag für den Ort des Dates. Geht man abends zum Essen, ist das schon sehr viel, es könnte zu aufdringlich wirken. Deshalb ist ein After-Hour-Drink willkommen. Nach der Arbeit verabredet man sich in einer Bar – hierbei ist natürlich wichtig, welche Bar Mann aussucht, denn Frau weiß so schon vorab, in welchem Umfeld sich Mann gerne bewegt, und kann somit auf Status, Schicht und Society schließen.

Dann sollte Mann am Tag des Dates dieses nochmals bestätigen – nicht zu förmlich und nicht zu locker. Mann sollte pünktlich sein und schon einmal einen tollen Tisch reserviert haben. So merkt Frau, dass Mann sich Mühe gibt.

Okay, die Frau wird irgendwann erscheinen. Dann sollte Mann absolut freundlich sein. Irgendetwas Tolles sagen, aber nicht zu persönlich werden. „How was your day, it is so nice to see you again! I like your ... " und dann ist es egal, was man sagt, Hauptsache man sagt etwas. Etikette ist wichtig! Der Mann fragt die Frau, was sie trinken möchte. Die Frau wird in regelmäßigen Abständen ihre Haare zur einen und zur anderen Seite werfen. Die Frau wird sich nachschminken gehen, und als Europäer gerät man ins Erzählen. Man berichtet über New York und wie man sich eine Wohnung sucht. Die Frau sagt ganz sicher, dass sie Europe mag, und egal, wo man herkommt, Hamburg oder Berlin – in Deutschland wirklich ein großer Unterschied –

hier in Manhattan sind beide Städte gleich cool und toll. Als Deutscher fragt man dann nach, was die Frau an Hamburg oder Berlin toll findet. Manche Fragen werden übergangen, und dann wird man gefragt, was man an New York toll findet und was nicht – und als Europäer erzählt man natürlich immer mehr. Auf einmal schaut die Frau auf die Uhr und meint, sie müsse nun gehen. „Let's see each other again!", sagt sie noch. Natürlich bezahlt der Mann die Rechnung. Man bleibt zurück, die Frau wirft wieder ihre Haare auf die eine oder andere Seite, zwinkert. „It was so nice to see you, Marco – see you again. Have a good way home!" Und verschwindet.

Mann fand das Gespräch toll – aber Mann hört niemals wieder etwas von dieser Frau. Denn man hat als Europäer viel zu viele Fehler gemacht. Fehler, fragen Sie sich jetzt? Kann man beim gegenseitigen Kennenlernen Fehler machen? Es dauerte bei mir zwei Jahre, bis ich über Date 1 hinausgekommen bin. Insgesamt habe ich es nicht weiter als bis Date 3 geschafft. Denn schon beim ersten Mal hat man viel zu viel von sich selbst berichtet. Beim ersten Date wird sich über den Weg zur Arbeit unterhalten, man spricht sich über die Subway, über die Wohngegend aus, wo man wohnt – aber man berichtet niemals über seine Wohnungsgröße oder irgendetwas Persönliches. Auch die Frage, was Frau an Hamburg oder Berlin toll findet, wird niemals beantwortet – denn garantiert war Frau noch niemals in Berlin oder in Hamburg – und wenn, dann hat Frau Europa auf einem Europatrip in fünf Tagen kennengelernt. Paris, Rom, Amsterdam et cetera waren auch dabei. Mehr als ein „Berlin is such a nice city" ist wirklich nicht drin. Und Hamburg, da weiß Frau höchstens, dass diese Stadt in Deutschland liegt. Sie könnten aber auch sagen, Dresden oder Heidelberg, und Frau wird es mit: „Oh, I love that city!" bewerten. Sie wird beim ersten und zweiten Date einfach alles an Ihnen und alles, was Sie erzählen, toll finden.

Irgendwann versteht man, dass Amerikaner mit neun Tagen Urlaub pro Jahr zu arbeiten anfangen, und da ich selten Frauen um die 50 gedatet habe, die sich auf der Urlaubsskala hochgearbeitet haben, hatten sie schlicht keine Chance, Zeit oder Geld, um sich Berlin, Hamburg oder irgendeine andere deutsche Stadt anzusehen. Amerikaner wissen, dass Deutschland „great" ist – welche Stadt genau, das interessiert Frau nicht – Außerdem muss man als Europäer verstehen, dass es darum geht, dem anderen ein gutes Gefühl zu geben. Bis Date 4 oder 5 wird niemals Persönliches berichtet. Urlaubserlebnisse sind vielleicht etwas für Date 3 oder 4, wie man wohnt, kann in Date 4 oder 5 angesprochen werden. Bei Date 1 geht's nur darum, dem anderen von sich selbst ein gutes Gefühl zu geben. Da hat man irgendwo in Manhattan eine Person getroffen und findet sich sympathisch. Date 1 ist dazu da, dem anderen zu zeigen, wie man aussieht. Vielleicht hat man sich beim Sport getroffen, beim Einkaufen. Das entspricht vielleicht nicht dem Erscheinungsbild, das man vor einem möglichen Partner für sein zukünftiges Leben abgeben möchte. Date 1 ist nicht mehr und nicht weniger. Also alle Diskussionen über Job, New York, auch wenn man gefragt wird, bedeuten absolut nichts. Warum soll man wirklich Dinge fragen, die man interessant findet? Das kann man bei Date 2 oder 3 tun. Und denkt man als Berliner oder Hamburger an Verabredungen in der Heimat und an die schnelle Nummer – irgendwo mal mit dem Auto hinfahren, Licht aus und los geht's – das ist hier Fehlanzeige.

Das wird in Manhattan nicht passieren – aber auch in Los Angeles fährt man nicht einfach nachts auf einen Supermarktparkplatz, um Sex zu haben. Da würde nämlich der Security-Mann vom Parkplatz kommen und sofort die Polizei rufen. Sex in der Öffentlichkeit oder auf öffentlichen Plätzen ist nicht erlaubt und wirklich nicht der Sinn eines Dates in Amerika.

Date 2

Beim ersten Date hat sich Frau so präsentiert, wie sie wirklich ist. Sie hat sich geschminkt, die Haare gemacht, das Äußere stimmt.

Das Date hat eine Stunde gedauert – denn egal, wie toll man sich findet, Mann und Frau würden es niemals beim ersten, zweiten oder dritten Mal sagen. Und da man sich mit fortschreitender Zeit oder zunehmendem Alkoholgenuss vielleicht verplappern könnte, haben Amerikaner den Stundenrhythmus intus. Nach einer Stunde ist ein Date vorbei. That's it. Das haben sie irgendwie wirklich im Blut. Man selbst redet und redet und findet die Atmosphäre und Situation echt entspannt und man freut sich auf einen tollen Abend und eine noch viel tollere Nacht. Aus heiterem Himmel, ohne irgendeinen Grund und ohne, dass man etwa etwas Falsches gesagt hat, muss Frau plötzlich gehen. Auf jede Rückfrage kommt immer ein: „No, everything is alright, you are such a nice guy, so sweet, handsome, honey … " oder Ähnliches. Die Bezeichnungen loben einen in den Himmel – aber nach einer Stunde hat Frau noch etwas anderes zu tun. Sie muss noch eine Freundin treffen oder einkaufen oder … egal, sie ist busy!

Nach dem ersten Date sollte man niemals sofort eine Text Message schreiben und sagen, dass man das Treffen toll fand. Man wartet – und wer als Erstes schreibt, es war toll, der hat sich verraten, und der andere wird niemals umgehend darauf antworten – denn wer sofort antwortet, hat nichts zu tun, und nichts zu tun zu haben, das ist in Manhattan ein „No-go" – man macht sich rar.

Um das zweite Date zu machen, textet man also wieder hin und her. Diesmal kommt es noch viel besser, wenn man vorgibt, zu dem vorgeschlagenen Termin nicht zu können, da man genau dort schon etwas vorhat – eine Stunde später, oder besser zwei Stunden später, schafft man es dann doch noch, den Termin zu canceln, um dann doch den Wunschtermin der Frau zu bestätigen. Dann hat sie meistens schon etwas anderes vor, denn natürlich gibt sich Frau nicht die Blöße, nur weil man selbst zu einem vorgeschlagenen Termin keine Zeit hatte, dann nichts zu machen. Natürlich ist Frau noch viel mehr busy und hat sofort etwas anderes zu tun, auch zu der von ihr selbst vorgeschlagenen Zeit! Aber das Gefühl, dass man wegen der Frau selbst einen Termin verlegt hat, genau das gibt Frau ein tolles Gefühl – und darum geht's.

Also beim ersten Date geht es um das Äußerliche, dem anderen zu zeigen, welche Bar man aussucht, in welcher Area diese liegt, was man trägt und ob man klare Sätze reden kann. Beim zweiten Date geht es um das Gefühl. Man fragt nach dem Wetter – obwohl in ganz Manhattan das Wetter gleich ist. Es wird nicht so sein, dass es in Downtown regnet und an der Upper East Side sonnig ist. Trotzdem redet man bei Date 2 übers Wetter und wie man es findet – oder über das Wetter im letzten Urlaub, wobei nur die Frage erlaubt ist, wo man gewesen ist, und nicht etwa, was man dort gemacht hat. Das wäre schon wieder viel zu persönlich. Man zeigt dem anderen, wie man etwas findet. Man kann sich auch über den Geschmack des Getränks unterhalten oder über das Essen, wobei ein Abendessen schon sehr weit geht für das zweite Date. Das ist beim dritten Date eine tolle Idee – denn natürlich ist das zweite Date ebenso nach einer Stunde wieder vorbei, und das Spielchen mit den SMS hin und her, um eine Zeitschiene für ein drittes Date zu finden, wiederholt sich.

Date 3

Nach drei oder vier Wochen ist es dann so weit, und man trifft sich zum dritten Mal. Der Mann lädt natürlich die Frau wieder ein und bezahlt die Rechnung. Die Frau checkt nun langsam ab, ob der Mann etwas für sie wäre. Wo arbeitet er, wo war er im Urlaub, wie lange ist er in Manhattan? Man wird dezent persönlicher, aber nicht so richtig. Die Wirkung ist wichtig, und vor allem gibt es nichts Negatives! Mein Fehler ist viel zu oft gewesen, dass ich bei der Frage: „Do you like New York?" natürlich das Tolle und das Schlechte erzählt habe. Mir ist es passiert, dass mein Date mir sagte, nachdem ich auch für mich schlechte Erfahrungen geschildert hatte: „So why are you still here? Why don't you go back?" So nach dem Motto – wenn es dir hier nicht passt, warum gehst du dann nicht wieder zurück? Man ist sprachlos. Also alles ist nice und toll – oder „that is so great".

Einmal erinnere ich mich daran, wie mein Date meinte, es sei nun Zeit zu gehen, und ich fragte, in welche Richtung. Hier gibt es in Manhattan zwei Möglichkeiten – uptown oder downtown mit dem Train. Die Antwort war downtown. Als ich dann meinte, hey, da komme ich mit, stellte sich heraus, dass mein Date noch gar nicht uptown nach Hause musste – wie vorher noch beim Essen erzählt, sondern zu einem Freund in Downtown wollte. Da wurde mir diese Zeitfenster-Politik deutlich vor Augen geführt.

Also egal, wer wen datet und mit wem ich date – ich date heute hier und morgen da. Denn da es wie beschrieben lange dauert, bis ein Date zum Geschlechtsverkehr führt und in Manhattan mehrere interessante Personen herumlaufen, legt man sich nicht fest. Wenn man als Europäer aber meint, erst einmal auszutesten, wie das mit der einen Person endet, so ist die Wahrscheinlichkeit, dass das im Bett endet, eher gering, und man kommt zurück zur anfangs beschriebenen Variante – gleich ins Bett und sich nicht diesem Dating-System unterwerfen. Denn auch hier soll es so sein, dass beim vierten oder fünften Date die Hand gehalten wird. Dann lädt man die Person nach Hause ein – dann berührt man irgendwann die Beine – dann kann man sich vielleicht auch küssen. Bis es aber zum richtigen Beischlaf kommt, und der dann auch so ist wie in Deutschland, Amsterdam oder Frankreich – ohne das Gefühl, man sei Zuschauer in einem Film, da Makeup und Haare nicht berührt werden dürfen! Puh ... es gibt Momente, da sehnt Mann sich nach Berlin zurück!

Oft ist es so, wenn Sie wirklich im Casting sind, so nenne ich einmal das Daten im Ranking, dann wird Ihnen noch die beste Freundin vorgestellt – oder die Eltern. Das ist auch eine sehr schöne Prüfung, Sie werden gleich zu Beginn gescannt. Denn wenn Sie den zukünftigen Schwiegereltern entgegentreten und nicht den passenden kleinen Blumenstrauß oder den passenden Anzug anhaben oder nicht die ausgestopfte Katze oder die besonders geputzte Küchenmaschine in der Küche erwähnen ... die Eltern werden Sie als „not so nice for their daughter" einstufen, und diese daughter wird sich an die Empfehlungen ihrer Eltern halten. Status, wie eine Hochzeit abläuft, wo die Flitterwochen hingehen, wo man wohnt, welche Freunde eingeladen werden – diese Kriterien sind in den USA Family-Sache. Als Europäer sind Sie angesehen, wenn Sie sich integrieren. Daran während Ihrer persönlichen Auszeit zu denken – dazu ist Manhattan wohl kein geeigneter Ort!

5. Kapitel

EINFACH ICH

Ansätze, sich weiterzuentwickeln

Kennen Sie das? Sie betreten einen Raum und merken irgendwie sofort, mit wem Sie sich unterhalten möchten und wer Ihnen eher unsympathisch vorkommt. Nutzen Sie dieses Potenzial oder nehmen Sie sich konkret vor, wenn Sie das nächste Mal weggehen, darauf zu achten. Und bleiben Sie am Ball! Ganz natürlich lernt man aufgrund seiner Ausstrahlung neue Personen kennen. Lassen Sie Ihre Sympathie wirken, und seien Sie offen für die Sympathie anderer! Niemand muss in alten Freundschaften verharren, nur weil das halt so ist. Man kann alles im Leben ändern, und es gibt Momente, da begegnen einem Personen, mit denen sich neue Bekanntschaften und Freundschaften entwickeln können. Je freier Sie sind, desto offener können Sie sein, denn zeitlich bindet Sie ja gar nichts.

Genau das habe ich neulich einem Freund geraten. Er erzählte mir schon wieder von den Problemen mit seiner Freundin. Er meinte, bei mir sei das ja alles viel einfacher, ungebunden und zwischen den Kontinenten unterwegs. Ich habe ihm das oben Beschriebene erzählt. Klar, in New York oder egal wo auf der Welt: Wenn man irgendwo neu ist, dann ist man gezwungen, sich einen neuen Freundeskreis aufzubauen, denn man kennt ja niemanden, man ist noch fremd. Genau dieselbe Chance hat man aber auch in der gewohnten Umgebung, wenn man sich aus einer Partnerschaft löst. „Hey, ihr habt Ärger, und du überlegst, dich zu trennen?", habe ich gefragt – und dann habe ich ihm zugeraten, dass er es tun solle. Niemand muss in einer Partnerschaft sein, wenn sie nicht glücklich macht bzw. man nicht ab und zu Glück und Geborgenheit fühlt. Sich zu trennen bedeutet, etwas Neues im Leben zu entdecken – dazu muss man aber erst einmal den Schritt einer Trennung vollziehen. Genauso ist es, wenn man einen neuen Job sucht. Stellen Sie sich vor, jede Bewerbung, die man absendet, würde funktionieren. Das wäre verdammt anstrengend. Jedes Bewerbungsgespräch, das nicht funktioniert, bravo – es bringt ein Plus an Erfahrungen.

Haben Sie ein positives Gefühl gegenüber sich selbst! Finden Sie sich selbst gut, dann werden Sie durch Niederlagen (wenn eine Absage überhaupt eine Niederlage ist) stärker. Wenn Sie eine Nummer aus Ihrem Handy löschen, weil Sie meinen, dieser Kontakt sei gar keine Freundschaft – löschen Sie die Nummer. Wenn Sie eine Pflanze nicht richtig gepflegt und vielleicht zu oft oder zu selten gegossen haben und sie eingegangen ist, dann schmeißen Sie diese Pflanze doch auch weg. Freundschaften vergleiche ich immer damit. Wenn jemand trotz Sympathie oder sogar Liebe nicht zu mir passt, weil er sich anders entwickelt, oder ich nicht mehr damit zufrieden bin – Nummer löschen! Das gibt Mut für neue Nummern, und der Speicherplatz auf der Sim Card kann durch andere Namen genutzt werden.

Vielleicht klingt das nun sehr euphorisch – aber ich rate jedem, der überlegt, sich zu trennen: Ja, trenne dich! Erlebe eine kurze Zeit der Traurigkeit, versuche über die Beziehung nachzudenken, und dann erlebe das Leben. Wenn ein Mülleimer voll ist, dann leeren Sie ihn doch auch irgendwann. Er wird irgendwann von selbst zu Kompost – allerdings unter äußerst unangenehmem Geruch. Nur wenn ein Mülleimer ab und zu geleert wird, können Sie neue Produkte genießen und konsumieren! Also: Jeden Tag geht die Sonne auf, nach jedem Regen bilden sich Wasserpfützen – aber diese verdunsten wieder. Damit meine ich nicht, dass Sie Ihre Sozialkontakte wie Rasen behandeln sollten, der von einem guten Gärtner im Sommer alle zwei Wochen gemäht wird. Ich meine nicht, dass Sie alle Kontakte löschen sollen, nur weil jemand mal enttäuscht ist oder nicht so reagiert, wie man es sich wünscht. Wenn Sie aber mit Ihren Gedanken, Empfindungen und Ihrem Maß an Einsatz für irgendetwas am Ende sind – dann lassen Sie es los und verwenden Sie die Kraft lieber für etwas Neues.

Überdenken Sie Ihre Freundschaften

Haben Sie tolle Freunde? Wie definieren Sie Freundschaften?
Ich schaute kürzlich den französischen Film: „Kleine wahre Lügen": Fünf Freunde wollen wie jedes Jahr gemeinsam in den Urlaub fahren. Einer von ihnen hat ein Lifestyle-Leben, Party hier und Party da. Mit der Vespa fährt er in Paris nach einem langen, wilden Abend heim. Er übersieht ein Straßenschild und prallt in einen Lkw. Er liegt im Koma – das Beautyleben ist schlagartig vorbei. Die restlichen vier Freunde, Frauen wie Männer, besuchen ihn im Krankenhaus und überlegen, was sie tun können. Sie kommen zu der Auffassung, dass es überhaupt nichts bringt, nun die Ferien im alljährlich organisierten Haus abzusagen. Sie fahren trotzdem – der Freund bleibt auf der Intensivstation zurück. Allein! Die Ferien gehen weiter, alle haben Spaß, vergnügen sich, Grillpartys jeden Abend, Urlaubsflirts und Happyness.

Ich mag Filme, die mir eine Message vermitteln. Ich gehe gerne ins Kino, um später etwas für mich selbst herauszuziehen oder über einen Aspekt neu nachzudenken und neue Anstöße zu bekommen. Wie viele Freundschaften hat jeder von uns, in denen er sich sicher fühlt? Man teilt viele gemeinsame Aktivitäten, geht zusammen aus, trifft sich im Kegelclub und veranstaltet zusammen Autorallyes, besucht einen Kochkurs und treibt gemeinsam Sport. Genügend Gemeinsamkeiten, würden Sie sicher zustimmen, und die meisten Menschen, die ich kenne, behaupten immer, sie hätten die besten Freunde der Welt, und das sei ja auch so wichtig.

Gerade Singles leben mit ihren Freunden, für ihre Freundschaften und durch Freundschaften. Man inspiriert sich gegenseitig, man geht gemeinsam zum Sport, veranstaltet Wettbewerbe, wer am meisten abnimmt, wer als Erstes seinen Sixpack erreicht, wer wie viele Frauen aufreißt und so weiter. Aber in diesem Film „Kleine wahre Lügen" entdecke ich mich selbst, und ich frage mich: Sollte mir einmal etwas passieren, wer wäre dann wirklich für mich da? Oder würden sich auch alle einfach ihrem normalen Leben widmen und sich plötzlich nicht mehr an mich erinnern?

Ein Blick auf die Realität in Deutschland: Thorben, ein Freund von Freunden. Bei Partys ist er immer eingeladen, als Kreativdirektor ist er ein gefragter Typ. Witzig, lustig und ein Aufreißer. Tolle Optik, man hat ihn gern dabei. Irgendwann fährt Thorben am Wochenende zum Klettern und hat einen Unfall. Er sitzt nun im Rollstuhl. Ich bekomme die Geschichte erzählt, so viel Kontakt hatte ich zu Thorben nie – aber seine Geschichte berührt mich. Irgendwann bei einer Wohnungseinweihung ist Thorben eingeladen und sitzt im Rollstuhl. Man beachtet ihn; es scheint aber, er genießt einfach die Tatsache, dabei zu sein. Er sitzt am Fenster und schaut raus. Er lässt sich ein Bier aufmachen, hält seine Flasche fest, trinkt und genießt den Abend. Vorbei aber sind die Momente, in denen er im Mittelpunkt steht, vorbei ist die Zeit, in der man ihn ausgefragt hat und er von seinem Job berichtet hat oder verkündete, was gerade angesagt ist. Das ist nun vorbei. Die Partygäste beachten ihn zwar, blicken aber eher selten zu ihm rüber – irgendwie ist es doch nicht so schön, jetzt einen Behinderten bei der Wohnungseröffnungsparty dabei zu haben. Wenn andere auf der Dachterrasse lachen und scherzen, kann Thorben auch nicht mitlachen, da er niemals ohne Hilfe die Stufe überwinden könnte, um auf die Terrasse zu kommen. Niemand fragt ihn, ob man ihm mit dem Rollstuhl helfen solle. Thorben findet auch das Bad, welches alle bewundern, nicht so toll („Oh, deine Dusche ist wirklich schön!" „Den Blick aus der Wanne genießen und in den Berliner Nachthimmel schauen oder hier mal eine der Freundinnen im Wasser vernaschen ... "). Thorben muss seine eigenen Gedanken haben, denn er käme ohne fremde Hilfe niemals in diese Wanne.

Tja, nach einiger Zeit sorgt Susanne für Erleichterung und meint in die Runde: „So, Thorben, du musst doch jetzt nach Hause gehen." Geschmacklos, wird er doch niemals gehen können, und was für ein Gezwitscher auf der Party! Nun wird der Betreuer von Thorben angerufen und gebeten, ihn abzuholen. Dann klingelt es wenig später an der Tür, und Thorben wird verabschiedet mit den Worten: „Thorben, es war echt toll, dich mal wieder zu sehen, und du bist jetzt doch echt kaputt von der Party – lass uns bald wiedersehen. Wir melden uns bei dir, oder lass uns auf einen Kaffee treffen in der Stadt."

Susanne macht hinter ihm die Tür zu und zückt die Wimpern nach oben. Dann hebt sie bedeutungsschwer die Schultern. „Was soll man machen?", wird sie sich und die Runde fragen. Ingo, dem die neue Wohnung gehört und der eingeladen hat, fühlt sich dezent peinlich berührt von Susannes Worten. Aber andererseits findet er, dass sie eigentlich recht hat. Er hatte noch den Rollstuhl mit angefasst und geholfen, sodass Thorben die Treppen hinunterkommt, um ins Auto gesetzt zu werden. Zurück in seiner neuen Wohnung, dreht Ingo die Musik lauter, sagt noch kurz: „Das muss ja echt beschissen sein – so im Rollstuhl zu sitzen." Susanne gießt sich einen Crémant ein, hebt das Gas und kreischt mit flirty-schräggestelltem Gesicht: „Oh, this is such a nice party – wir müssen noch viel mehr trinken – Ingo ich liebe dich und deine Wohnung, wir haben heute so viel Spaß!"

Die Situation war zwar aufgelöst, aber ich war angewidert. Und wenn man sich nun fragt, was wäre, wenn ich einfach für einige Zeit von dieser Welt entschwinde, um etwas anderes zu machen, fällt das dieser Clique überhaupt auf? Ich frage herum und verrate, dass ich vorhabe, nach New York zu gehen. Susanne ist sofort dabei: „Oh, wir waren da doch schon mal Christmas-Shoppen, Marco – dann besuchen wir dich, that is such fun!"

Oder eine andere Situation. Man feiert Geburtstag und freut sich, dass alle Freunde da sind. Als Gastgeber plant man und kauft ein, beschäftigt einen Koch, der etwas Tolles zubereitet. Man sitzt im Garten und hat auch den Grill aufgebaut. Das Telefon klingelt. Imke sagt ab. Sie hat mit ihren Eltern telefoniert, ist nicht gut drauf und möchte ausgerechnet lieber putzen – sorry, aber man sehe sich demnächst, „Habt einen tollen Abend!" Die Übrigen verstehen sich eigentlich nicht so ganz untereinander, weil man so ganz unterschiedliche Interessen hat. Zwei kenne ich aus dem Judoverein, eine vom Sport – drei vom Job, vier vom Segeln. Zwei Freunde kommen aus Süddeutschland, Kommilitonen von früher, und drei Pärchen hat man mal so beim Ausgehen kennengelernt.

Wenn man sich einzeln in der Stadt trifft, dann ist das immer echt nett, und man empfindet Freundschaft, Vertrauen und fühlt sich wohl mit denen – aber wenn man an den Geburtstag denkt, dann hat man irgendwie schon vorab ein ungutes Gefühl und fragt sich, ob es überhaupt geschickt ist, alle zu kombinieren. Für einen selbst muss das ganz toll sein, man weiß aber schon von der Antipathie der einzelnen untereinander. Also was bringt der Abend? Blendet man Alkohol und Musik aus und versucht nur mal die Themen zu durchleuchten, die man bespricht, und darauf zu achten, was an diesem Abend wert war, diesen Aufwand an Organisation und Geld zu investieren oder gar durch die ganze Republik zu fahren, um solch eine Nacht mitzumachen – so kommt man oft zu der Entscheidung, dass es das jetzt nicht war.

Einzeln betrachtet sind Freunde oft wirklich eine Ergänzung und ein Austausch. Ganz häufig hinterfragt, sind es aber nur Momente und Erlebnisse, negativ oder positiv, die einen verbinden oder an die man sich erinnert. Die gemeinsame Schulzeit, eine zeitweise gleiche Ausbildung, ein toller Urlaub oder Freizeitaktivitäten. That's it. Genauso wenn Sie im Handy Ihre Kontaktliste durchgehen. Wie viele Nummern sind dort abgespeichert, bei denen man die Namen gar nicht mehr zuordnen kann? Michaels gibt's da viele, Susannes sind auch austauschbar. Man hat schon Erkennungsmerkmale hinzugefügt. Aber selbst diese – wie „Partynacht", „gelbes Kleid", „Paris" oder auch „Urlaub" reichen einige Zeit später nicht mehr, um überhaupt noch zu wissen, was Michael oder Susanne nun gerade machen. Sind das dann Freunde oder einfach nur Bekannte?

Würde es überhaupt auffallen, wenn man eine Zeitlang verschwindet und schaut, was in New York oder sonstwo angesagt ist? Was für ein Typ Mensch sind Sie? Bedeuten Ihnen diese Freundschaften etwas, oder verneinen Sie meine Aufzählung von Erlebnissen und glauben, selbst ganz andere Freunde zu haben? Stehen Sie zueinander – egal, was ist?

Zurück zum Film „Kleine wahre Lügen". Eine Freundin aus der Viererguppe hatte sich im Laufe des Urlaubs abgeseilt und ist aus dem Ort zurück nach Paris gefahren, um den Verunglückten zu besuchen. Sie war die Einzige, die an ihn denken musste und dieses Happysein und „Ach, ist das ein toller Urlaub!" fast selbst nicht mehr ertragen hat. Am Ende des Urlaubs der Clique ist der verunglückte Freund übrigens verstorben. Das war dann ein Schock für alle anderen – aber hat sie das für die Zukunft zum Umdenken gebracht? Hat „meine" Susanne aufgrund von Thorbens Unfall eine andere Sicht auf Freundschaften bekommen?

Oder wenn ich meine Namensliste durchblättere: Hat zum Beispiel Sabine – im Handy mit dem Zusatz „Sport-Workout" – unsere Begegnung als etwas Besonderes empfunden und sich ab und zu gefragt, was dieser Marco wohl macht? Hat sie meinen Namen überhaupt mit „c" oder mit „k" abgespeichert?

Was für Spuren hinterlässt man selbst, wenn man Personen trifft und Nummern austauscht? Wie wird man wahrgenommen, und wann wollen sich die Personen, die man kennenlernt, mit einem umgeben? Wann wird man eingeladen, und wer meldet sich bei einem und warum? Und aus welchem Anlass melden sich andere bei einem – laden sie nur zu einer tollen Party ein, für die man als Gast gefragt ist, oder werden auch persönliche Dinge besprochen und sehen andere in einem einen Ratgeber, der zuhört und Tipps geben soll, die natürlich nicht alle eins zu eins und ungefiltert umgesetzt werden, da ja mein Tipp nicht unbedingt genau zu einer anderen Person passt? Oder fragen Sie sich einmal ganz deutlich: Wer möchte Zeit mit Ihnen verbringen und warum?

New York – Ich bin nun schon vier Monate hier. Susanne hat sich am Anfang zweimal gemeldet über Facebook: „Hey, ich muss zum Christmas-Shopping kommen!" Ingo war einmal da und hat festgestellt, dass die Wohnung nicht so groß ist wie die, die ich in Berlin hatte. „Vermisst du nicht die ganzen Leute?", wurde ich gefragt. „Meinst du, das war es nun wert?", „Wie lange willst du hierbleiben?" Er war vier Tage da. Am Tag ist er shoppen gegangen, abends waren wir einmal im SoHo House Essen und auf der Dachterrasse zu einer Poolparty. Einen anderen Abend war er müde, und dann sind wir noch einmal zusammen über die Brooklyn Bridge gelaufen. „Das muss toll sein – hier einmal als Jogger rüberzulaufen", meinte er.

Ach, und dann war da noch ein Kaffee mit Jackie, die kenne ich vom Sport, und ich habe ihr Ingo vorgestellt. Aber der Funke ist, wie man so sagt, nicht übergesprungen. Es war so wie bei meinen Geburtstagen in Berlin oder in Hamburg oder in Nürnberg oder sicherlich auch wie bei Ihnen – egal wo: Viele, die ich eigentlich mag, sind da, und alle untereinander ergeben irgendwie eine merkwürdige Stimmung.

Später meinte Ingo dann: „Puh, die ist schon eine typische Amerikanerin." Und Jackie meinte bei meinem nächsten Sportzirkel: „Hey, Ingo is such a nice guy, he is so German, a little bit like you." Tja, Amerikaner finden uns Deutsche immer zu direkt. Zu ehrlich, zu indiskret manchmal, und wir Deutsche empfinden Amerikaner als zu aufgesetzt, als oberflächlich und irgendwie auch als „zu nah". Ein bisschen stimmt das auch. Sie sind einem nah, interessieren sich und geben eine Emotion oder etwas Persönliches preis. Aber das ist absolut nicht von Bedeutung und soll nur ein gutes Gefühl schaffen – und warum sollte ich einem Fremden auch mit Abneigung oder Stille begegnen? Wenn sich Menschen in New York treffen, dann sagen sie immer etwas Freundliches. „Oh, I like your jacket!" oder: „This colour on you looks nice!" Selbst bei Geschäftsterminen werden Dinge erwähnt wie: „Das Büro ist schön" oder: „Die Aktentasche ist sehr praktisch" oder: „Das Bild im Eingang schafft eine tolle Atmosphäre". Auf der Straße und in der U-Bahn sagen fremde Menschen zu einem: „Ich mag deine Hose" oder: „Deine Schuhe sind toll, von welcher Marke sind die?"

Als Europäer fühlt man sich berührt, und es hat lange gedauert, bis ich verstanden habe, warum sie das tun. Sie finden wirklich die Tasche, die Hose oder die Schuhe an anderen toll. Die Menschen begegnen sich einfach völlig ohne Missgunst. Amerikaner meinen, wer ein fettes Auto fährt, hat sich dieses verdient, und man selbst könnte ja ebenso noch mehr arbeiten gehen und sich ein ähnlich dickes Auto kaufen. Wenn man etwas sieht, was man mag, dann kauft man es, so man es sich leisten kann. Genau wie es in den Geschäften Manhattans alles zu kaufen gibt, man muss nur wissen, wo. Hier kleidet sich jeder, wie er es mag, und es gibt auch keinerlei Bedenken à la: „Das trägt man nicht" oder: „Das ist zu bunt" oder: „Das passt nicht zusammen." Jeder ist so, wie er will, und ein entscheidender Unterschied zu Deutschland ist: Man lässt den anderen einfach so sein, wie er ist!

Da die Leute sich mehr untereinander respektieren, versuchen sie dem Gegenüber ein gutes Gefühl zu geben. Das kennt man in Deutschland nicht. Komme ich in Deutschland in ein Geschäft, dann sagt kein Verkäufer: „Oh, mir gefällt Ihre Tasche!" Oder treffen sich zwei Freunde, so sagt man nicht: „Die Farbe steht dir gut" Positive Dinge, tolle Farben oder Ähnliches werden nicht erwähnt. Ich habe das eine Zeitlang versucht. Immer wenn ich einen Geschäftstermin hatte, Freunde oder auch irgendwelche anderen Personen traf, habe ich etwas Positives gesagt. Klar entsprach das nicht immer meiner Empfindung – aber in Amerika sorgt ein solches Kompliment dennoch für ein gutes Gesprächsklima. In Deutschland wird:„Hey, dein Rock steht Dir gut!", „Die Krawatte hat ein tolles Muster!" oder: „Deine Tasche ist praktisch, wo gab es die?" automatisch als aufdringliche, hohle Floskel und als Verarsche empfunden. Es wird einem nicht abgenommen, dass man irgendetwas am anderen wirklich als besonders schön oder passend findet. Sagt man so etwas noch mit einem Lächeln, so kommt gleich ein Spruch: „Wohl schon zu lange in den USA gewesen?" Und trotzdem fühlt sich die Person – wenn auch im Ansatz darüber nachdenkend, ob man sie auf den Arm nehmen will – umschmeichelt.

Denken wir also, jeder für sich, einmal nach, warum es uns so schwer fällt, einfach mal ein Kompliment zu machen, und sei es auch oberflächlich. Hat es die Person, die ich treffe oder der ich begegne, vielleicht gar nicht zu interessieren, ob mir eine Farbe besonders steht oder nicht?

Ich jedenfalls nehme solche Komplimente an und finde, dass das Gefühl der Begegnung so positiv geprägt ist und sich von der sonst bei uns üblichen Neutralität abhebt. Es macht sensitiver, empfindsamer. Vor allem ist man offener für neue Begegnungen. Und das ist gut, erlebt man doch, wenn man sich von einer festen Clique wegbewegt und sich mal abseits umschaut, dass man durchaus auf andere eine spannende Ausstrahlung hat. Man kann jeden Tag neue Menschen kennenlernen. Das, was Menschen neugierig macht, sind Erlebnisse und Entwicklungen von Personen. Vertrauen Sie auf Ihre Inspiration und entdecken Sie, was Sie als Person ausmacht. Sie finden sich selbst langweilig? Fragen Sie sich selbst oder Ihre Freunde, welchen Status Sie bei ihnen haben. Freundschaften können sich auch weiterentwickeln. Ich habe das versucht. Um beim vorherigen Beispiel zu bleiben, ich habe Susanne einmal gefragt, warum sie so unendlich oberflächlich ist, warum ihr das Crémant- und Champagnertrinken so viel wichtiger sind als eine wirkliche Freundschaft und wie sie Freundschaft definieren würde. Als ich sie auf das Beispiel mit Thorben im Rollstuhl ansprach, wo sie entschieden hat, wann es für ihn Zeit wurde zu gehen, hat sie gar nicht verstanden, was ich meine. Denn sie ist so in ihrer Party-Welt gefangen, dass der andere gar nicht zählt. Sich noch mit Problemen von anderen zu beschäftigen, macht keinen Spaß und belastet nur. „Warum soll man sich belasten? Das Leben ist nicht nur Charity", sagt sie.

Nun ja – als Ermunterung kann ich Ihnen nur sagen: Wagen Sie auch ab und zu, Nummern im Handy zu löschen. Oder Geburtstage einfach aus dem Kalender zu streichen und beim nächsten Übertragen ins neue Jahr wegzulassen. Niemand sollte sich über Freunde ärgern, niemand hat es nötig, auf Freunde immer Rücksicht zu nehmen. Klar, wenn man alle Nummern von Personen löscht, über die man sich schon irgendwann mal geärgert hat, dann bleiben am Ende keine Nummern übrig. Aber fragen Sie sich, ob Sie mit Ihren Freunden über all das reden können, worüber Sie reden möchten, und fragen Sie sich, ob Ihre Freunde wissen, was Sie als Person bewegt. Könnten Ihre Freunde sagen, wann Sie traurig sind, wann mal ein Tag nicht so gut lief, oder sind Ihre Freunde nur bei Ihnen, wenn alles toll läuft und ein Fest ansteht?

Wenn man wie ich alle drei, vier Jahre seinen Lebensmittelpunkt verändert hat, dann muss man sensitiver mit Menschen umgehen. Man muss sich wirklich für sie interessieren – denn ein neues Telefonbuch muss ja erst einmal entstehen. Es bringt nichts, wahllos Nummern einzuspeichern. Wird man älter, so weiß man genauer, wen man interessant findet. Welche Themen einen bewegen, welche Leute einen interessieren und worauf man achtet, um Freundschaften neu aufzubauen. Man muss sogar sehr offen sein, denn sich selbst zu öffnen und auf Menschen zuzugehen, das funktioniert weltweit – dann aber ist der andere an der Reihe, mit dieser Offenheit umzugehen.

Ein paar „secrets of a man's life"

Das männliche Leistungsprinzip setzt uns so unter Druck, dass wir irgendwann einfach merken, dass wir keine Lust mehr haben auf das, was wir seit Jahren oder gar seit der Schulzeit tun. Der Enthusiasmus im Job lässt nach, die Sexlust mit der Partnerin lässt nach – man fragt sich, wozu dieser Sex immer mit derselben Person, warum nicht etwas anderes? Auch die Familie an sich beginnt mich fast anzuöden. Die Frau kocht immer das Gleiche, und die Freizeitaktivitäten sind immer die gleichen. Alle zwei Jahre ein neues Auto – meist dasselbe Modell wie vorher, einmal im Jahr zum Skifahren und ansonsten den Rasen mähen und die Blumen pflegen. Wenn Sie das jetzt lesen und sich wiederfinden: Ich gebe Ihnen recht. Das ist eintönig, nothing special, same everytime, und eigentlich zeigen Sie sich selbst damit den Mittelfinger.

Männliche Leistungsorientierung bewirkt ironischerweise letztlich genau das Gegenteil, nämlich extreme Verletzlichkeit und Schwäche, weil Ihnen Ihre eigene Gefühlswelt gar keinen Spaß mehr bringt und Sie in Ihrem selbst gebauten Käfig gefangen sind. Im Käfig Ihrer selbst, Ihres Jobs, Ihrer Familie oder Ihrer Frau sowie der Rolle, die Ihre Nachbarn, Kinder, Freundin Ihnen zuweisen.

Es wird auch einen Ausweg geben für den Rest Ihres Lebens. Aber hallo! Wege gehen sich nicht von selbst – sogar wenn Sie die neuen Apps der Smartphones zu Hilfe nehmen und darüber eine Webbeschreibung von A nach B suchen, dann schlägt Ihnen das Programm verschiedene Wege vor. Entscheiden und vor allem gehen müssen Sie selbst! Nur Viagra zu schlucken bringt auch nicht viel, für den Akt müssen Sie schon noch eindringen! Und Sie müssen zudem immer wieder kreativ sein, um Spaß dabei zu haben.

Ich war, wie erwähnt, neulich im Skiurlaub. Auf dem Hinweg wurden von der App drei Routen angeboten: Route 1 führte um München herum und zeigte uns dann den Autobahnweg über Innsbruck zum Zielort. Route 2 führte direkt durch München, dann auf die Autobahn Richtung Stuttgart und dann südlich ins Skigebiet. Route 3 führte an München östlich vorbei und dann ab Holzkirchen auf einer Landstraße vorbei am Tegernsee und schließlich mautfrei nach Österreich.

Wir haben uns für Route 3 entschieden – mal wieder durch ein bayerisches Dorf zu fahren – nach Manhattan war das wunderbar.

Einmal aussteigen und einen Kaffee in Gmund am Tegernsee zu trinken, „Grüß Gott!" zu hören und Menschen, die wie verkleidet herumlaufen, anzusehen – das war ein Urlaubsgefühl schon auf dem Hinweg. Dann wieder weiterfahren und einen atemberaubenden Weg durch das Gebirge nehmen, mal ging es rechts eine Schlucht hinab, dann wieder links – das war ein Erlebnis. Nun, wenn ich dort in der Region leben würde, dann hätte ich wahrscheinlich selbstverständlich die Autobahnroute gewählt. So aber war der 30 Minuten längere Weg nicht nur sparsamer, da wir keine Mautplakette benötigten; zudem wurden Erinnerungen an früher wach, und wir rochen die gute Bergluft. Die Sinne waren weg vom Alltäglichen, was derzeit bedeutet: in Manhattan zwischen Hochhäusern herumzulaufen.

Jedes Individuum startet also jeden Lebensabschnitt mit unterschiedlichen Voraussetzungen. Der eine mag mit einer Tätigkeit nach der Schule beginnen, der andere entscheidet sich für ein Studium. Wie viele Personen habe ich getroffen, die ihr Abitur in anstrengenden Abendkursen nachgeholt haben, um dann ein Studium zu starten. Respekt! Aber wie viele Menschen üben ihren Beruf seit Jahren aus? Tagein, tagaus dasselbe. 10 Jahre, 15 Jahre oder schon 20 Jahre. Alles läuft, man erfährt aber keine Erweiterung, keine Weiterentwicklung. Psychologisch lesen wir, dass die Weiterentwicklung der eigenen Persönlichkeit entscheidend ist, dass Partnerschaften, wo der eine dem anderen selbstverständlich zu nah ist, gefährdet sind, weil man abstumpft und die eigene Orientierung verliert. Hier können wir uns von den Amerikanern eine ganze Menge abschauen:

Wenn ich also mit meinem Kaffee in der Subway von einer Station zur nächsten schaukele und die Weiterbildungskurse durchsehe, für die über den Fenstern und an den Türen annonciert wird, so fällt mir so mancher Kurs auf, den ich verdammt interessant finde. Fragt man einmal nach, ist es eine Selbstverständlichkeit, dass die Schauspieler in Los Angeles genauso wie die Wallstreet-Broker und Büroangestellten in Manhattan Weiterbildungskurse machen. Dafür plant man ein bestimmtes Budget ein, und die

Banken gewähren sogar in Kooperation mit den Universitäten und Colleges hierfür besondere Kredite.

Genauso kann es doch bei Ihnen sein – egal in welchem Alter, egal in welcher Situation und egal mit welchem sozialen Status – Sie können jetzt ab sofort oder ab morgen oder noch heute Nacht Ihren Weg ändern und kommen trotzdem ans Ziel. Warum also heute Nacht neben derselben Frau schlafen, die dort eh schon einige Zeit jede Nacht liegt? Warum morgen früh dieselben Schuhe anziehen, die Sie schon lange haben und ab und zu mal säubern und dann sicher sind, noch länger anziehen zu können und zu wollen. Warum beim nächsten Skifahren dasselbe Outfit tragen, was Sie schon zigmal getragen haben? Ein paar Zeilen höher haben wir festgestellt, dass das verdammt eintönig ist – zeigen Sie sich selbst und Ihrer Situation also den Mittelfinger und ändern Sie etwas – überwinden Sie das Nicht-Können und hinterfragen Sie Ihr eigenes Wollen – what would you like to do oder welche Schuhe würden Sie gerne tragen, egal ob Ihre alten noch gut aussehen oder nicht? In welchen Skiort würden Sie gerne einmal fahren, weil Ihnen Ihrer, in dem Sie schon öfter waren, bekannt ist? Fragen Sie sich, was Sie sehen möchten, wen Sie lieben möchten, welchen Sex Sie wollen, welches Auto Sie fahren möchten oder sogar, wo Sie leben möchten – und mit wem und als was Sie arbeiten wollen! Wollten Sie schon immer Ihre Wohnung neu gestalten? Auf geht's. Ein neues Badezimmer? Bitte! Eine eigene Wohnung? Fangen Sie an, sich weiterzuentwickeln!

Es geht um die Bewältigung der Verhaltensmuster: Eintönigkeit, weil man sich an das Gewohnte hält, oder Grenzüberschreitung im kurzfristigen Handeln wie im langfristigen Leben? Ergänzen Sie sich selbst, indem Sie sich hinterfragen und in sich hineinhorchen? Verstehen Sie, was Sie wirklich wollen? Psychologischen Texten entnehme ich, dass ein Mann über Rationalität und Selbstbehauptung verfügt[1], eigene Ziele auch gegen Widerstände durchzusetzen – unsere Gefühle verdrängen wir nun einmal.

---

1) Süfke, Bernd (2010): *Männerseelen – Ein psychologischer Reiseführer*. München. S. 113 ff.

Das ist es doch, was uns psychologische Texte in Zeitschriften vorwerfen: Der Mann sei ignorant und geht weder auf die Gefühle anderer noch auf die eigenen Gefühle ein!

Der Grund: Männer verfügen über extreme Ergebnisorientierung, was als Vorteil aber auch eine starke Fähigkeit zum Verzeihen und zur Nachsicht mit sich bringt, wenn dies zum Erfolg beiträgt. Denn wenn man über gewisse Dinge oder Vorkommnisse nicht übermäßig zeitaufwendig nachdenkt, so fällt es auch leichter, das Problem oder das Zerwürfnis einfach zu vergessen. Frauen sind dazu oft nicht in der Lage, denn sie überlegen viel zu lange, wägen ein Problem aus jedem erdenklichen Blickwinkel ab und analysieren. Männer handeln da anders. Über spannungsreiche und konfliktbeladene Gespräche kann hinweggesehen werden – wenn wir am Ende eine Erkenntnis gewinnen, die uns weiterbringt. Genau diese Eigenschaften aber unterstützen die Fähigkeit von uns Männern zur Zielerreichung. Nutzen Sie dieses Potenzial also und lassen sich ermuntern, auf diesem Weg Ihre Midlife-Crisis zu umgehen. Denn lieber entdecken Sie doch einen neuen Weg und Weiterentwicklung Ihrer Wünsche und Ihrer persönlichen Situation, bevor die Midlife-Crisis Sie findet, um sich in Ihnen breit zu machen!

Viele psychologische Ansätze gehen von frühkindlichen Störungen aus. Angebliche frühkindliche Hilflosigkeit eines Jungen gegenüber der mütterlichen Macht wird angeblich später gewalttätig kompensiert[2]; sexualitäts- und partnerschaftsbezogene Demütigungen und Verletzungen in der Jugend und im Erwachsenenalter sind angeblich bei psychischen Störungen von Bedeutung.

Diese Auffassung teile ich in keiner Weise. Altern und alt werden im Handeln und Denken ist für mich heute primär soziales Schicksal und erst sekundär von funktionellen oder organischen Veränderungen und Beeinträchtigungen bedingt. Hier folge ich Thomae[3].

---

2) Süfke, Bernd (2010): Männerseelen – Ein psychologischer Reiseführer. München. S. 135 ff.

3) Thomae, H.: „Altern als psychologisches Problem", in M. Irle: Bericht zum 26. Kongress der Deutschen Gesellschaft für Psychologie. S. 22–36. zitiert nach Lehr, Ursula (2003): *Psychologie des Alterns*. Wiebelsheim. S. 9.

Ich selbst propagiere also persönliche Weiterentwicklung, denn auch die Gesellschaft bietet vielfältige Möglichkeiten, sich aus der eigenen Verkrustung zu lösen! Auch die oft angesprochene emotionale und physische Abhärtung einer Erziehung, die in vielen Fällen noch durch das Fehlen einer Verarbeitung der eigenen Opfergefühle ausgelöst wird, finde ich in keiner Weise plausibel oder als Entschuldigung anzuwenden.

Jeder, der sich als Opfer sieht, egal ob durch die Erziehung der Eltern, der Frau oder der Kinder oder durch soziale Umstände, kann und sollte sogar zum Therapeuten gehen: Mein Vater hat meine Mutter betrogen, meine Mutter war krank, und mein Vater hatte nichts anders im Sinn, als anderswo herumzuvögeln. Ein klassisches Dilemma – meine Mutter hätte ihn verlassen sollen, um ihr Leben für etwas Neues zu öffnen. Doch kann man meiner Mutter jetzt einen Vorwurf machen, dass sie betrogen wurde und ihre Situation nicht überwunden hat?

Kann ich mich, nur weil ich mich schon 30, 40 Mal beworben habe, beklagen, dass ein Job nicht klappt? Würde jede Bewerbung funktionieren, dann hätte ich jetzt 30 Jobs – das kann es also nicht sein. Persönliche Niederlagen, vielleicht sogar Demütigungen haben doch mit der persönlichen Eignung und den eigenen Fähigkeiten zu tun – und sollten nicht das Selbstwertgefühl in Mitleidenschaft ziehen! Wer keine Bewerbungen schreibt, der kann auch keine Absagen erhalten; wer nicht verheiratet ist, kann auch nicht vom Partner betrogen werden; wer nicht verreist, der kann auch keine neuen Ziele entdecken.

Damit schreibe ich nicht, dass Absagen von Bewerbungen oder in einer Beziehung verlassen zu werden nicht verletzend sein kann. Alles Alte muss erst überwunden werden – aber letztendlich erreiche ich eine neue Entwicklungsstufe im Leben und auch neue Selbstbestätigung nur durch stetiges Versuchen und Neuorientieren. Immer und immer wieder!

Mein Handeln wird doch durch meine Wünsche bestimmt. Ich möchte einen neuen Job! Anders als nach der Schulzeit wird in der aktuellen Lebensphase jeder von uns etwas machen und im sozialen System verankert sein – alle neuen Wünsche und Herausforderungen bauen also auf Altbewährtem auf. Niemand muss, wenn er in einer Situation festgefahren ist, jetzt sofort einen neuen Job beginnen. Niemand muss, nur weil ein Partner den anderen betrügt, sofort ausbrechen. Wenn jemand betrogen wird, dann läuft das schon länger. Vielleicht hat man es nur jetzt erst erfahren. Aber soll ich deswegen abrupt alles ändern, voreilig alle Zelte abbrechen?

Havinghurst beschreibt sogenannte „Development Tasks"[4]. Jede Lebenssituation bringt neue Aufgaben mit sich und bildet drei Wurzeln, auf die wir uns für den nächsten Lebensabschnitt verlassen können: Erstens lernen wir durch die eigene körperliche Weiterentwicklung und Reifung sowie die physiologisch-biologischen Gegebenheiten; unsere kulturellen Umstände und die Erwartungen unserer Gesellschaft bilden eine zweite Wurzel, und drittens lassen uns individuelle Erwartungen und Wertvorstellungen Kraft ziehen, um unser Leben zu meistern und auch neue Aufgaben anzugehen. Das bedeutet in letzter Konsequenz, dass eine persönliche Entwicklung nicht nur die Entfaltung der Anlagen und der Erziehung ist; die Entwicklung einer Persönlichkeit und das Älterwerden sind bestimmt durch Interaktion, durch die Entwicklung von mir als Organismus mit meinen Krankheiten und vielleicht erblichen Gegebenheiten – aber ebenso zu einem ganz entscheidenden Teil durch mein individuelles Selbst mit meinen Wertvorstellungen und meinen persönlichen sozialen Umständen. Somit wird deutlich, wie viel von mir selbst bestimmt werden kann. Und das packen wir an!

Hier in Manhattan will das Leben eingefangen werden. Alter kommt nicht gut und kommt eigentlich auch gar nicht bewusst vor, jedenfalls fühlt sich niemand alt. Die Alten laufen mit Gehstöcken im Central Park – Nordic Walking. Yoga-Kurse sind immer irgendwo zu finden – auf den Piers, Washington Square, der Highline – einfach an jeder freien Ecke sieht man Yoga-Gruppen.

---

4) Lehr, Ursula (2003): *Psychologie des Alterns*. Wiebelsheim. S. 54 f.

Schaut man die Häuserzeilen längs – Fitnessstudios sind überall. Und das hat seinen Grund: Alle gehen zum Sport – jeder hält sich fit:

Fitness

Noch keine zwei Wochen in New York, und ich habe die ersten Leute kennengelernt. Das ergibt sich einfach so, wenn man Muffins kauft oder Bagels. Oder wenn man abends etwas trinken geht. „Hey, whe're you from?" – und dann erzählt man und kommt ins Gespräch. Berlin finden alle cool, und jeder fragt mich auch, was ich denn in Manhattan wolle, denn die beste Zeit hier sei doch vorbei. Man findet schnell heraus, dass die meisten Menschen nur kurz auf einen Drink nach der Arbeit irgendwo hineinschauen, um dann noch zum Workout zu gehen.

„Look better naked" ist der Werbe-Slogan von Manhattans wohl bekanntestem Studio David Barton. David Barton selbst ist verheiratet mit einer Partyveranstalterin namens Susan Bartsch – natürlich hat sie noch andere Namen bei Facebook, denn das ist die Community, auf der Susan Gäste anheuert für ihre Partys, die allwöchentlich stattfinden. Susan ist Anfang 60 – aber sie ist das It-Girl der Partyszene und verbringt wohl den ganzen Tag mit der Frage, in welchem Outfit sie nachts ihre Gäste begrüßen wird. Meistens ist hier weniger mehr, und auch eine blanke Brust stört dabei nicht. Ganz falsch, wer nun an exzessive Partys denkt. New York ist ruhig, was das Partyleben angeht, und in Berliner Clubs wie dem Berghain, dem KitKat oder auch Kater Holzig sind sämtliche Partynächte exzessiver und lasziver. Aber für Manhattan ist Susan eine Attraktion. Untouchable, so ihr Motto – immer aufwendig gestylt macht sie vor, was sie sich von ihrem Publikum auch wünscht. „Enjoy it, have fun and drink", lautet das Motto – nun ja, man sollte irgendwie versuchen, mit ihr auf Facebook befreundet zu sein, um auf sich aufmerksam zu machen. Denn das ist wichtig, um zu den Events eingeladen zu werden.

Aber zurück zu David Barton. Er betreibt dieses Fitnessstudio an der West 23rd Street mitten in Chelsea. Er ist ebenfalls mindestens 60 Jahre alt, aufgepumpt wie ein Popeye, nur leider mit einer Körpergröße unter 1,40 Meter – dazu graue Haare, die natürlich blondiert sind. Mit Toupet und Muskeln bepackt, die sämtliche T-Shirts zum Platzen bringen, ist er unverkennbar. Besonders lustig ist immer, wenn er mit seinem Sohn zusammen trainiert. Dieser ist noch unter 20, und jedes Mal, wenn der Vater ihm die Gewichte zurechtlegt, dann meckert er: „It's too much – I don't want to look like you!" Beide tragen dieselben T-Shirts und folgen damit Manhattans ganz eigener Fitnessmode: Ein T-Shirt wird nämlich bearbeitet, bevor man es zum Sport anzieht – es wird die Schere genommen und dann am Ärmelansatz halbrund konvex über den höchsten Punkt beim Brustmuskel, auslaufend nach unten zur Naht geschnitten. Das gilt für Männer. So kommen der Bizeps, die Schulterpackages und natürlich die Brustmuskulatur am besten zur Geltung, und man kann die seitlichen Bauchmuskeln sehen, wenn Mann sich auf der Trainingsfläche bewegt.

Frauen in Manhattan schneiden das Shirt genauso aus – aber natürlich dezenter an der Brust, und sie tragen dann noch einen Fitness-BH darunter – natürlich mit Pushup, sodass die Brust fast aus dem Shirt herausfällt – aber nur fast!

Am Anfang ist man stolz und meint als Europäer mithalten zu können: „Hey, how often do you go to the gym?", ist die übliche Smalltalk-Frage, die gleich nach der Frage, wie man denn das Wetter fände, an Nummer 2 steht. Da ich selbst meiner Meinung nach oft ins Fitnessstudio gehe und durchaus einen guten Oberkörper habe, sage ich stolz: „Oh, I am going two or three times a week." Erstaunt sagt das Gegenüber: „Oh!!! Two or three times a week?" Und dann nach einer kleinen Pause: „I am going twice a day!"

Als Europäer, der, wie schon erwähnt, nicht fettleibig ist und sich durchaus für Dates und Smalltalk als gesellschaftsfähig erachtet, habe ich dafür ein erstauntes: „Oh, that is so cool!" übrig, aber insgeheim denkt man über sich nach, und wenn man das nächste Mal unter der Dusche hervorkommt, fragt man sich, ob zwei- bis dreimal Sport pro Woche wirklich reichen. Sowieso gibt den Amerikanern hier in Manhattan der Erfolg recht. Irgendwas ist an ihnen optisch anders, wenn ich mich so mit denen vergleiche. Ich beobachtete die Sport treibenden Jungs und Mädchen in den ersten Wochen sehr genau und stellte fest, ich sehe im Vergleich zu denen aus wie ein Hungerhaken – viel zu viel Bauch und viel zu wenig Brust-, Rücken- und Armmuskulatur. Ich nahm mir einen Personal Trainer: Brian, einen typisch amerikanischen guy, natürlich muskulös, aber er kann trotz Muskeln noch gehen, und er kann auch trotz Botox noch Lachen – denn das gehört natürlich zur Fitnesskur dazu!

Aber der Reihe nach.

Als Erstes hat man ein Probetraining. Hier wird man getestet. Brian war erstaunt, wie viel Gewicht ich stemmen konnte: „You are working out, guy", war sein Kommentar. Klar, zwei- bis dreimal die Woche. Immer wieder musste ich mir dieses zwei- bis dreimal die Woche anhören, wobei ich mir bewusst bin, das alle meine Freunde in Deutschland auch nicht öfter zum Sport gehen!

Hier aber hat mir mein Trainer immer gesagt: „Guy, why are you going just two or three times a week?", und da war es dann, dieses Wort „just". Ein Trainer kostet übrigens im Zehnerpack 950 Dollar. 25 Stunden gibt's für 1850 Dollar, und wenn man ihn viermal die Woche bucht, dann ist das Training im Studio sogar noch for free – ist doch ein tolles Angebot! Somit wird klar, ein Fitness-Trainer ist in Manhattan der zweite Hauptkostenpunkt nach der Miete. Erst dann folgen Ausgaben für Essen, Psychologen, Botox und so weiter.

Brian hat versucht, mir verständlich zu machen, dass es bei mir nicht darum gehe, mehr Gewicht stemmen zu können. Meine Kraft sei vorhanden – bei mir gehe es darum, mich bewusster zu erziehen. Muskelwachstum ist nur zu erreichen durch Disziplin, und dazu gehört eine richtige Zusatzernährung!

Ich musste mich ausziehen, und Brian hat mich angeschaut – überall ein straffer Body, aber nirgendwo richtig gut sichtbare Muskelpackages, so wurde bemängelt. „You really need to eat more chicken. Chicken, chicken, chicken – three times a day, Marco!" Okay, dachte ich mir. Chicken. Er verriet mir, wie: Hühnerbrust einfach kochen – dann leicht salzen und immer im Kühlschrank haben. Wenn man am Tag einfach mal Hunger hat, soll man dieses Huhn essen.

Ich habe es versucht – aber diese amerikanischen Chicken Breasts sind so trocken – Fett durfte ich ja keines essen, und wenn dieses Fleisch einfach nur gekocht ist, dann ist es noch viel trockener. Meine vier bis fünf vorgegebenen daily Chicken Breasts habe ich nach einer Woche abgesetzt. „Brian, I can't eat so much chicken!", musste ich gestehen.

Der nächste Kritikpunkt war meine Zufütterung. Ganz erstaunt wurde zur Kenntnis genommen, dass ich kein Zusatzpulver zu mir nehme. Hier wurde mir auch geholfen, und Brian gab mir Tipps. Auffällig häufig gibt es in der Stadt Nutrition und Vitamin Stores. In Deutschland setzt sich das irgendwie nicht durch – aber in Amerika ist es normal, dass man seine Ernährung ergänzt. Eiweißpulver sollte ich zu mir nehmen – täglich mindestens vier Shakes! Dazu Vitamintabletten.

Die deutsche Marke Centrum enthält vielleicht 20 Vitamine und gute Dinge, die auf der Packung aufgelistet sind. Amerikanische Vitaminpräparate von GNC für Männer dagegen bestehen aus kleinen, in Plastik eingeschweißten Tagesrationen – Mega Man Performance oder Mega Man Sports, jeweils fünf oder sieben Tabletten. Ja, Sie lesen richtig: fünf oder sieben Tabletten, dazwischen kann man wählen, und jede dieser Pillen hat das Zigfache an Inhalt wie am deutschen Markt erhältliche Vitamintabletten.

Bei Krebs oder HIV – ja, da werden in Deutschland auch schwere Geschütze aufgefahren. Meine Großmutter hatte am Ende ihrer Tage eine Plastikbox mit Fächern, die von Montag bis Sonntag beschriftet waren. Dort wurden dann die Pillen hineingezählt. Dass so ab jetzt mein Alltag aussehen könnte – schwer zu glauben! Wenn ich mit diesen Rationen nach Deutschland einreise, dachte ich mir, würden alle meinen, dass es jetzt bald so weit sei mit der Tablettensucht oder einer anderen bösen Krankheit und dass meine letzten Monate angebrochen seien – aber hier ist das erst der Anfang.

Nahrungsergänzungsmittel unterteilen sich in Vitamine und Zusatzergänzung, Sportergänzung, Proteinprodukte, Diätmittel, Körperentschlackung, sexuelle Stimulation (kein Viagra!), Naturpräparate und Energieunterstützung. Dann natürlich noch die Schönheitssparte! Das alles unterscheidet man in Männer- und Frauenprodukte.

Meine Mutter war auch zu Besuch in New York, wir besuchten einen Vitamin Store. Fast erschrocken wurde die Verkäuferin auf uns aufmerksam, und im Unterton dezent vorwurfsvoll sagte sie zu mir: „She needs Calcium, honey!" Ihre Betonung lag auf „needs". Als würde ich meine Aufsichts- oder Vorsorgepflicht verletzen, wurde mir erklärt, dass meine Mutter Vitamine und Calcium bräuchte. „Every day!", wie ausdrücklich betont wurde.

Dahinter steckt noch ein anderer Grund. Amerikaner gehen nicht einfach so zum Arzt. Oft haben sie keine Krankenversicherung bzw. können nur zu gewissen Ärzten gehen. Also liegt viel mehr in der eigenen Verantwortung. Durch Ergänzungsmittel wie zum Beispiel Calcium werden Knochen gestärkt, Osteoporose verhindert und so weiter. Wenn ein älterer Mensch fällt, regeneriert sich ein Knochen, der mit Calcium und diesen ganzen Präparaten gestärkt ist, viel besser. Wer es sich leisten kann in den USA, legt Wert auf diese Mittel, und das macht auch durchaus Sinn. Der Vergleich zu einer deutschen Calciumpille zeigt aber auch hier – Amerikaner empfehlen die fünffache Menge an Calcium als Kur zweimal pro Jahr, anstatt jeden Tag ein bisschen zu sich zu nehmen, wie es hier in Deutschland propagiert wird.

Durch die Produktauswahl ist es auch leichter, eine Tablette zu finden, die einem schmeckt – gerade bei den Shakes, die man als aktiv Sporttreibender zu sich nehmen sollte, gibt es unzählige Geschmacksrichtungen. Eine Plastikbox mit Shake-Pulver für Eiweiß erinnert an Kanister, die jegliche Dimensionen von Verpackung in Europa vergessen lassen: Drei Kilo als Pulver ergeben gefüllte Zehnliter-Plastikeimer, und davon hat man drei oder vier

Geschmacksrichtungen bereitstehen. „Buy 2, get 3!" lautet die Devise. Und schon ist die Küche voll.

Man kann die Sorten durchprobieren, und die Vielfalt entzückt: Chocolate, White Cream Cranberry, Dark Chocolate, Strawberry und vieles mehr. Allein bei der Produktsorte Protein gibt es die Auswahl zwischen über zehn Geschmacksrichtungen. Das reicht aber nicht – denn dazu wird – wie schon erwähnt – Calcium empfohlen, und mindestens zweimal am Tag Fischöl-Kapseln. Nach dem Training sollte man etwas Glutaminpulver zu sich nehmen, um den Muskeln zu helfen, schneller zu regenerieren. Zum Muskelaufbau werden 20 Minuten vor dem Training mit Personal Trainer fünf Pillen der Sorte „Muscle Prototype 216 Next Generation Super Amino Complex" eingenommen.

Außerdem ist es supergesund, einmal am Tag in einem Fruit-Store einzukehren. Für 3 Dollar gibt's dann einen Shot. Aber wer hier an Alkohol denkt: Fehlanzeige. Frisches grünes Gras wird vor den Augen des Kunden geschnitten und ausgepresst. Und ich muss sagen, dies ist wirklich ein Vitamin-Mineralien-Schub. Bisher kannte ich essbares Gras nur für Katzen, die dann besser die aufgeleckten Haare ausbrechen. Aber mit all den Pillen und dem Pulver, dazu vielleicht noch Orangensaft mit Extra-Vitaminen und Milch mit Zusätzen ... man fühlt sich gut und fit.

Das Training mit Personaltrainer ist bezahlte Qual: „Come on, Marco – you can do it!" – „Yes, you are good – two more, come on!", „Great, breathe in and breathe out – believe in you, feel the muscle and breath!" Würde man das nur hören und nicht sehen, so würde man meinen, ich sei gerade mitten beim Sex und würde von meiner Partnerin angefeuert.

Aber es macht glücklich, und wenn man sich später in der Umkleide im Spiegel anschaut, stellt man fest, dass wirklich die Muskeln wachsen. Aber morgens in dieses Studio laufen, um Cardio-Ausdauer zu trainieren und mich in einem Raum mit 60 Personen auf einem Laufband oder Stepper, natürlich mit Musikstöpseln im Ohr, abzuschwitzen, dann zum Job zu hechten – dann kurz eine Mittagspause irgendwo – dann einen Drink einfach so, um dann wieder zum Sport zu gehen und richtig zu trainieren – nein! In diesen Alltag bin ich nie eingetaucht.

Brav esse ich ab und zu Chicken und habe auch zwei Sorten Proteinpulver – Brian grüßt mich und ist freundlich, denn ich könnte ja mal wieder Personal Training buchen, aber ich bin zu meinem eigenen Training zurückgekehrt. Klar sagen mir alle aufmunternd: „You lost weight!" und „Marco, where is your discipline?" Aber wenn ich trainiere, dann macht es mir fast mehr Spaß, den Männern und Frauen zuzusehen, wie sie sich anschreien lassen und später am Spind ihr Pulver anrühren. Mehr als zwei- bis dreimal pro Woche trainieren, Chicken essen, Pillen schlucken und ab und zu mal einen Shake möchte ich einfach nicht. I am so European!

Im Sommer ist New York unendlich heiß – als Europäer versucht man am Anfang ohne Air Condition auszukommen, aber das hält man nicht lange durch. Schon ab Mai steigen die Temperaturen, und so ist es am Wochenende schön, rauszufahren in die Hamptons oder auf Fire Island. Wenn man dann dort mit freiem Oberkörper am Strand liegt oder Volleyball spielt, bekommt man die Quittung dafür, nicht genügend Chicken gegessen, nicht genügend Eiweiß-Shakes getrunken zu haben – und die Frauen und Männer können sofort sehen, wer mit welcher Energie und Disziplin trainiert, es sich also selbst wert ist, etwas für den Körper zu tun. Andere haben immer mehr Muskeln, und andere sehen auch in weißen Hemden und Beach-Hosen noch sexier aus und scharen mehr Leute um sich herum. Aber als Europäer kann man punkten, weil man zwar in einem Manhattan-Lifestyle steckt, aber trotzdem aus Europa kommt – „that's cool, even if you lost discipline, honey", hat man mir mal verraten!

Kreativität

Was verstehen Sie unter Kreativität? Wie entspannen Sie? Nach einem anstrengenden Geschäftstag kommen Sie nach Hause und sind froh, endlich Ruhe zu haben. Der Fernseher wird angemacht, privat werden noch einmal die E-Mails gecheckt, vielleicht wartet auch schon die Frau mit einem gemeinsamen Essen, oder es steht eine Verabredung mit Freunden an – vielleicht turnen auch die Kinder schon am Gartenzaun und freuen sich, dass Papi nun endlich zu Hause ist:

Wenn Sie entspannen, woran denken Sie?

Vielleicht am Computer mit Photoshop die Urlaubsbilder bearbeiten? Oder Musikfiles aufs Handy überspielen und dabei die mp3s durchsortieren? Oder haben Sie einmal überlegt, mit Ihren Kids ein Spiel zu bastelt oder Ihrer Liebsten eine Collage anzufertigen? Was wurde mit Ihnen als Kind gemacht, wie wurden Sie begeistert? Haben Sie jemals an einem Fluss ein Wasserrad gebaut und mit Grashalmen oder Sträuchern so für Stabilität gesorgt, dass sich das Rad im Wasserstrom wirklich drehen konnte? Oder den obligatorischen Drachen, der natürlich nie so gut flog wie ein gekaufter? Oder einen Korb aus Binsen geflochten? Es war das Gefühl, etwas selbst zu bauen und entstehen zu lassen.

Oder haben Sie schon mal aus Gänseblümchen einen Armreif gezaubert? Damit habe ich neulich wirklich bei einem Date gepunktet – es wurde gerade Frühling, und die ersten Gänseblümchen wuchsen auf der Wiese – irgendwie habe ich auf einmal an früher gedacht, als ich meiner Mutter irgendwo beim Durchstreifen von Wiesen und Feldern einen Blumenstrauß gepflückt hatte. Ich meinte: „Lass uns doch mal ein Gänseblümchen-Armband basteln", und so haben wir Gänseblümchen mit möglichst dickem Schaft gesucht – das war im Frühling gar nicht so einfach. Dann habe ich mich auf den Bordstein gesetzt und mit den Daumennägeln den Blumenschaft eingeritzt – dann diesen leicht zerteilt, sodass ein Loch entstanden ist. Da wurde dann das nächste Gänseblümchen durchgezogen, bis die Blumen schließlich einen Armreif ergaben.

Das Gefühl, das zu tun, war irgendwie komisch – als wäre ich nochmal ein Kind. Auf einmal schossen die Erinnerungen an früher durch den Kopf und die Erfahrung, dass Butterblumen und auch Buschwindröschen gepflückt gar nicht lange halten und auch in einer Vase mit Wasser schnell den Kopf hängen lassen. Aber der

Moment war sehr vertraut, und gleichzeitig hat er Verwunderung hervorgerufen. „Hast du das früher immer gemacht?", „An wen hast du gedacht, wenn du so etwas gemacht hast?" Das war ein verdammt intimer Moment, und später wurde mir ins Ohr geflüstert, dass das mit den Gänseblümchen ein ganz besonderer und schöner Moment gewesen sei.

Derzeit boomen Spielzeuge für Erwachsene. Als Kind hatte ich Legosteine. Da gab es zwei Lager: Playmobil oder Lego? Spielkameraden aus dem Kindergarten hatten natürlich viel mehr Playmobil als ich – wenn alles fertig aufgebaut war, hat die Mutter morgens versehentlich dagegengetreten, und der ganze Plastikkram flog durcheinander. Nachmittags haben wir Kids dann die Ritterburg, das Indianerfort et cetera wieder aufgebaut. Bei mir zu Hause gab es Lego, und ich war besonders stolz auf meine Eisenbahn. Immer wieder wurden die Schienen neu verlegt, der Bahnhof umgebaut und die Wagen der Bahn neu gestaltet. Ich hatte nie so viele Steine, dass alles auf einmal gebaut werden konnte. Immer musste ich etwas auseinandernehmen, um etwas Neues entstehen zu lassen. Heute hat sich Lego auf besondere Technik spezialisiert. Da können Roboter oder Fahrzeuge gebaut werden. Die Erwachsenen-Reihe hat mit der Kids-Serie nicht viel zu tun. Und trotzdem wird der kreative Impuls geweckt. Wo sonst darf man kreativ sein, und was gibt mir das?

Erschreckend sind doch in Deutschland die sogenannten Junggesellen-Abschiede. Der zukünftige Bräutigam lädt alle seine Freunde ein. Dann muss er sich verkleiden. In der abgeschwächten Version vom Dorf muss man eine Brücke fegen – oder den Marktplatz. Die Tradition will, dass das ganze Dorf sieht, dass dieser Mann nun vergeben ist. In der Großstadt wird daraus ein Klamauk. Der Heiratswillige läuft, lächerlich zur Schau gestellt, durch die Stadt. Eine andere Version gibt vor, dass möglichst viele Süßigkeiten an Fremde verkauft werden sollen. Eigentlich geht's aber darum, möglichst besoffen zu sein und ein Bier nach dem anderen hinunterzukippen. Sowieso hat man das Gefühl, wenn man am Abend weggeht, gibt es für Deutschlands Männer nichts anderes als Alkohol. Sie schreien und saufen – sprechen über Sexfantasien und vielleicht noch vom fetten Auto. Dieses allerdings könnte man sich ebenso gut einmal für 79 Euro ausleihen, um dann durch die Landschaft zu brausen, sich den Wind um die Ohren pusten zu lassen und seinen Gedanken nachzugehen. Ich habe erlebt, dass Mann am Abend ganz ohne Probleme 100 bis 200 Euro für Alkohol ausgibt – macht das glücklich?

Was bleibt, ist ein Brummschädel, aber keine Zufriedenheit. Denken Sie einmal nach, was Kreativität an Zufriedenheit bringt. Jeder von uns kennt das Gefühl, nach Anleitung ein Ikea-Möbelstück aufgebaut zu haben. Gibt es eine Möglichkeit, in Ihrer Wohnung etwas zu verändern und zu bauen? Fahren Sie in den Baumarkt und lassen Sie sich inspirieren. Gestalten Sie ein Möbelstück, streichen Sie Ihre Wände in einer anderen Farbe – oder renovieren nun endlich Ihre Wohnung, was Sie eigentlich schon immer vorhatten. Oft sind diese Dinge nicht mit viel finanziellem Aufwand verbunden – es fehlt lediglich der Anstoß, der Kick, nun mal etwas zu schaffen, wo es doch auf dem Sofa vor dem Fernseher viel gemütlicher ist. Dazu ein Bier und Chips – ein perfekter Abend nach einem anstrengenden Arbeitstag.

Aber denken Sie nach: Sind Ihre Arbeitstage nicht oft eintönig und unkreativ? Eigentlich machen Sie seit Jahren schon dasselbe und würden gerne ... na, was eigentlich? Versuchen Sie durch Veränderungen im Alltag Ihrem Leben einen neuen Impuls zu geben. Aktiv sein – jeder von uns hat Wünsche und Pläne in seiner Umgebung. Fürs Zuhause habe ich eben Beispiele genannt – oder gibt es einen Ort, den Sie immer schon einmal bei einem Ausflug sehen wollten? Auf geht's. Mit dem Fahrrad die Umgebung erkunden. Auch wenn Sie schon alles kennen, besuchen Sie doch mal wieder die Orte Ihrer Kindheit. Radeln Sie zu Ihrer alten Schule. Klar fahren Sie dort vielleicht jeden Tag mit dem Auto vorbei – aber nun einmal ganz bewusst mit dem Fahrrad dorthin fahren, wo Sie als Kind tagtäglich waren. Genießen Sie die Augenblicke und denken dabei an früher. Wenn Sie vielleicht auf dem alten Schulhof entlanggehen – gibt es Ihr Klassenzimmer noch oder etwas

Besonderes, an das Sie sich erinnern? Merken Sie nun, wie Sie eigentlich viel zu häufig Ihr Leben einfach so in Alltäglichkeit an sich vorbeirauschen lassen? Werden nun Ideen wach und frei, die Ihnen aufzeigen, was Sie gerne verändern möchten?

Gehen Sie zum Psychologen

In Amerika haben ganz viele Menschen einen persönlichen Psychologen. Das ist Standard, man bespricht seine Anliegen mit seinem Analytiker. Bei diesem deutschen Gefühl: „Ich muss da etwas verändern, weiß aber nicht so ganz, was und wie" hätte Ihnen Ihr Psychologe schon längst auf die Sprünge geholfen. Ich war da – für Sie und natürlich für mich: Ich, Marco, dem Medienbereich entflohen, keine Lust mehr gehabt, sitze bei einer Psychologin in New York. Wer bist du, was hast du gemacht? Alles wird hinterfragt. Was wollten deine Eltern, dass du werden sollst? Was für Vorstellungen hatten deine Eltern, wie du als ihr Kind einmal leben musst?

Wie empfindest du dein Leben? Was findest du toll an dir? Wo überzeugst du andere, und wo sehen andere in dir etwas, was du gar nicht selbst erkennst? Und so weiter. Natürlich sind die Antworten ganz spannend, denken wir doch nicht immer darüber nach – obwohl die Fragen und Antworten ganz einfach sind. Mit den Eltern, das ist schnell überwunden – oder haben Ihre Eltern das Leben gelebt, was von wiederum deren Eltern vorgesehen oder gar gewünscht wurde? Ich habe einmal herumgefragt, und ich habe niemanden getroffen, bei dem die Eltern das Leben so gestaltet und gelebt und sich so entwickelt haben, wie es deren Erzeuger-Generation sich gewünscht hatte. Also fuck off, würde der Ami sagen – und wie toll ist das Gefühl zu erkennen, dass die Wünsche, Ansprüche, Gedanken, Ängste und auch Träume, die Ihre Eltern immer wieder äußern, für Sie irrelevant sind: Hier rein – da raus.

Eine Super-Übung bei der Psychologin verdeutlicht den Ursprung von Differenzen und Hindernissen gleichermaßen. Sie können familiäre Differenzen oder Probleme lösen und der Frage auf den Grund gehen: Warum verstehe ich mich mit meinem Vater/ meiner Mutter nicht, und warum muss man sich immer wieder streiten?

Stellen Sie zwei Stühle in den Raum. Wie weit erinnern Sie sich zurück in Ihrer Familie – wie heißen Ihre Eltern mit Vornamen? Dann fangen Sie bei einem an. Als Beispiel nehme ich nun mal den Vater, denn es kommt ja in vielen Vater-Sohn-Beziehungen zu dezenten Differenzen. Jetzt werden sie gelöst:

Jürgen heißt mein Vater. Wie heißt dessen Vater? Heinrich, lautet meine Antwort, mein Großvater. So viel weiß ich natürlich noch. Nun noch eine Generation zurück – das ist wichtig, um die Probleme sogleich ganz schnell zu lösen. Sie kommen ins Grübeln? Wie hieß der Vater Ihres Großvaters?

Die Psychologin schaut mich an. Ich könnte erzählen, in welchem Lebensumfeld er zu Hause war, ich weiß ja auch noch die Geschichten von meinem Großvater, von seinem Job sowie einige Kriegserzählungen. Tja, aber wie er mit Vornamen hieß? Ich glaube, Wilhelm. „Wilhelm", sagt die Psychologin und findet den Namen verdammt „nice". Sie fragt mich, warum ich nicht Wilhelm Marco heiße. Nun ja, eigentlich bin ich froh, nicht diesen Namen tragen zu müssen. Jedenfalls geht sie noch eine Generation zurück, da ich mich an die Lebensumstände auf dem Land von diesem Wilhelm erinnern kann. Aber noch eine Generation davor? Ich muss passen und fühle mich schon das erste Mal schlecht. Habe ich wirklich bei so vielen Geburtstagen, als ich, der kleine Marco, auf dem Teppich und unterm Tisch bei diesen endlos langweiligen Familientreffen gespielt habe, nicht richtig zugehört?

„You are so nice, you know your family very well", ermuntert mich die Psychologin. Nun muss ich mich auf den einen Stuhl setzen und mir vorstellen, dass der kleine Wilhelm (der Vater meines Großvaters) mir gegenübersitzt.

Was hat der Vater dieses Wilhelm seinem Sohn weitergeben wollen? So lautet die Frage, die ich laut formulieren soll. Tja, Lebensumstände habe ich gesagt, Werte, die damals so vermittelt wurden, Gepflogenheiten, Benehmen und so weiter. „So cute", die

Psychologin ist begeistert. Dann muss ich den Stuhl wechseln und mir vorstellen, ich sei der kleine Heinrich. Welche Gedanken gehen dem kleinen Heinrich im Kopf herum, was er seinem Vater sagen möchte, damit dieser sich verstanden fühlt?

Dann wechseln Sie wieder den Stuhl, nehmen Platz und stellen sich vor, Sie seien Ihr Vater. Was hat der kleine Jürgen vom alten Heinrich gesagt bekommen – was war Heinrich wichtig, das der kleine Jürgen für das Leben mit auf den Weg bekommen muss?

Dann wieder den Stuhl wechseln und sich vorstellen, Sie sind der kleine Jürgen, Ihr Vater also. Was hat Ihr Vater seinem Vater als kleiner Junge erzählt, wie er die Welt sieht und was er möchte, wovor er Angst hat und welche Wünsche und Tugenden es gibt?

Sie ahnen, was kommt. Man fängt an zu heulen, und man heult, weil man das Spiel, für das man auch noch bezahlt, nun anfängt zu durchschauen. Als nächstes ist es nämlich die Aufgabe, sich in den eigenen Vater hineinzuversetzen. Was hat er Ihnen mit auf den Weg gegeben, welche Tugenden, welche Träume, was hat er Ihnen beigebracht, was hat er Ihnen vorgelebt, und wie hat er es erklärt – tja ... und am Ende bezahlen Sie bei dieser Sitzung garantiert zwei Stunden Psychologin, davon 78 Dollar, damit Ihnen beim Heulen jemand zuschaut.

Ich glaube, bei Frauen muss das mit den weiblichen Vorfahren genauso gehen. Das meint zumindest die Psychologin und stellt nüchtern fest, dass sich Zeiten ändern – und mit ihnen die Wünsche andere werden. Ziele im Leben ändern sich, und vielleicht trägt der Vater oder die Mutter gar keine Schuld an irgendetwas, worüber Sie selbst nachdenken oder womit Sie selbst ein Problem haben – vielleicht ist Ihr Problem mit den Eltern ein Konflikt, der schon mit der Sozialisation, der Erziehung, dem Aufwachsen, der Generation Ihrer Eltern zusammenhängt.

Der Himmel klärt sich – irgendwann sagt die Psychologin, dass die Sitzung nun zu Ende ist und man darüber noch einmal daheim nachdenken soll. Und ich schwöre Ihnen, in den nächsten Tagen müssen Sie nicht mehr weinen und tun sich selbst auch nicht mehr leid, sondern das Ganze gibt Ihnen Kraft („Familienaufstellung" nannte sich das übrigens). Kraft, sich selbst anders einzuordnen. Und da gibt es noch andere nette Spiele, die Ihnen so manche Schleier vertreiben.

In der nächsten Psychostunde ging die Psychologin mit mir in den Central Park – die Aufgabe war, sich einfach auf eine Wiese zu legen und noch einmal über die Gedanken von letzter Woche zu sprechen. Dann sollte ich das Gras fühlen und spüren, wie ich selbst im Leben angekommen bin. Das Gras riechen sollte ich und meine Arme ausbreiten. Den Grund und Boden fühlen, wie ich da so liege, und den Rest des Tages merken, wie ich auf diesem Boden und der Erde gehen soll – fest mit beiden Beinen. Schritt für Schritt. Und auch Schritt für Schritt meinen eigenen Weg gehen. Endlich ich. Nicht den Weg meines Vaters oder meiner Familie. Die kommen vielleicht hinterher. Aber zu jedem Zeitpunkt Ihres Lebens sollten Sie Ihren eigenen Weg beschreiten. Wenn andere mitkommen – im besten Fall eine Partnerin oder ein Partner an Ihrer Seite geht und steht: Glückwunsch. Aber vergessen Sie nie Ihren Weg, denn dazu ist das Leben dann doch zu kurz.

Wieder habe ich 78 Dollar bezahlt – aber von diesem Tage an war ich irgendwie freier, und die Gedanken, was kommen soll und wo ich nun als Nächstes hingehe – die sprudelten nur so aus mir heraus!

Morning Pages

Ganz beliebt in den Staaten und Bestandteil jedes Creative Circle oder jedes Schauspielkurses sind sogenannte Morning Pages. Morgens, wenn man erwacht, ist das Hirn klar. Wir gehen oft nachts ins Bett mit Gedanken, die sich nicht bündeln lassen, nehmen uns dieses oder jenes vor für den morgigen Tag. Und dann kommt der nächste Tag, und man ist so klar, dass die Probleme von gestern erst gar nicht vor die Augen kommen – man frühstückt, geht ins Bad und dann sitzt man vielleicht am Schreibtisch und denkt: Da war doch was gestern Abend, was ich unbedingt tun sollte. Am Abend zuvor hatte man sich etwas vorgenommen und nun, voller Tatendrang, sind die Dinge, die einem gestern noch vor den Augen standen, wie weggeblasen und werden dann so höchstens am Tag nebenbei mit erledigt.

Wenn Sie aber morgens aufstehen oder sich einen Wecker stellen, um vor Ihrem festen Tagesablauf einfach nur mal ein Glas Wasser zu trinken und Morning Pages zu schreiben, anstatt gleich in die tägliche Routine zu starten und zur Arbeit zu hetzen – dann sprudelt Ihre Kreativität. Direkt nach dem Aufwachen einen Zettel und einen Stift zur Hand nehmen, um die aktuellen Gedanken aufzuschreiben – das wirkt Wunder.

Am Anfang sitzen Sie vor dem Paper, verschlafen, und kritzeln irgendetwas aufs Papier – schreiben Sie: „Ich will mich entdecken und soll kreativ werden." Am zweiten oder dritten Tag schreiben Sie vielleicht noch dasselbe. Dann aber, ich habe es überall nachgelesen, aber auch selbst erfahren, sprudelt es aus Ihnen heraus. Ihre Gedanken fangen an, sich zu bündeln. Sie konzentrieren sich auf einmal auf Dinge, die in Ihnen stecken – sei es, dass Sie auf den Traum eingehen, den Sie nachts geträumt haben – sei es, dass Sie die Termine des Tages in Gedanken durchgehen.

Der Vorteil dieser Morning Pages ist, dass Sie sie wie ein Tagebuch niemandem zeigen. Ein Tagebuch aber schreibt Vergangenes, bereits Gelebtes auf. Und wer möchte schon immer am Gestern und am bereits Gelebten hängen und das dann auch noch aufschreiben?

Konzentrieren Sie sich doch lieber auf, was vor Ihnen liegt. Was möchten Sie tun, wo und wie möchten Sie leben? Worauf möchten Sie sich konzentrieren, und was ist Ihnen wichtig?

Früh am Morgen werden Sie auf einmal sehr kreativ. Wichtig ist, dass das einen festen Platz bei Ihnen einnimmt – und dass Sie die Zeit begrenzen. Sie sollen nicht zum Tagträumer und Hobbyliteraten werden. Setzen Sie sich fest 30 bis 45 Minuten hin, am Anfang müssen Sie sich zwingen, später stehen Sie freiwillig und schon mit Lust auf, um Ihren Gedanken einmal freien Lauf zu lassen. Danach steigen Sie in Ihren festen Tagesablauf ein – Sie gehen ins Bad und machen sich für den Tag fertig, setzen Ihren gewohnten Kaffee auf oder essen Ihr Frühstück mit oder ohne Rührei. Auf diese Weise schaffen Sie es, dass auch in Ihrem Alltag ein Zeitfenster geschaffen wird, in dem Sie etwas Neues im Leben einführen – und es verwirklichen. Und es wird Ihnen aufzeigen, dass Veränderungen möglich sind. Formulieren Sie am Anfang nämlich nur Gedanken und wilde Überlegungen, so werden daraus im Laufe der Zeit konkretere Pläne.

Das von Ihnen Aufgeschriebene zieht sich in den Tag hinein – wenn Sie morgens neue Ideen für sich selbst formuliert haben, dann funkeln diese Gedanken am Tag in Pausen oder auch unkontrolliert einfach so auf. Sie sind in Ihrem Geschäfts- und Berufsalltag, und auf einmal erleben Sie, wie ein Gedanke vom Morgen auf einmal wieder präsent ist. Ganz unbewusst verfolgen Sie Ihre Ideen, und diese werden so immer konkreter – denn das Unbewusstsein arbeitet weiter. Deswegen entstehen ja auch Träume – sie sind die Verarbeitung des Erlebten. Probleme seelischer Art klären sich in Träumen. Ängste werden hier verarbeitet, Probleme bewältigt.

Nutzen Sie die faszinierende menschliche Psyche und die Wirkungsweise von Gedanken, um Ihre Kreativität wiederzuentdecken und weiterzuentwickeln.

Setzen Sie sich konzentriert hin und schreiben Sie auf, was Ihnen gerade durch den Kopf geht: Was empfinde ich, wie fühle ich mich, was möchte ich tun? Wichtig ist dabei, dass Sie Ihre Gedanken nach vorne richten und nicht am Morgen das Erlebte von gestern aufschreiben. Entdecken Sie die Lust auf morgen.

Kennen Sie den Ausspruch: Der macht den zweiten Schritt vor dem ersten? Das bedeutet doch nichts anderes, als dass man schon einmal abwägt, was wäre, wenn dies oder jenes so und so wäre. Was käme dann?

Meine Eltern haben diesen Spruch oft benutzt. Man selbst hat gesagt: „Und nach dem Abitur werde ich dann … " oder: „Jetzt spare ich mein Geld, und dann kaufe ich … " Und kennen Sie die Antwort, die dann kam? „Jetzt mache erst mal dein Abitur – dann können wir weiter überlegen", oder: „Jetzt spare erst mal so viel Geld, und dann können wir uns überlegen, was wir kaufen."

Hallo? Dämmert es Ihnen? Das war früher – jetzt sagen Sie vielleicht, dass Sie eingebunden sind in eine Familie und nicht nur für sich alleine entscheiden können. Oder Sie befinden sich gerade in einer tollen Position, möchten gerade nichts ändern bzw. sehen Schwierigkeiten auf sich zukommen. Aber dem ist nicht so – der wichtigste Satz des ganzen Buches lautet: Es gibt keine Hürde und kein „wenn" oder „dann" – Sie sind in der Mitte Ihres Lebens und konzentrieren sich jetzt bitte mal ganz auf sich selbst: Was möchten Sie tun, und was müssen Sie verändern? Noch ein Grund, warum Sie jetzt darüber nachdenken sollten, ist, dass sich an Ihrer Freiheit nichts mehr ändern wird. Werden Sie älter und ist vielleicht der Partner verstorben oder sind die Kinder aus dem Haus – die finanziellen Belastungen werden nicht geringer, und Ihr Tagesablauf wird sich nicht auflösen. Und wenn Sie selbst nichts mehr machen „müssen", sondern mit Ihnen etwas gemacht wird, d.h. wenn Sie vielleicht im Pflegeheim sind oder gebrechlich, also Ihre eigenen Tagespläne nicht mehr umsetzen können, dann bezweifle ich, dass dann der Zeitpunkt gekommen ist. Dann können Sie zwar Pläne und Wünsche haben, weil niemand mehr Sie daran hindert – aber der leider sind Sie selbst nicht mehr dazu in der Lage, diese umzusetzen, und andere Menschen warten nicht unbedingt darauf, Ihre Wünsche zu erfüllen.

Also sollten Sie Ihre Wünsche und Träume und das, was Sie unbedingt machen wollen, jetzt umsetzen. Keine Ehefrau, kein Bankkredit, keine Kinder, kein Haus, kein Garten kann Sie daran hindern. Kein „wenn" und kein „aber".

Schütteln Sie jetzt den Kopf? Nehmen wir das vielleicht krasseste Beispiel einer Familie – Sie haben zwei Kinder, und Ihr Haus ist mit einer Hypothek belastet. Ganz pragmatisch gibt es hierfür die sogenannte Düsseldorfer Tabelle, die Ihnen vorschreibt, wie viel Sie für die Kinder bezahlen müssen, wenn Sie sich trennen. Ihre Bankverpflichtungen kennen Sie auch – also wo ist das Problem?

Sie selbst sind das Problem. That's it!

6. Kapitel

LEVERAGE YOUR LIFE!

Lernen, Beauty und Genuss

Ihre Morning Pages sind also dazu da, herauszufinden, was Sie gerne einmal machen möchten, unabhängig davon, was Sie derzeit tun. Sind Sie nun mutlos, so kann ich Ihnen ein paar einfache Beispiele aufzeigen, was ein Mann vielleicht alles im Leben möchte. Egal ob in Berlin oder in New York.

Das im Wort „Leverage" heißt übersetzt „Hebel" und kommt aus dem Finanzsektor: Hebelwirkung. Ich „hebele" meine Möglichkeiten! Ich verstärke sSie – Turbo sozusagen, und das kommt doch gut: Porsche und Ferrari für alle!

Wenn Sie Aktien kaufen, dann gibt es eine Wertentwicklung – entweder schwankt ein Aktienkurs nach oben oder unten.

Diese Schwankungen und dementsprechend auch die Möglichkeiten eines Verlustes oder Gewinns sind begrenzt. Deswegen wurden diverse Hebelprodukte eingeführt, die Chancen und Risiken ins nahezu Unermessliche steigern. Diese wurden anfänglich in Amerika entwickelt. Gut. Dies gehört nicht hierher – wozu es geführt hat, kann man derzeit an den Finanzmärkten gut beobachten. Fest steht jedenfalls, dass, wer aufmerksam in diesen Geschäften unterwegs war und die Märkte durchgehend beobachtet hat, um auch im Falle des Absturzes das Produkt wieder abstoßen zu können, der hat mit geringem Einsatz ein Vielfaches von seinem Einsatz verdient.

Beziehen wir den Ausdruck des „Hebels" auf unsere Lebenssituation: Man muss nicht jeden „ersten Schritt" machen, um dann festzustellen, dass einem das Resultat nicht passt – wir können abwägen, überlegen und nachdenken, uns Vor- und Nachteile vor Augen führen, um dann überlegt zu handeln.

Eingriffe in den normalen Alltag haben Konsequenzen. Bestes Beispiel: Berlin, Prenzlauer Berg. Kinderlose Paare. Die Frau, schon dezent zu alt, geht zum Arzt und hilft mit künstlicher Befruchtung oder Hormonspritzen nach. Das Paar steht mitten im Leben – um das Leben zu gestalten, müssen sie niemanden fragen, und sie müssen sich niemandem erklären. Da steht der Kinderwunsch, und dann wird über das Wie nachgedacht. Das Ziel ist das Kind – erst danach überlegt man sich, wie es realisiert wird, und ein Blick auf die Straße am Samstagvormittag genügt: Doppelkinderwagen!

Doppelkinderwagen sind der Beweis für den zunehmenden „Hebel" im Privaten – 100 Prozent mehr – das ist im Finanzsektor schon nicht schlecht. Anstatt eines Kindes gibt's gleich zwei. Doch es wurde nachgeholfen – warum aber helfen wir so selten nach, warum beeinflussen wir so selten die eigenen Wünsche und Bedürfnisse? Die Eltern mit Doppelkinderwagen sind sehr glücklich. Die Gesellschaft lästert zwar, aber die Frauen strahlen, wenn sie mittags in einem Straßencafé sitzen und den Kinderwagen schaukeln, die Väter tragen ihre Kids im Falltuch um den Bauch geschnallt, und händchenhaltend schlendern sie mit ihrer Partnerin über den Kollwitzmarkt, um ökologisch angebautes Essen zu kaufen.

International wird dieser demografische Sektor als LOHAS (Lifestyle of Health and Sustainability) bezeichnet, und laut dem Natural Marketing Institute ist diese Gruppe inzwischen auf 50 Millionen Menschen (ein Sechstel der US-Bevölkerung) angewachsen. Im derzeitigen Green-Boom werden Yoga, biologische Kosmetik, Nahrungsmittel, Ökotourismus und Kleidung aus biologischer Baumwolle hier zugeordnet.[1] In Deutschland wird über besonders auffällige Stadtteile gelästert. In Hamburg ist es der Isemarkt – und in Berlin wird in Prenzlauer Berg daheim harmonisch gekocht, und abends kommen Freunde. Man wohnt in tollen, gut sanierten Wohnungen.

Die Gesellschaft erfindet Schimpfwörter und spricht von Pregnant Hills – Enklave am Prenzlauer Berg – aber hallo? Da haben sich einmal zwei Personen Gedanken über ihre Zukunft gemacht; da wird einmal ein Arbeitsalltag durchbrochen, und man hat sich gefragt, was fehlt in unserem Leben. Die Antwort war: Es fehlt ein Kind ... also wird eins gezeugt. Man macht aber den zweiten Schritt vor dem ersten. Am Anfang steht die Überlegung, was zum Glück noch fehlt, und dann wird gehandelt – auch wenn damit Veränderungen verbunden sind!

Alles, überall, jederzeit: Leverage in New York

New York fasziniert – zumindest auf den ersten Blick: Alles ist möglich, alles gibt es zu kaufen, und jeder denkt, man könne sich verwirklichen. Möglichkeiten pur! Hebeleffekte überall: Wolkenkratzer, Superlative, die Lichter gehen am Time Square niemals aus, Shopping pur, eine Vielfalt an Lebensentwürfen. Was fasziniert den Manhattan-Besucher, wenn er nach New York fliegt?

---

1) Pernick/Wilder (2007): *CleanTech – der saubere Börsenboom*. Kulmbach: Börsenbuch AG. S. 44/45.

„Buy 2, get 3" – „30 % discount today", blinkt es am Bildschirmrand auf, „only 2 days left: safe shipping costs!" Groupon.com sowie viele andere Discount-Pages haben sich darauf spezialisiert, tagtäglich Angebote aus genau meiner Umgebung zusammenzustellen. Man meldet sich auf der Seite an und erhält dann täglich entsprechend seines ZIP-Codes, der Postleitzahl, die Angebote: Pizza billig, Essen für drei Personen, wobei nur zwei bezahlen, ein besonderes Mittagsmenü und dazu kostenlos ein Glas Wein, die Pediküre in meiner Parallelstraße kostet heute nur 5 Dollar, und selbst die Metropolitan Opera bietet besondere Schnäppchen über diese Seiten im Internet an: Durchaus ein Gewinn, und überschüssige Kapazitäten werden genutzt – bevor die Plätze frei bleiben, verkauft man sie lieber für 20 Dollar, bevor niemand zum Essen in ein Restaurant kommt, gibt man lieber ein Glas Wein dazu. Bevor man viel Geld in Anzeigen steckt, bietet man einen richtig unwiderstehlichen Discount – so kommen zumindest Leute. Man kann mit den Produkten, dem Essen, der Kultur et cetera überzeugen und erhält immerhin noch ein bisschen Geld. Außerdem hat man die E-Mail-Adresse des Kunden und sofort Anschluss-Kontaktmöglichkeiten.

Da dieser Mechanismus aber inzwischen nichts Neues mehr ist, wird die Verlockung, etwas zu machen oder zu kaufen, weil es günstig ist oder günstiger als sonst, sehr selten wahrgenommen. Als Tourist stürme ich aber die Angebote und bin begeistert! Auf zu Century21 – das am Ground Zero gelegene Geschäft ist wohl die weltweit größte Resterampe. Massen von Menschen wühlen sich durch alles. Da die USA ein großer Markt sind, gibt es dementsprechend auch viel Überproduktion oder Ware, die aus Insolvenzen aufgekauft wird. Hier findet man alles! Aber nicht unsortiert wie in Resteverkäufen in Deutschland, wo DDR-like mal Bananen, mal Freizeitanzüge und mal eine Palette Tischgrill-Sets angeboten werden, mal aber auch nur Strümpfe in schwarz oder Damenslips – hier findet man alles. Es ist ein komplettes Kaufhaus! Amerika-typisch findet sich am Eingang eine Kosmetik Abteilung, und dann kann man sich durch die gesamten Stockwerke shoppen. Hier geht man hin: Als Einwohner Manhattans kann man hier sehr gut Bettwäsche kaufen und Handtücher. Als Tourist ist man mehr als beglückt, für Männer kosten die beliebten Calvin-Klein-Boxershorts 13,99 Dollar, und schwarze Business-Socken gibt's gleich im 12er-Pack für 4,99 Dollar, ebenso die passenden Sportsocken von Adidas im Megapack. Die im Eingang ausgegebenen Einkaufskörbe, die sich rollen lassen, sind schnell voll. So manch ein Tourist dreht fast völlig ab und hat am Ende sogar zwei Körbe gefüllt, dazu Nippes, der irgendwann sowieso auf dem Flohmarkt landet – aber hier zu shoppen ist ein Hit! Die Rechnung am Ende übersteigt jegliche Socken- und Unterwäsche-Rechnung, die man jemals daheim bezahlt hat, aber egal. Man hat nun 30 Paar Socken und 20 neue Unterhosen – es war so billig!

Die Touristen merken gar nicht, dass sie hier die Sachen von vor zwei Jahren kaufen – egal, alles wird weggeschleppt, sogar am Tag während der Verkaufszeiten müssen die Mitarbeiter die Regale neu nachfüllen – so viel Ware wird hier umgesetzt!

Dann die Museen – das MoMA, das Guggenheim, das Whitney Museum, das Museum für Jazz und so weiter. Komme ich als Tourist nur ein paar Tage, so muss ich mir Gedanken machen, was ich gezielt auswählen sollte.

Wie sieht ein typischer New-York-Besuch aus?

Am ersten Tag wacht man aufgrund des Zeitunterschieds hier in Manhattan ganz früh auf – wegen der sechs Stunden Zeitunterschied wird man wach, und es ist früh am Morgen. An diesem Tag möchte man den Financial District ansehen. Die Wolkenkratzer, Alt neben Neu. Die Freiheitsstatue wird mit dem Schiff angesteuert, nebenbei schaut man hier und dort in ein Geschäft und hat abends schon genügend Tüten in den Händen. Man muss noch etwas essen und ist begeistert.

Am zweiten Tag stellt man sich an einer Schlange an, um eine Broadway-Show zu sehen. Man kann sich aber kaum entscheiden. Dann auf nach China Town – und eine Tour über die Highline und in den Meatpacking District. Man hat wieder Hunger und schon wieder so viele Tüten in den Händen. Natürlich schaut man rechts und links auf den Bürgersteigen und hat einen Apple Store entdeckt. Wahnsinn! So günstig gibt es hier ein iPad, das iPhone und die Macs – man denkt darüber nach, ob man nicht doch etwas kaufen und einfach die amerikanische Sperre blocken sollte. Dann aber erst einmal einen Kaffee und einen Blick in den Reiseführer, um sich zu orientieren. So entdeckt man, dass um die Ecke noch der Chelsea Market ist. Deswegen wird der Plan für den Museumsbesuch auf morgen geschoben. Man ist eigentlich auch müde, möchte sich kurz im Hotel ausruhen – doch dann geht's schon wieder los zum Broadway!

Spätestens am dritten Tag geht man ins Museum – selbst im Museumsshop wird so viel entdeckt, dass man schon wieder ein paar Produkte kauft. Kurz überschlägt man in Gedanken die Kreditkarten-Ausgaben der ersten drei Tage und stellt fest, dass man mehr ausgegeben hat als vorher eingeplant – aber man beruhigt sich mit der Masse an Dingen, für die man ja nun wirklich in Deutschland wesentlich mehr bezahlt hätte! Dann geht's rüber zur 5th Avenue. Fast erschlagen von Nike-World, SONY und Walt Disney sieht man den Trump Tower und muss noch schnell zu Abercrombie & Fitch. Schon wieder ist man müde und schleppt noch mehr Tüten ins Hotel. Vielleicht schaffen Sie es noch kurz, etwas zu essen – am Abend wird Ihnen klar, dass morgen Ihr letzter Tag ist. Sie wollen auf jeden Fall noch nach Brooklyn, haben irgendwo gelesen, dass der Central Park ganz cool ist – aber Magnolia, die Bakery aus Sex and the City, ist Ihnen wichtiger – oder doch lieber nochmal zu Century21? Und über die Brooklyn Bridge muss man auch gegangen sein – ach, der Besuch war viel zu kurz!

Emotional versunken reißen Sie alle Etiketten von den neuen Klamotten, denn sonst könnten Sie ja bei der Einreise nach Deutschland vom Zoll erwischt werden. Dann entdecken Sie beim Kofferpacken die ganzen Quittungen, und mit Entsetzen stellen Sie fest, dass auf all die Dinge, die Sie eingekauft haben, immer noch 8 Prozent Mehrwertsteuer hinzugekommen sind. Das haben Sie im Billig- und Shopping-Wahn ganz übersehen und immer fleißig unterschrieben. Sofort wird das tolle Gefühl des Schnäppchenjagens getrübt, und Sie beschließen, an Ihrem letzten Abend Fast Food zu essen, da Ihr Budget für diese paar Tage komplett gesprengt worden ist! Sie überlegen beim „letzten" Burger in der Stadt, die letzten selbst entdeckten Geheimtipps sowie – „da war doch noch eine Jeans und ein paar Turnschuhe" – das Resteshoppen kurz vor dem Abflug am nächsten Morgen zu streichen. Sie gehen ins Bett und schlafen immer noch in Gedanken an Ihre Kreditkartenrechnung ein – dann aber am nächsten Morgen hetzen Sie trotzdem noch einmal in die avisierten Geschäfte, um die „Schnäppchen" doch noch zu kaufen. Mit Übergepäck und zwei Einkaufstaschen on top zusätzlich zum Handgepäck geht's zum Flughafen!

So sehen doch die typischen Tage von New-York-Besuchern aus. Zwischendrin ist man noch durch SoHo gehechtet, alles wirkte cool, und das „Hier-muss-man-leben-Gefühl" hat einen gepackt.

Aber es geht wieder heim nach Deutschland, und spätestens, wenn Sie daheim zum Bäcker laufen, sind Ihnen alle Unterschiede klar – denken Sie zumindest. Doch was genau war das Faszinierende, was Sie von diesen Tagen als Tourist in Manhattan mitnehmen?

Es sind die vielen Möglichkeiten, die Sie diese Stadt zu bieten scheint – das Hektische, das Viel zu Viel und das Alles ist Möglich. Sie haben Alles und noch viel mehr. Alles, und das hoch fünf. Genau dieser Hebel nimmt Sie gefangen. Sie haben das Gefühl, dass Ihnen ein Tag in New York so vorkommt wie drei Tage – oder eher eine Woche oder ein ganzes Jahr zu Hause, wo auch immer Sie wohnen! Und Ihre Kreditkartenabrechnung wird Ihnen rechtgeben – ein paar Tage in Manhattan, und das Budget ist erschöpft! Aber Sie haben dieses Gefühl von Allem und Jederzeit, einfach Mittendrin erfahren und genutzt, Sie habe eine Hebelwirkung erlebt – Leverage your Life!

Leverage, die Hebelwirkung für Ihr Leben!

Beim Schlendern durch Manhattan begegnen Ihnen so viele Charaktere, angepasste und schrille, Homosexuelle neben Heteros, skurrile Dinge fallen Ihnen vielleicht auf, verbunden mit effektvollen Blicken über die Skyline, so vielen gelben Taxen und einer Art Lässigkeit. Aber der eigentliche Unterschied zu Deutschland ist dieses Alles-ist-möglich-Gefühl.

Aber nun stellen Sie sich vor, Sie wohnen hier. Die Touristen sind wie Tiere, die man für ein paar Tage irgendwo herauslässt. An der 5th Avenue ist man als Ortsansässiger selten – jedes Geschäft und jede Marke gibt es zigmal in der Stadt – anderswo ist es nur halb so voll wie an der 5th Avenue, und Sie treffen auf keine Touristen. Bei Abercrombie & Fitch am Seaport gibt es dieselben Dinge wie im Flagship-Store an der 5th Avenue … nur dort gibt es den „normalen" Sale von 30 Prozent und keine Schlange vor dem Eingang. Die Touristen an der 5th Avenue hechten von Etage zu Etage, als Einwohner Manhattans aber geht man viel lieber in die Läden zwei Straßen weiter südlich – NoHo, North of Houston Street! Die Geschäfte sind kleiner, und dort gibt es die wirklich hippen Sachen. Ein Tourist hat schon mal von SoHo gehört und rennt sofort hin. Dort schiebt er sich durch vier mal drei Querstraßen, Prince Street, Spring Street und Broom Street zwischen West Broadway und Mercer Street, und ist fasziniert. Samstags gibt es hier einen Straßenmarkt mit Künstlern, die Drucke oder Plakate verkaufen. Als Bewohner dieser Stadt kaufen Sie aber viel lieber eine Straße weiter auf Sullivan bei der französischen Bäckerei ganz tolle kleine Kuchenteilchen oder neben der Hausnummer 200 handgeschöpften Mozzarella-Käse, den es in gesalzen und ungesalzen gibt.

Als Tourist sitzen Sie ja auch müde vom Tag in einem Broadway-Musical, anstatt auf einer kleinen Theaterbühne in Brooklyn wirklich etwas Neues zu sehen, aber als Tourist bezahlen Sie ja auch 300 Dollar für einen zweiminütigen Rundflug um die Südspitze Manhattans mit Blick auf die Freiheitsstatue, anstatt beim nächsten Flug ab JFK oder Newark mit dem Hubschrauber ab der 34. Street East zum Flughafen zu fliegen. Da würden Sie dann nämlich 98 Dollar bezahlen, müssten nicht fünf Stunden vor Abflug los und das ganze Gepäck durch den Feierabendverkehr schleppen;

Sie würden einfach schon am Helikopter-Terminal East 34 Street einchecken und dann direkt ins Flughafengelände einfliegen – Rundflug und Blick von oben auf Manhattan inklusive.

Sie sehen, als Bewohner Manhattans ist man einfach näher dran. Mittendrin, aber nie im Trudel, immer unterwegs und trotzdem nicht müde, leckeres Essen, aber gewusst wo und zu einem guten Preis – zum Beispiel auf dem Rooftop des Standard Hotels in der coolen Area mit Menschen aus der Stadt, anstatt im Restaurant mit fetten Preisen und vorherigem Schlangestehen, weil Sie als Tourist am falschen Eingang gestanden haben. Es gibt nämlich drei Eingänge – man muss halt wissen, wo!

Wenn man mit dem Fahrrad von Nord nach Süd oder in umgekehrter Richtung fährt, dann meidet man den Broadway um den Time Square, da die Menschenmassen beim Fahrradfahren störend sind – all die vielen Dinge, die von den Touristen gemacht werden, zwischen denen ein Tourist sich kaum entscheiden kann, lässt man komplett aus: Man lebt schließlich in der Stadt und kennt die Straßen irgendwann – man kennt die Wall Street, man kennt den Times Square und die Brooklyn Bridge und natürlich auch Century21.

Viel spannender ist es, China Town fernab der SoHo-Meile zu entdecken. Man geht in die kleinen Cafés und isst niemals Magnolia Cupcakes, für die man sich in die Schlange der japanischen knipsenden Touristen einreihen müsste.

Man kennt die Clubs im Underground oder die Bars auf den Dächern der Hotels, um einen Blick nach New Jersey oder Brooklyn zu haben – man weiß, wo in Brooklyn gerade ein cooles Restaurant aufgemacht hat und welche Ausstellungen gerade „in" und neu sind!

In New York ist Kreativität allgegenwärtig. Besonders in Brooklyn entdeckt man in einigen Straßen verkommene Häuser. Man fährt einfach zwei oder drei Subway-Stops weiter, als man müsste, und schlendert dann zurück zu einer der großen Brücken, der Brooklyn Bridge im Süden oder der Manhattan Bridge. Selbst im Gebiet um die Williamsburg Bridge gibt es Straßenzüge, in denen Sie viele kleine Galerien oder Studios finden, oft auch in Garagen oder im Hinterhaus. Hier leben Menschen einfach ihre Kreativität aus. Früher war das auch in Harlem oder im East Village so – die Mieten waren erschwinglich. Kein freischaffender Künstler kann planen, wie viel er in diesem oder im nächsten Monat verdient, also muss die Miete günstig sein – zumal man für die Bilder, Staffeleien und Farben viel Platz braucht.

Inspiration bekommt man in New York an jeder Ecke. Erst einmal sind da die vielen Museen, die auch der Tourist als „must have" auf dem Programm hat. Das Museum of Modern Art zeigt die bekannten Künstler der Moderne. Jeder von uns erinnert sich an die Moderne-Kunst-Diskussionen („Ist das wirklich Kunst?") – inzwischen sind die Werke von Jeff Koons, Keith Haring oder James Rizzi selbstverständlich akzeptiert. Junge Künstler müssen wirklich lange und intensiv auf sich aufmerksam machen, um im Galeriegetümmel Manhattans oder Brooklyns aufzufallen. Sie müssen sich sehr anstrengen, allein schon, um ihre monatlichen Mieten aufzubringen.

Die Kreativen leben sich außerdem in Sachen Mode aus. Gerade erlebt das East Village einen Umschwung – zwischen China Town und Waterfront gilt es nun als schick und „in", eine Boutique zu eröffnen. SoHo und Meatpacking District sind längst durch bekannte Brands belegt – hier dagegen gibt es noch Shops, die sich klein und dezent versteckt im Keller befinden. Im Erdgeschoss werden dann neue Entwürfe gezeigt. Ein anderer neuer Trend ist die Fotokunst. Es gibt inzwischen Läden wie zum Beispiel LUMAS, die Fotos weltweit vertreiben. Nach Stichworten gelistet gibt es hier viele Motive – Stadtpanoramen, Menschen, die nach ethnischer Herkunft sortiert sind, Autos, Stillleben – einfach alles. Die Bilder fallen allerdings eher unter „es wurde geschickt Photoshop angewendet" und „schönes Motiv" oder „es passt ins Ambiente der Einrichtung", als dass hier wahre Kunst zu entdecken wäre.

Auch Manhattan an sich bietet auf der Suche nach Selbstverwirklichung viel Futter. Denn auch Baukunst ist Kunst. In allen

Bezirken entstehen architektonische Hingucker, zum Beispiel die vielen neuen Hotels. Teilweise werden die alten Steinbauten saniert, teilweise werden Neubauten geplant. Auch städtebaulich gibt es Inspirationen wie zum Beispiel die Highline, eine alte, längst stillgelegte und verfallene Hochtrasse einer Straßenbahnlinie, die nun, als Fußgängererlebnis wiederbelebt, tagtäglich viele Touristen anlockt, aber auch den Menschen, die in der Umgebung arbeiten, während der Mittagspause für ein paar Minuten Entspannung bietet.

Manhattan ist einfach ein Konglomerat, in dem man als Bewohner zwischen den vielen kleinen versteckten Dingen auswählen muss. Ein Tourist erstickt an der Masse der Möglichkeiten, während ein Bewohner über den Spirit und die Leverage der Satisfaction oder, anders ausgedrückt, über Zufriedenheit verfügt.

Dabei ist ein großes Thema, wo man leben möchte – beschaulich außerhalb Manhattans, trendig, etwas studentisch, aber durchaus angesagt und günstiger in Brooklyn – oder doch lieber in China Town oder in alten klassischen Hochhäusern mit Doorman an der East oder West Side vom Central Park? Oder wagt man gar den Umzug nach Harlem, wo man in einem Schmelztiegel von schwarzer und weißer Kultur eine etwas günstigere Wohnung finden kann und trotzdem nach ein paar Stops des Express Trains im Süden Manhattans ist?

Jeder muss die Frage für sich selbst beantworten, aber hier ist es aufgrund der Vielfalt der Möglichkeiten einfacher als daheim. Dort wohnen Sie in Berlin – gut, die Frage ist, ob Ost oder West, Platte oder Altbau. In Hamburg ist es egal, ob am Isemarkt oder in Poppenbüttel. In München wohnen Sie irgendwo auf dem Land oder in der Stadt – aber die Erlebnisse sind begrenzt. In Manhattan sind die Erlebnisse in Zusammenhang mit Wohnen, Arbeitsweg, Freizeit jeden Tag immens. Es passiert so viel, allein schon in Ihrer Wohngegend tut sich viel. Einmal war ich rund zwei Monate lang nicht in SoHo, wo meine erste Wohnung lag. In der Straße hatten inzwischen vier Geschäfte gewechselt, und mit dem Wechsel hatte sich das Klientel geändert – ein Änderungstempo, das daheim selbst in Münchens Schwabing oder Berlins Schöneberg seinesgleichen sucht. In Deutschland zählt Kontinuität – in Manhattan Veränderung!

Und um das Nachdenken darüber zu beschleunigen, helfen wiederum die Morning Pages – finden Sie heraus, was Sie machen möchten, wovon Sie träumen, und dann überlegen Sie, wie Sie sich verändern möchten.

Intellektuelle Fortentwicklung

Ich spreche Englisch seit meiner Schulzeit. In der Schule habe ich mich noch mit Französisch und Spanisch gequält. Klar wäre es cool, Französisch richtig zu sprechen oder Spanisch perfekt, um mich fließend zu unterhalten und nicht nur im Urlaub zu überleben. Gerade in New York oder noch viel mehr in Los Angeles lebt eine große Zahl von Mexikanern. Aber Vergangenes grämt mich nicht mehr, ebenso, wie es mich auch nicht hindert. Ich lebe im Jetzt.

Im Jetzt beschäftige ich den viel zu oft vergrabenen Intellekt mit etwas anderem: dem Buch *Das Fremdwort im Deutschen*[2]. Wie Englisch rede ich bzw. wie Deutsch rede ich, und wie vermischen sich inzwischen die Sprachen? Es gibt Menschen, die sind der Meinung, dass durch die Anwendung von nichtdeutschen Wörtern Halbgebildete ihren Habitus steigern oder dass Anglizismen von vornherein eine gewisse Aura haben und dem Benutzer Appeal verleihen. Lifestyle würde ich es nennen. Ich strahle Lifestyle aus, indem ich Begriffe anderer Sprachen in meine Ausdrucksweise integriere – hier und dort einstreue: „that is so nice, you are so special", würden die Amerikaner sagen.

Die Gegner solcher sprachlichen Bereicherungen verkennen aber, dass der Wortschatz schon seit Jahrtausenden größer wird, weil die Menschen immer mehr reisen und aufgeschlossener Berichte aufschnappen, sich vielfältiger für dieses oder jenes interessieren.

---

2) Eisenberg, Peter (2011): *Das Fremdwort im Deutschen.* de Gruyter, Berlin/New York.

Interessant ist auch, dass der Fremdwortschatz nicht nur wächst, sondern auch dessen Anteil am Gesamtwortschatz zunimmt – das bedeutet, jeder von uns übernimmt Wörter aus anderen Sprachen, und zwar um sich auszudrücken, und weniger, um Lifestyle auszustrahlen oder sich gegenüber anderen zu profilieren.

Wichtig ist nur zu wissen, dass Anglizismen zwar aus dem englischen Sprachraum kommen, inzwischen aber ein fester Bestandteil des Deutschen sind. Als Beispiel das Wort „Computer" – es ist ein Wort des Deutschen, da es anders als im Englischen großgeschrieben wird und ein Genus besitzt. Somit erübrigt sich die Meinung, dass ich mit dem Gebrauch von Anglizismen meinen Status nach außen hin verändern möchte.

Mit oder ohne Fremdworte kann Sprache, je nachdem wie der Mensch sich ausdrückt, grob, ungebräuchlich, schön, wohlklingend, prätentiös oder eben auch fremd klingen. Das Fremdwort gehört inzwischen zur deutschen Sprache. Interessant ist aber zu erfahren, wie es benutzt wird. Der im Deutschen verwendete Begriff „Public Viewing" wird in Deutschland als „öffentliches Fernsehvergnügen" verstanden, in Amerika heißt dieser Ausdruck aber „öffentliche Aufbahrung eines Verstorbenen". Das Wort „Handy" bedeutet in Amerika „handlich" und nicht „Mobiltelefon". Man würde Sie erstaunt ansehen und nicht verstehen, was Sie meinen. Ein Handy heißt dort „Mobile" (von Mobiltelefon). Man sollte sich also mit Wörtern und Sprache so auskennen, dass es nicht peinlich wird im jeweils anderen Land.

Auch im Amerikanischen stößt man übrigens auf Wörter wie „Poltergeist", „Kindergarten" oder auch den bekannten „Zeitgeist" – hier würde Sie niemand schräg ansehen, weil Sie vermeintlich ein Fremdwort benutzen, das unserer deutschen Sprache entspringt. Das Deutsche gilt bei diesen Wörtern als so genannte Gebersprache. Deutsche Wörter sind weltweit zu finden, wie etwa im Französischen „chic" – „schicklich", im Russischen „konzertmester" – „Konzertmeister" oder sogar im Griechischen „flaster" – „Pflaster". Wörter gelangen durch Kontakte mit anderen Sprachen in eine andere Sprache hinein, man spricht von „Entlehnung".

Ich interessiere mich dafür, weil es mich in meiner aktuellen Situation beschäftigt, mit meinem jetzigen Leben zu tun hat. Außerdem ist dies ein konkretes Beispiel, dass man sich vielleicht nach einer langen Pause seit der Schulzeit oder der Ausbildung wieder mit etwas Konkretem intellektuell auseinandersetzen möchte. Nehmen Sie ein Vorlesungsverzeichnis zur Hand oder schauen Sie im Internet bei einer normalen Uni oder einer Fernuniversität nach, welche Themenbereiche Sie interessieren. Besorgen Sie sich Bücher und arbeiten Sie sich in ein Thema ein – das erweitert natürlich Ihr Wissen, gibt Ihnen aber auch Selbstbestätigung und nicht zuletzt Gesprächsstoff mit Freunden und Bekannten. Es existieren Sachbücher, die vermitteln einem allgemeinen Leserkreis Fachwissen leicht und verständlich. Finden Sie ein Thema, das Ihre eigene Lust auf Bildung anregt, fernab von Malen nach Zahlen oder Putztipps aus Großmutters Zeiten für Männer von heute!

Oder frischen Sie doch lieber Ihre Fremdsprachenkenntnisse auf? Mein Trauma in der Schulzeit war immer schon Französisch. Grammatik zu lernen und zu verstehen war nicht mein Ding. Meine letzte Freundin Inge schlug mir Lifestyle beim Lernen vor: Selbst hat sie innerhalb von zwei Jahren Französisch gelernt, inzwischen arbeitet sie sogar im Nachbarland. Sie meinte, ich solle mir eine Zeitung kaufen – am besten zum Thema Lifestyle. Dann einfach anfangen zu lesen – und vielleicht verstehe ich einige Wörter und Zusammenhänge von früher. Tja, tapfer habe ich das versucht – einige Begriffe und Redewendungen kamen mir wirklich von früher bekannt vor. Inge meinte, ich müsse mir selbstständig eine Sprache erarbeiten und verstehen, wie das Verb gebildet wird – dazu die Verben konjugieren: „je, tu, il" oder „elle, nous, vous, ils" und dies dann nur lernen. So würde ich Vokabeln und Satzbau gleichzeitig erschließen.

Nach einer Stunde saß ich immer noch entsetzt am ersten Satz. Nicht nur, dass ich die zwei Vokabeln, die ich bereits herausgeschrieben hatte, schon wieder vergessen hatte – die Wut stieg in mir hoch. Wie konnte Inge, die ich mochte und mit der zusammen ich fast eine gemeinsame Zukunft hatte aufbauen wollen, mich nur so behandeln? Warum haben wir nicht gemeinsam versucht, etwas Neues im Leben zu lernen und anzugehen? Stattdessen kam ich mir vor wie ein Schuljunge. Diese Methode wurde mir von anderen im Nachhinein als dezent konservativ und veraltet bestätigt – die Beziehung zu Inge wurde ebenso als veraltet betrachtet und beendet.

Das Geschäft der Sprachenschulen boomt in New York. Eine Freundin hatte ihre Mutter zu Besuch: Töchter und Mütter ... das ist ja so ein ganz spezielles Thema, und nach drei Tagen gibt es zwischen Töchtern und Müttern angeblich meistens Zoff – diese Geschichten finden wir Männer ja oft amüsant. Jedenfalls wurde der Besuch der Mutter in New York angekündigt, und wir haben gemeinsam überlegt, was man mit der Mutter machen könne – die Englischkenntnisse der flotten Frau Mitte 60 waren mäßig, eher konnte sie sich im Ausland mit Charme und Gestik verständigen. Die Schulzeit lag 50 Jahre zurück, und so haben wir ihr vorgeschlagen, eine Sprachenschule zu besuchen. Die Idee fand sie schon in Deutschland akzeptabel, aber als meine Freundin dann ihrer Mutter in New York vorschlug, dass sie morgens alleine mit der Subway dorthin fahren könne, wurde erwidert: „Oh nein, was mutest du mir zu? Das kommt gar nicht in Frage – aber das ist ja typisch. Erst lockst du deine alte Mutter nach New York, und dann soll sie auch noch alleine U-Bahn fahren."

Die Geschichte, die folgte, könnte man mit der Eingewöhnung von Kindern im Kindergarten vergleichen. Natürlich wurde der Weg zur Sprachenschule und zur Subway gemeinsam abgelaufen und die Mutter in der Schule „abgegeben". Am zweiten Tag wurde alles wiederholt, und meine Freundin erzählte später, sie habe sich mitten am Tag sogar im Sekretariat erkundigt, ob die Mutter noch dort sei, ob sie irgendwie auffällig sei oder alles ganz normal verlaufe. Sie meinte, es sei so, als wenn der Hundesitter daheim auf das Liebste aufpasst, in der Hoffnung, der Hund würde nicht auf den Teppich pinkeln ... Die Mutter aber war beschäftigt und sogar zufrieden.

Happy sein, das Endlich-Ich-Gefühl, mit Mitte 60 in New York zur Sprachenschule gehen, das ist doch toll! Mir wurde berichtet, dass die Mutter morgens früh aufgestanden und schon am dritten Tag selbstständig Subway gefahren sei – sie hat gelernt, sich an den Schildern zu orientieren, hat selbstständig den Weg gefunden bis hinein in den 14. Stock der Sprachenschule. Dort wurde sie in Gruppen eingeteilt und saß neben Koreanern, Japanern und Franzosen, die ebenso Englisch lernen wollten. Klar war es ungewohnt, und alle hätten geschaut, denn die anderen Mitschüler waren 20, aber genauso „neu" in Manhattan wie diese Mutter. Die unterschiedlichen Generationen hatten gemeinsame Themen: Wie bewege ich mich in der Stadt, wie bilde ich einen Satz in der Vergangenheit und so weiter …

Nachmittags hatte die Mutter einen Privatlehrer. Einzeln wurde mit einem Lehrer das getan, was man in Manhattan so macht – die beiden sind Kaffeetrinken gegangen und auf die Highline, an den Broadway. So wurden Umgangs- und Alltagssituationen gelernt. Sprachlich flexibel auf „hey, nice to see you", „you are welcome" und „same to you" zu reagieren und „have" von „had" zu unterscheiden, das lernt man doch viel einfacher beim Rauchen und natürlich beim Quatschen als per Lehrbuch. Außerdem geben die Sprachenschulen sich Mühe, auch das „Gefühl" New York zu vermitteln. Die Mutter war begeistert und hatte jeden Tag nach ihrer Schule etwas zu berichten.

Dahinter steckte aber noch mehr: Zum zweiten Mal war das eine Reise ohne ihren Mann. Dieser war zu Hause geblieben, um auf Haus und Hund aufzupassen. Die Frau konnte sich ohne Gedanken an den Alltag einfach sich selbst widmen. Morgens aus dem Haus in New York, langsam zur U-Bahn schlendern. Mal stehen bleiben und in die Schaufenster schauen, wo sie selbst wollte, und nicht, wo die Tochter meinte stehenbleiben zu müssen. Sich selbst orientieren in Manhattan mit Mitte 60. Selbstständig verstehen, wie das Subway-System funktioniert, ganz allein auf die anderen Menschen achten und feststellen, wie alle Hautfarben in der U-Bahn fahren, aber auch, wie mit älteren

Menschen umgegangen wird. Auch in der Schule nochmal an früher denken, es damit vergleichen, wie der Lehrer heutzutage die Schüler behandelt, wie selbstverständlich ein Handy inzwischen im Unterricht benutzt wird und wie Facebook eine Schulstunde stören kann. Mit Mitte 60 wurde die Zeit um 50 Jahre zurückgedreht. Es wurden Erfahrungen gemacht, die auch darüber nachdenken lassen, wie sich Gesellschaften verändern und wie man sich selbst verändert hat.

Gleichzeitig wurde aber auch bemerkt, dass alte Menschen in Manhattan eigentlich nicht groß auffallen. Zu Beginn kamen Sätze wie: „Ich wollte nicht in Manhattan leben, das wäre zu hektisch" oder: „Hier ist ja gar kein Platz für ältere Menschen." Gleichzeitig hat sie aber auch großen Respekt gegenüber älteren Menschen festgestellt. Selbstverständlich wurde ihr in der U-Bahn Platz gemacht – man hat ihr die Türen aufgehalten, im Geschäft wurde sie mit „Honey" oder „Darling" angesprochen. Mittags konnte sie selbstständig ein Essen bestellen, sich einen Kaffee holen, wo es ihr gefiel, und musste auch lernen, dass man nur an der Straßenecke am Rand des Bürgersteigs rauchen darf. Nach einer Woche Sprachenschule war Manhattan nicht mehr erdrückend und zu hektisch – die Mutter hatte sich schon fast eingelebt. Aber sie wollte trotzdem nicht auswandern.

An diesem Beispiel kann man sehen: Wenn Sie nicht nachdenken, was Sie gerne im Leben machen möchten, und wenn sie nicht ab und zu die Augen schließen, um zu träumen – irgendwann stellen Sie fest, dass das dann nichts mehr für Sie ist, wenn Sie dann „schnuppern". Denn mehr als „schnuppern" ist es irgendwann nicht mehr. In den Urlaub fahren, die Kinder besuchen, sich irgendwo karitativ einbringen – das ist gewohntes Schnuppern und hat mit einer Veränderung des Lebens und seiner selbst eigentlich nichts zu tun.

Warum also warten? Warum warten, bis Sie unzufrieden werden, bis Sie möglicherweise krank sind oder sich gemobbt fühlen? Schon halb angeschlagen, kann man sowieso schlechter aufstehen. Im Wald laufen angeschossene Böcke langsamer, läufige

Hündinnen spielen im Park mit Rüden, die fit sind und umhertollen – sie laufen schnell davon und wollen eingefangen werden.

Reisen

Einfach mal wegfahren, raus aus dem Alltag. Oft erlebt man im Urlaub eine Rekonvaleszenz der Sinne, der Gefühle, und vor allem wird der Kopf frei für neue Pläne oder einfach mal gar nichts: nur zu sich selbst kommen. Sind Sie der Typ, der pauschal verreist? Eine Reise mit der Transsibirischen Eisenbahn von Moskau nach Wladiwostok kostet für die erste Klasse weniger als 2.000 Euro, in der zweiten Klasse können Sie das schon für 900 Euro erleben. Wollen Sie nach Dubai, nach Ägypten? Dann einfach ins Reisebüro gehen und die Kataloge wälzen, was gefällt, langfristig geplant und dann geht's los? Bevorzugen Sie, schon bevor es losgeht, das Ziel zu kennen? Checken Sie alles online, die Zimmer, Meerblick oder Gartenaussicht? Sind Sie der Typ, der morgens schon zum Strand rennt, um Handtücher zu platzieren, oder der Liegestühle noch vor dem Frühstück reserviert – alles muss am besten sauber, fertig und vorbereitet und Sie müssen nur noch ankommen? Pauschalurlaub, All you can eat und Buffets am Morgen, am Mittag und am Abend. Nur wenn Sie wie ein richtig deutscher Urlauber mit Cocktail am Rand des Pools liegen und den Tag und das verdiente Ausspannen so richtig genießen, das kostet dann extra.

Angesagt sind ja gerade auch Kreuzfahrten, man wird von Ort zu Ort geschippert. Morgens wacht man auf und ist ganz woanders. Eine Karibiktour als Beispiel. Morgens im Hafen angekommen, geht es nach dem Frühstück schnell zum Umziehen und dann an Land in den Bus. Man karrt Sie herum. Wasserfälle, Märkte besuchen, ein paar turnende Einheimische und geflochtene Schlappen kaufen für daheim oder auch zwei Stunden vororganisiert am Strand – dann wieder zurück aufs Schiff. Umziehen. Vor dem Abendessen nochmal nett an den Pool, wenn dort Platz ist, und dann Schlemmen im Restaurant! Alles ist toll, und die Stimmung steigt mit jedem Drink. Dann gibt's auf den Schiffen ein Theater, und dort können Sie sich Musicals ansehen. Das ist genauso toll wie nach Hamburg oder Berlin zu fahren, um dort eine Musical-Nacht zu erleben. Hier gibt es das alles for free – so enjoy it! Dabei werden Sie aber unterteilt, man sollte sich schon eine Kabine mit Fenster gönnen, vielleicht auch einen kleinen Balkon – dann sind Sie für zehn Tage mit 3.300 Euro pro Person dabei.

Dieselbe Reise, nur unterhalb der Wasseroberfläche und immer mit Schiffsmotorengedröhne gibt's mit weniger Luxus in der Innenkabine schon für 1.000 Euro. Dafür liegen Sie dann aber auch wie im Paketraum abgeschottet. Die Luft zum Atmen kommt aus der Klimaautomatik, und Licht gibt's nur, wenn Sie es anknipsen. Gut, man gibt Ihnen etwas zu essen, und am Tisch im Restaurant dürfen Sie sich fühlen, als wären Sie auf den Weltmeeren zu Hause.

Aber nachts, wenn auch an Deck nichts mehr geht, dann gehen Sie zurück in die Innenwelt des Ozeanriesen. Tür zu – und dann schaukeln. So ist es bei günstigen Schiffen. Auf einem wirklich tollen Schiff wie zum Beispiel der Europa, 5 Sterne Plus, gibt es keine Innenkabinen. Möchten Sie eine Kabine mit Fenster, so kostet die Karibik-Tour ab 6.600 Euro pro Person – mit Balkon werden aber auch leicht 8.000 Euro fällig. Aber wollen Sie wirklich mit Begleitung 16.000 Euro dafür ausgeben, die Einheimischen auf den Antillen zu sehen und Schlappen für daheim zu kaufen?

Ich glaube, dafür sind wir noch zu jung, obwohl ich schon einmal eine Reise auf der Europa in die nordischen Regionen mitgemacht habe. Und der Unterschied zu günstigen Innenkabinen-Schiffen ist unverkennbar, der Service wirklich ausgezeichnet. Das ist Luxus für eine ganz besondere Zeit. Morgens vom Bett aus den malerischen Ausblick genießen, wie das Schiff durch die Fjorde Norwegens nach Oslo einläuft, den Tag dort verbringen und abends schön in der Stadt essen gehen, um dann wieder an Bord zu schlendern. Oder in Amsterdam einfach morgens an Bord ein Rad ausleihen und die Stadt selbst entdecken. Man wacht immer woanders auf – ohne die Koffer zu packen, alles zu verstauen und zum Flughafen zu müssen, um ans nächste Ziel zu gelangen.

Für ausführliches Sightseeing ist das nichts – Lifestyle stellt es aber allemal dar!

Nun die amerikanische Variante. Viele New Yorker fliegen, wenn es in Manhattan noch kalt ist, nach Brasilien. Eine Kreuzfahrt ist aber auch sehr beliebt. Und es gibt Routen, die machen wirklich Sinn. Ein Flug an die Westküste und dann per Schiff nach Alaska. Viele Fjorde sind mit dem Auto über die endlosen Weiten der Highways gar nicht so einfach erreichbar. Sie schauen auf der Landkarte, wo das nächste Dorf für eine Kaffeepause ist. Dann entdecken Sie drei Häuser am Straßenrand – 30 Minuten später kapieren Sie, dass das genau das ersehnte Dorf für den nun verpassten Kaffee war. Oft muss man mit der Fähre fahren. Wenn Sie „nur" zwei Wochen Zeit haben, dann schaffen Sie vielleicht die Route und die Fähre hin zu einem Ziel, leider passen die Fährenzeiten aber nicht zu Ihren Plänen für den Rückweg. Oder Sie erreichen eine Straße, die auf der Karte gut und befahrbar aussieht, um über einen Pass zu kommen – müssen dann aber ungeplant wegen Wetterchaos und Schneemassen, die Ihr geparktes Auto am Straßenrand verschwinden lassen, doch wieder umdrehen.

Amerikaner lieben aber auch die Karibik oder die Bermudainseln. Hier kann man ganz einfach von jedem Flughafen der USA aus hinfliegen und sogar spontan einige Schnäppchen machen. Dazu müssen Sie aber vom Typ Selbstorganisierer sein. Man findet einen günstigen Flug in ein Land, wo man immer schon mal hin wollte – vielleicht kommen Freunde oder die Partnerin mit. Dann kauft man sich einen Reiseführer über die Region, und man schaut einfach mal, wie das wird.

Wenn man sinniert, wo man gerne einmal hinmöchte, sind Träume doch realisierbar. In Europa haben die arbeitenden Menschen so viel Urlaub, dass das Hineinschnuppern in ein fremdes Land doch ohne Weiteres möglich ist. Wenn es aber um den Aufenthalt in einem anderen Land geht, führen die meisten Menschen an, dass das ja viel zu teuer sei. Habe ich vorher immer aufgezeigt, wie man seine Wünsche herausfindet und realisiert, versuche ich an dieser Stelle einmal, die mir bekannten Hindernissen zu durch-

> **Tipp 1:**
> Denken Sie ans Meilen-Sammeln! Wieder eine Idee aus den USA. Man benutzt ständig seine Kreditkarte, und automatisch wird einem pro ausgegebenem Dollar oder Euro eine Meile gutgeschrieben. Das ist toll, die Meilen sammeln sich sehr schnell an – dann einen Blick in die Schnäppchen-Übersicht der Meilenangebote, und schon kann man zum Beispiel für 30.000 anstatt 70.000 Meilen nach Japan fliegen.

brechen – um natürlich wieder aufzuzeigen, dass Urlaub nichts mit Budget zu tun hat, sondern nur alleine und lediglich von den ganz persönlichen Wünschen abhängt.

Kostengrenze Fernreise

Nehmen wir zum Beispiel Japan oder Buenos Aires – Ein Online-Blick auf diverse Veranstalter zeigt mir an, dass zwei Wochen pro Person 1.600 Euro kosten. Das sind gemeinsam 3.200 Euro – natürlich ist eine Menge Geld, das das Erlebnis Japan oder Buenos Aires bei manchem in weite Ferne rücken lässt. „Das macht man nicht so einfach", ist die Ausrede. Zumal das nur der Reisepreis inklusive Hotel ist. Laut Veranstalter mal teurer und mal günstiger – hinzukommen alle weiteren Ausgaben wie shoppen, essen gehen, Ausflüge et cetera. Locker addiert sich so der Urlaub auf 5.000 bis 6.000 Euro zusammen.

Ein Blick in die Angebote verschiedener Airlines zeigt mir andere Preise an, zum Beispiel kommt man nach Osaka oder Tokio für 580 oder nach Südamerika für 530 Euro pro Person. Dann wären Sie schon einmal dort. Bei Pauschalreisen werden Hotels oft im oberen Segment ergänzt – aber müssen Sie das haben?

Wenn Sie in Tokio sind, in Buenos Aires oder auch in Rio de Janeiro – wie wichtig ist es, in einem Luxushotel zu schlafen?

Mehr als die Augen zu schließen und zu schlummern tun sie dort nicht – also lassen Sie sich inspirieren, ein ganz einfaches Hotel zu wählen. Weltweit werden Zimmer zu einem Pauschalpreis angeboten, da ist es egal, ob ein Einzel- oder ein Doppelzimmer gebucht wird. Bewegen Sie sich in den Weltstädten, sind Hotels, in denen Geschäftsreisende absteigen, wirklich sauber und befinden sich in guten Lagen. Von Armutsurlaub oder auch Innenkabinen-Niveau kann also gar keine Rede sein – hier zahlen Sie never ever mehr als rund 55 Euro die Nacht – und das wie erwähnt für zwei Personen. Natürlich buchen und bezahlen Sie nicht von daheim gleich volle 14 Nächte, ohne das Hotel zu kennen, sondern erst einmal vielleicht zwei Nächte, um sich anzuschauen, wo es wirklich liegt. In Tokio, Buenos Aires oder egal wo auf der Welt gibt es in großen Städten so unendlich viele Hotels. Hallo? Sie sind in einer Weltstadt und nicht auf einer Trecking Tour zu einem 3.000 Meter hohen Berg, wo Sie um eine gewisse Zeit ankommen sollten, da ansonsten die Betten für die Wanderer ausgebucht sind.

Es gibt vielfältige Möglichkeiten, Flüge mit Zwischenstopp zu finden, weil die Airlines auftanken oder Reisende aus anderen Regionen aufnehmen müssen. Diese Flüge werden meist sogar günstiger angeboten als Direktflüge. Und Sie haben doch Zeit, Urlaub nämlich, und können und wollen etwas erleben. Was für viele als Nachteil gilt, können Sie also nutzen. Machen Sie einen Abstecher in diese Stadt – fragen Sie nach einem Kurzstopp mit Layover oder einer Überbrückung von ein oder zwei Nächten. Zwei oder drei

Tipp 2:
Schlendern Sie immer in fremden Städten herum und lassen Sie sich treiben, um ein tolles Hotel zu finden. In jeder Preisklasse werden Sie überall Alternativen finden zu dem, wovon Sie daheim am Computer noch dachten, es gäbe nichts anderes!

> **Tipp 3:**
> Erleben Sie einen Extra-Kurzurlaub inklusive. Wissen Sie, wo Sie gerne einmal hin möchten? Fliegen Sie also in eine spannende Metropole und buchen bei einer internationalen Airline, die einen Zwischenstopp macht – zum Beispiel bei Flugrichtung Osten in Singapur – in Moskau, Dubai, Rom oder Madrid auftankt.

Tage in Singapur, Hongkong oder auch Madrid, Dubai, Rom reichen, um von diesen Metropolen einen Eindruck zu bekommen. Erholen müssen Sie sich dort nicht – es geht doch darum, die Stadt zu erleben, neue Eindrücke zu bekommen. Was meinen Sie, wie toll das ist, ohne Verpflichtungen und ohne Ihren ganzen Koffer ausräumen zu müssen, einfach zwei oder drei Tage in einer völlig fremden Stadt herumzulaufen! Das Hotel hat man schnell gefunden – dann auf in das spannende Leben! Und egal wohin, für diesen Zwischenstopp ist jede Stadt der Welt spannend, auch wenn Sie eigentlich niemals dorthin wollten. Istanbul, Madrid oder auch Rom sind tolle Orte, um einmal herumzuschlendern.

Einen dünnen Reiseführer besorgt, erhalten Sie einen Eindruck über vielleicht wichtige Sehenswürdigkeiten. Planen Sie aber nichts, sondern lassen Sie sich treiben. Selbst wenn Ihnen das Hotel nicht gefällt oder ein Essen nicht schmeckt oder hier und da etwas nicht stimmt: Nach zwei Tagen fahren Sie wieder ab zu dem Ziel, wo Sie eigentlich hinwollen. Auf diese Art aber haben Sie schon einmal das Endlich-weg-von-daheim-Gefühl, welches zum Endlich-Ich-Gefühl verhelfen kann.

Lassen Sie sich treiben von einem Städteausflug der ganz besonderen Art! Morgens aufstehen, auf keinen Fall ein Frühstück im Hotel buchen, das kostet viel Geld und Zeit. Raus auf die Straße und dann für 2 Euro irgendwo einen Kaffee und eine der regionalen Speisen testen. Während andere hier der Arbeit nachgehen, können Sie sich den Luxus gönnen, herumzustöbern. Was meinen Sie, wie eine fremde Stadt inspiriert – und wenn es nur das Gefühl ist, dass Sie hier nie wieder hinmöchten oder sich gegenseitig versichern, hier ganz sicher nicht wohnen, nicht arbeiten zu wollen. Aber für zwei oder drei Tage kann man es überall auf der Welt einmal aushalten.

Dann steigen Sie wieder ins Flugzeug und fliegen an den Ort, den Sie sich ausgesucht haben.

Tokio – ich werde nie vergessen, die erste Nacht in Tokio und dann am nächsten Morgen die ersten Schritte wie in einer anderen Welt. Man versteht kein Wort – alle Schilder sind auf Koreanisch, Japanisch und Chinesisch beschrieben. Drei Sprachen, das Schild ist voll – jedes Schild ist voll. Irgendetwas Vertrautes in Französisch, Spanisch oder Englisch – Fehlanzeige. Wir sind für zehn Tage hier – im Stadtplan haben wir uns ausgesucht, nach Ginza in die Shoppingmeile zu gehen. Man fragt freundlich auf Englisch im Hotel und steht wieder auf der Straße. Zaghaft wird der Weg erklärt, wenn man aber auf der Straße ist, erkennt man, dass hier nicht auf der Straße gegangen wird, sondern dass eigens für Fußgänger eine zweite Ebene, eine Art Highline, gebaut wurde. Das ist selbst für einen New Yorker very new and amazing.

Die Logik, rechts zu gehen bis zur Ampel, dann links und dann die zweite Straße wieder rechts, funktioniert nicht, denn die Highline hat ihren eigenen Weg – quer über die Straße gebaut und eher an Häusern orientiert, führen die Wege nämlich quer durch die Häuser – irgendwo anders kommt man wieder heraus. An den Eingängen der Häuser sind ganze Shoppingmalls positioniert. Man wird im Kreis geführt – einzelne Ebenen verschwimmen, weil die Anstiege spiralförmig verlaufen, Treppen Fehlanzeige. Als Tourist ist man fasziniert und entdeckt hier und da etwas Neues, wo man stehenbleibt, um es sich anzusehen. Was Sie jedoch garantiert nicht finden, ist der Ausgang, den Sie gesucht hatten – aber auch da, wo Sie sind, geht es weiter. Man fragt erneut, und irgendwann haben Sie natürlich auch in Tokio jedes Ziel erreicht.

Sowieso kannte man Shoppen bis dato immer nur in zwei Dimensionen, rechts und links der Straße. Selbst in New York ist das so. Rechts von der Straße ein Geschäft und links auch. Zwar mit verschiedenen Stockwerken, sodass ein Label, egal ob Nike, Disney oder Gap, auf fünf Etagen Dinge an der Fifth Avenue anbietet – aber in Tokio ist Shoppen dreidimensional. Man schaut nach einem Store auf Straßenebene, darüber fangen aber weitere Reklametafeln an und weisen auf Geschäfte hin, die auf den Ebenen 4 bis 10 zu finden sind. Der Sony Store beginnt zum Beispiel im zweiten Geschoss, und Abercrombie umfasst ganze zwölf Stockwerke, Männersachen sind in 7 bis 11 zu finden!

Morgens raus aus dem Bett und geduscht, fertig gemacht. Nach einem langen Flug möchte man als Europäer erst einmal etwas essen. Frühstücken. Auf der Suche nach einem Bäcker wurden wir nicht fündig, angesagt sind hier Nudelläden. Japaner gehen in kleine Lokalitäten, an deren Eingang ein Automat steht, vergleichbar mit einem Fahrscheinautomat. Hier sucht man sich sein Essen aus, dann legt man den Bon an der Tresentheke vor und erhält das gewünschte Essen.

Japaner schlürfen die morgendlichen Nudeln aus der Suppe – trinken den Nudelsud und dazu eine Tasse grünen Tee – dann hechten sie zur Arbeit. Kaffee und Backwaren wie in Hamburg oder München, Paris oder Mailand – Fehlanzeige. Nix ist wie zu Hause. Nach fast einer Stunde des Herumlaufens sind wir in einem Schokoladencafé gelandet – hier gibt es Schokolade zum Frühstück, kleine, ausgesuchte Stückchen feinster Sorten und dazu der lang ersehnte Kaffee in einer Tasse, bei der selbst eine Katze erstaunt wäre, dass sie daraus trinken soll: schleck und nochmal schleck – alle, und das für 16 Euro.

Für das fehlende Brot am Morgen und die Marmelade zum Frühstück wird man natürlich mehr als entschädigt, denn die Köstlichkeiten Tokios finden nicht im Bäckerladen statt sondern in den Essensabteilungen der großen Einkaufsketten. Hier bekommt man einfach alles, was man kennt, nur noch viel mehr – Leverage fürs Frühstück, sozusagen – Lifestyle-Hebel pur!

Aber zurück zu den Kosten. Abgesehen von dem Lehrgeld am ersten Tag hier und da – mehr als 2 Euro zahlen Sie auch hier nicht für einen normalen Kaffee, und mehr als 2 Euro kostet auch hier kein Teigteilchen, das Sie in Deutschland zum Frühstück verspeisen. Essen kostet weltweit gleich viel – man muss höchstens etwas schauen, wo man es sich holt. Aber mit einem geringen Budget satt zu werden, ist überall möglich.

Nach vier Tagen in Tokio zieht es einen hinaus in die Umgebung. Hier fährt man mit dem Zug und entdeckt das Landesinnere – das Essen wird hier billiger und die Unterkunft natürlich auch.

> **Rechnen wir zusammen:**
> - Flug, 2 Personen Metropole – 1.200 €
> - Übernachtung, 2 Nächte in Layover-Stadt Rom, Istanbul, Hong Kong – 150 €
> - Übernachtung in Tokio 4 Nächte – 200 €
> - Übernachtung am Zielort im Landesinneren, 8 Nächte – 350 €

Für Flug und 14 Tage Unterkunft geben Sie also keine 1.000 Euro pro Person aus – dafür sind Sie zwei Wochen in Tokio, Buenos Aires oder egal wo sonst unterwegs und liegen nicht in der Innenkabine eines Schiffs ohne echte Luft und ohne wirkliches Licht! Zu zweit kommen Sie inklusive Zusatzausgaben für Essen, Kaffee hier und da, Eintrittsgelder oder Zugfahrten ganz sicher mit 3.000 Euro aus.

Außerdem erhalten Sie für die Distanz pro Person schon wieder über 6.000 Meilen – zusätzlich zu den pro Person ausgegebenen 1.500 Euro sind das also zusammen mindestens 7.500 Meilen, die Sie für die Reise sammeln. Bedenken Sie, dass Sie bei Lufthansa und Skymiles ab 10.000 Meilen schon wieder einen europäischen Freiflug erhalten; somit ist der nächste Trip irgendwohin schon wieder fast in greifbare Nähe gerutscht. Das ist doch die Alternative zur Innenkabine – Leverage your holidays!

Für eine Weltreise braucht man ein Ticket, das 3.785 Euro oder 40.000 Meilen kostet – aber wo soll ich 40.000 Meilen hernehmen? Mit 3.000 Euro haben Sie durch die Selbstorganisation nur halb so viel ausgegeben, wie wenn Sie den vororganisierten Pauschalurlaub gebucht hätten – aber garantiert werden Sie selbstorganisiert mehr erleben, und das Endlich-Ich-Gefühl hängt nicht vom Luxushotel ab, in dem Sie hätten schlafen können. Das entdecken Sie auf andere Art:

Deutsche meinen, sie müssten dort wohnen, um dort einen Drink zu nehmen oder um Postkarten an die Liebsten daheim zu schreiben oder sich einfach nur zu unterhalten. Warum diese Hemmschwelle? Völlig unbegründet, denn auch wenn Sie nachts auf der 1.000-Euro-Kreuzfahrt weggeschlossen in der Innenkabine liegen, wachen Sie doch morgens auf und laufen als Erstes ein paar Decks höher, um echtes Licht zu sehen. Sie rennen ins Glück, auf ein Deck, für das Sie eigentlich nicht bezahlt haben und nehmen strenggenommen Personen, die eine Außenkabine oder ein Zimmer mit Balkon auf dem Schiff gebucht haben, sogar noch den Platz am Pool oder im Restaurant weg!

Genau so ist das in einem Luxushotel – weltweit! Sie werden freundlichst bedient – denn ob Sie im Hotel wohnen oder nicht,

---

Tipp 4:
Weltweit werden Hotels anders und selbstverständlicher genutzt als in Deutschland. Hotels sind Orte der Begegnung. Man geht abends an eine Hotelbar, um den Blick zu genießen – warum also nicht in Tokio in eine Hotelbar im 30. Stock gehen oder in ein Restaurant hoch über der Stadt, um hier einen besonderen Abend zu verbringen?

interessiert keinen. Bei der Frage der Rechnung fragt man Sie, ob Sie bar bezahlen, mit Karte oder ob die Rechnung aufs Zimmer geht. Selbst wenn jemand im Hotel nächtigt, können Sie bar oder mit Kreditkarte bezahlen – niemand wird Sie also abschätzig ansehen, wenn Sie nicht in einem Hotel der Luxusklasse wohnen und trotzdem dort etwas konsumieren. Denn – Sie lassen Geld dort, und da ist es völlig egal, ob Sie dort schlafen oder nicht. Sie sind Gast im Hotel – that's it. Genießen Sie also in Mexiko Stadt die Aussicht auf den Zócalo, den großen Platz vor der Kathedrale, von einer Dachterrasse der umliegenden Hotels, erleben Sie die Wellen des Pazifiks in Los Angeles mit Mega-Ausblick und einem Kaffee in der Sonne einer Hotelbar, dasselbe in San Francisco, Hong Kong, Dubai oder eben auch New York ...

Und damit wieder zu den Amerikanern. Leverage your holidays! Amerikaner haben wesentlich weniger Urlaub als Europäer. Deswegen sind Erholungszeiten und Einfach mal raus nicht so einfach und oft nicht so planbar wie bei uns. Im Sommer greift man häufig auf ein sogenanntes Share zurück. In den Hamptons sind Ferienhäuser zu mieten – und da man nicht jedes Wochenende dort hinfahren kann, werden die Wochen eingeteilt. Mit Ihrem Anteil erwerben Sie die Möglichkeit, an zum Beispiel fünf oder sechs Wochenenden von März bis September in dieses Sharing Home zu fahren – eine Art Wechsel-WG. Hier treffen dann zu den Wochenenden die zusammengewürfelten Menschen aufeinander. Dazu gibt es im Februar in Manhattan organisierte Sharing-Treffen von Interessierten für diese Art Urlaub im Sommer. Das ist äußerst praktisch – denn je nach Ihren möglichen Freizeittagen können Sie Donnerstag, Freitag oder eben auch erst am Samstag anreisen – und bleiben bis Sonntag oder Montag früh, je nachdem, wie Sie sich das arbeitsmäßig einteilen. So kommen Sie raus aus der Stadt, und mit etwa einer Zusatzmiete haben Sie so die Möglichkeit, am Strand zu entspannen.

Außerdem geben die großen Fluggesellschaften einmal pro Woche Angebote heraus. Mittwochs gebucht, fliegt man dann zum Beispiel von Freitag bis Sonntag oder Montag irgendwohin.

Ab New York kosten dann Flüge nach Miami 59 Dollar, nach Los Angeles oder San Francisco ab 119 Dollar one way. Dazu bucht man sich einen Mietwagen zum Beispiel bei priceline.com für einen selbst gewählten Höchstbetrag ... und schon ist der Kurztrip perfekt!

Körperstyling

Wie pflegt sich ein Mann? In Deutschland ist die Frage einfach zu beantworten. Morgens duscht er und putzt sich die Zähne, abends geht er vielleicht zum Sport und duscht danach noch einmal. Im Fitnessstudio beobachte ich, dass Männer sich nach dem Duschen ab und zu eincremen. Mal gibt jemand mehr Geld aus für das Produkt, mal weniger. Ab und zu schneidet man sich die Finger- und Fußnägel. Friseur einmal im Monat – möglichst günstig. Und das war es! Wenn man sich den Kopf einschäumt, benutzt man das Shampoo oder Duschgel gleich mit für den Körper – ziemlich fix geht das alles.

In Amerika ist das alles nicht so einfach. Ein Mann hat Sport gemacht und geht zum Duschen. Er benutzt selbstverständlich sechs Handtücher – möglichst große. In Deutschland würde man sagen: Badelaken, keine kleinen Hände-Tücher. Mit einem verhüllt man den Intimbereich, und mit fünf Handtüchern geht's in den Duschbereich. Ein Handtuch wird dann in der Duschfläche ausgebreitet, vier legt man an die Seite, denn man braucht sie noch. Man macht das warme Wasser an, und bevor man die Zeit, bis es warm wird, vertrödelt, geht man lieber zurück und checkt im Spiegel seine Muskeln sowie seinen Bartwuchs. Wenn nötig nimmt man sich dann einen Einmal-Rasierer mit in die Dusche. Dann geht man zurück und mischt kaltes Wasser ins heiße. Aus Vorsicht vor Fußpilz behält man die Sportlatschen im gesamten Nassbereich an und duscht sich auf dem bereitgelegten Handtuch. Selbstverständlich hat das Fitnessstudio einen Vertrag mit einer bekannten Kosmetik-Firma, Bumble and Bumble oder Aveda.

So definieren sich Sportstudios in Manhattan und L.A. – die Produkte wie Shampoo, Conditioner und Body Wash stehen im Spender in der Kabine zur Verfügung. Während man also erst das Shampoo, dann genüsslich den Conditioner benutzt, der natürlich fünf Minuten einwirken muss, entfernt man mit dem Einmal-Rasierer überschüssiges Bodyhaar. Je nach Typ sind Beine, Brust, Nacken, Bauch oder Schambereich fällig, mal wieder vom Flaum befreit zu werden. Dann wäscht man den Conditioner aus, um mit dem Body Wash seinen Körper zu reinigen. Manchmal benutzt man auch noch das selbst mitgebrachte Peeling. Mann verschwindet gut und gerne so für 15 bis 20 Minuten hinter dem Vorhang.

Dann greift man hinaus, um sich mit dem bereits dritten Handtuch abzutrocknen. Um es abzukürzen, das vierte Handtuch ist für die Sauna, um sich draufzusetzen, das fünfte, um sich danach kalt abzubrausen und wieder zu verhüllen, und das sechste wird wiederum für den zweiten Saunagang genommen. Sie fragen sich, wo die sechs Handtücher bleiben, nachdem sie benutzt wurden? Man lässt sie einfach liegen oder legt sie in den dafür vorgesehenen Korb. Wenn nicht, so ist das selbstverständlich auch nicht schlimm, denn rund um die Uhr ist eine Servicekraft dazu da, in gerade benutzten Duschkabinen nachzuwischen, stapelweise neue Handtücher einzusortieren und so weiter.

Nach dem zweiten Saunagang greift man selbstverständlich ein siebtes Handtuch, um sich wieder abzutrocknen, und das geht so weiter durch bis zum zehnten – denn es folgen noch die Gesichtsrasur, die Mundhygiene mit der kostenlosen Zahnpasta und Zahnbürste sowie Mouthwash Lysterine, das Styling mit dem kostenlos verfügbaren Styling Gel und das Eincremen später am Spind. Handtücher sind zum Gebrauch da, aber als Europäer findet man das auch nach drei Jahren noch bedenklich. Wenn man es anspricht, stößt man aber auf absolutes Unverständnis. Denn: „Wozu bezahle ich den Mitgliedsbeitrag im Club?", werde ich gefragt. Und wieder verstehe ich: Ein Amerikaner geht hart arbeiten, um sich in der Freizeit etwas zu gönnen und nicht zu überlegen, wie er sparen kann. Wenn ein Amerikaner sich etwas nicht leisten kann, dann macht er es nicht. Entweder alles oder nichts – wenn man sich Aircondition nicht leisten kann (durchgehend), dann zieht man um in ein kleineres Apartment. Wenn man sich die Wohnung nicht leisten kann, dann wohnt man als Roommate irgendwo mit einem Freund zusammen, und wenn er sich kein ordentliches Trinkgeld für die Bedienung in einem Restaurant leisten kann, dann geht ein Amerikaner auch niemals im Restaurant essen, sondern greift zu Fast Food!

So, gelernt haben wir: Conditioner gehört zum Duschen dazu wie bei uns das Benzin zum Autofahren. Ein amerikanischer Großstadt-Mann geht alle zwei Wochen zur Mani- und Pediküre. Im Sommer ist es so warm, dass auch Männer Flipflops anziehen – und sich selbst die Nägel zu schneiden, das würde viel zu viel Zeit kosten. Maniküre und Pediküre zusammen kosten aber auch nur 20 Dollar – plus natürlich 5 Dollar Trinkgeld. Man sitzt neben Männern und Frauen im Nagelstudio, die ebenso wie Vitamin Stores und Fitnessstudios an jeder Straße mehrfach zu finden sind. Man ist mit dem Handy beschäftigt oder liest irgendetwas, während man brav seine Finger auf ein Kissen hält, um die Dame auf der anderen Seite des Tisches machen zu lassen. „Short?", fragt sie kurz – wenn man jedoch nickt, sind die Nägel so kurz, dass sofort das Nagelbett blutet, wenn man etwas selbst tragen will oder irgendwo gegenstößt. Nicht schön ist das und es dauert etwas, bis man versteht, dass amerikanische Nägel nach einem gewissen Schema geschnitten werden. Die Haut bzw. die Fingerform passt sich im Laufe der Jahre an. Was nicht passt, wird passend gemacht.

Bleaching

Nächstes Thema: die Zähne. Amerikanische Zähne sind weiß, und da gibt es keinen Kompromiss – nachhelfen kann man erst einmal mit Bleaching-Zahnpasta. In Deutschland sprechen sich Zahnärzte gegen Bleaching und Aufhellmittel aus, da sie den Zahnschmelz angreifen. Dieser ist nicht zu ersetzen und wächst niemals mehr nach. Die Folge sind freiliegende Zahnhälse, und das ist schmerzhaft.

Ein Amerikaner hat dafür wirklich null Verständnis. In amerikanischen Zahnpasten sind „Natural-whitening"-Substanzen enthalten, deren Konzentration jegliches professionelles Bleaching beim Zahnarzt in Deutschland überschreitet. Auf der Packung steht dann auch ein Vermerk, dass man das Produkt nicht essen oder schlucken soll und nicht länger als 5 Minuten im Mund behalten darf.

Zahnpasta ist für zweimal täglich – on top gibt es Bleaching Express von diversen Firmen. Dieses Mittel enthält Bleaching-Gel in noch wesentlich höherer Konzentration. Ein deutscher Zahnarzt schüttelt den Kopf, wenn man ihm das Produkt und die Inhaltsstoffe zeigt. Man schmiert ein wenig zur Zahnpasta hinzu und putzt sich dann die Zähne. Irgendwann habe ich bemerkt, dass die Borsten sich vom Bleaching-Gel verformen. Aber nun gut. Was weiß sein soll, das wird auch weiß!

Die nächste Stufe ist das richtige Bleaching beim Zahnarzt. Das habe ich in Deutschland schon ein paarmal gemacht – hier wird äußerst vorsichtig vorgegangen. Zu allererst werden die Zähne gründlich gereinigt, dann wird das Gel aufgetragen, vorsichtig wird dabei das Zahnfleisch abgedeckt, um dann bei einer Extrembehandlung noch mit UV-Licht nachzuhelfen. Dann brodelt es im Mund, irgendwann hat man Schmerzen, und dann wird alles ausgespült. Ab und zu gibt es noch einen zweiten Durchgang. Dann gelten Zähne in Deutschland als gebleacht, und man erreicht vielleicht zwei bis drei Aufhellstufen. In Deutschland decken ca. 20 verschiedene Farben den Großteil der Bevölkerung ab. Die Zahnfarben sind abgestuft von A bis D und von 1 bis 4 – A1 ist fast Keramik-weiß und D4, nun ja, Sozialhilfe-Raucher-braun. Amerika strebt immer A1 an.

Die amerikanische Variante des Bleaching ist dezent anders als die deutsche. 400 Dollar kostet das Bleachen, und es geht so: Wenn man den Termin macht, wird darauf hingewiesen, am besten danach nach Hause zu gehen, um sich auszuruhen. Man betritt die Praxis und füllt diverse Zettel aus, auch unterschreibt man, dass der Zahnarzt von allen Schadenersatzansprüchen befreit wird. Dann wird man auf einen auch in Deutschland bekannten Zahnarztstuhl begleitet. Man bekommt zwei Pillen, die man schlucken soll.

Nichtsahnend macht man den Mund auf – es wird eine Schiene eingesetzt, die ich zuvor in Deutschland nur vom Schlauchschlucken kannte. Den Mund zu schließen ist ab sofort nicht mehr möglich. Dann wird das Zahnfleisch mit einer Art Silikon abgespritzt – irgendwie wird einem mulmig ... ständig wird man aber beruhigt mit: „Oh your teeth will look so great after this!", oder auch: „Your girlfriend will love it." Nachdem dieser Schutz gegen Zahnfleischverätzung aufgetragen wurde, wird das Bleaching-Gel angewendet – schön im ganzen Mund verteilt, aber nicht bevor man in den Kiefer – über die Zunge – eine Plastikzunge eingeklinkt bekommen hat. Schluckt man, so muss man würgen. Dazu hängen zwei kleine Schläuche in den Mundwinkeln, die den Speichelfluss absaugen. Dann setzt einem die Helferin eine dunkle Brille auf. Als ich wild mit den Händen fuchtele, werde ich zur Disziplin und Stillhalten ermahnt – bis die Arzthelferin versteht, dass ich die dunkle Brille nicht mag, sondern stattdessen sehen möchte, was passiert. Immer wieder hört man: „It will be so nice!"

Nachdem das Gel aufgetragen ist, wird in den Beißring eine UV-Schiene eingeklinkt – man ist nun wie festmontiert, sozusagen Teil eines Apparates, in dem der Kopf fixiert ist. Auf den Zahnarztstuhl wird Musik eingespielt – wohl damit man das Brodeln im Mund nicht hört. Mit der Erfahrung aus Deutschland wird mir irgendwann mulmig, denn ich weiß, es kommt der Moment, während das Zeug noch einwirkt, dann bekommt man Schmerzen. Und die vermisse ich hier bei der amerikanischen Variante bislang noch. Dann, nach 20 Minuten, wird alles abmontiert und ausgesaugt – ich darf meinen Mund ausspülen und fühle irgendwie ein Taubheitsgefühl im Mund. Danach kommt Durchgang 2. Dasselbe passiert noch einmal – irgendwann nach der Hälfte der Zeit aber fangen die Schmerzen an. Es zieht und zischt. Schmerzen, als wenn jemand mit einem Messer direkt ins Zahninnere sticht. Niemals dagewesene Schmerzen. Reden kann man nicht, der Kopf ist ja in Schlauchschluckstellung fixiert – nur Ohs und Ahs entweichen einem. Dann kommt als Beruhigung die Helferin, nimmt die Hand und sagt: „Oh, you are such a nice man", „so sweet" – alles ist wieder nur toll und sieht so schön weiß aus – keinerlei Anzeichen, dass mein Winseln als „Stopp, aufhören!" interpretiert wird. Die Schmerzen werden stärker – wie aufzuckende helle Blitze und Messerstiche fühlt es sich an – aber in Aussicht auf die bald weißen Zähne bleibt man, den Schmerz ertragend, auf dem Stuhl liegen.

So – nach den zweiten 20 Minuten wird man befreit. Man darf den Mund ausspülen, und dann kommt der Spiegel. „It's so white!", plappert die attraktive Helferin – aber es ereilt einen der absolute Schock. Die gesamte Zunge und das Zahnfleisch sind weiß. „That's natural", wird erklärt – das gibt sich wieder. Als Lunchpaket erhält man noch zehn quietscherote Pillen abgepackt mit der Anweisung, alle drei Stunden mindestens eine Pille zu nehmen.

Und was meinen Sie? Schon die Pillen am Anfang, vor der Behandlung waren Pain Reliever – und zwar in einer Konzentration, wie man sie in Deutschland wohl bei Operationen ohne Vollnarkose verabreicht.

In den drei Tagen danach habe ich jeden Dollar gespürt, den ich bezahlt habe. Essen war unmöglich – Trinken konnte ich absolut nichts Heißes oder Kaltes. Der Hinweis, den man in Deutschland erhält, nun bitte drei Tage lang keinen Kaffee oder Rotwein zu trinken, erübrigt sich – man würde umkommen vor Schmerzen.

Hört man sich um, wird Verständnis geäußert. Auf der anderen Seite verweisen einen Freunde auf die 400 Dollar, die das Bleaching kostet. Und wenn man etwas bezahlt, dann bekommt man dafür auch eine Leistung. Meine Zähne waren weiß, und das Zahnfleisch bekam in den Tagen danach auch die normale rote Farbe zurück. Ein Erlebnis – und wer auf Effektivität steht und diese verlangt, dem kann ich das nur empfehlen.

Als Anmerkung bleibt noch, dass natürlich auch amerikanischer Zahnschmelz verlorengeht – aber wenn in Amerika die

Zahnhälse frei liegen, dann wählt man auch gerne Keramik-Veneers, das sind hauchdünne Keramikscheiben, die auf die Zähne geklebt werden. Wie künstliche Fingernägel – nur härter.

Zähne sind weiß – that's it, und da gibt's auch keine weiteren Fragen.

Botox

Das Nächste, was in Manhattan oder L.A. Männer glücklich macht, ist Botox. Inzwischen ist dies dort eine Alltäglichkeit, und auch deutsche Zeitschriften sind ja immer wieder voll mit Artikeln über Männer und Botox, die aufhorchen lassen. In Deutschland jedoch eher negativ. Neulich wieder Schlagzeilen: „Botox macht dumm!", „Botox lähmt das Gehirn!" – In Deutschland ist immer Aufklärung gefragt, und man hinterfragt mehr, als dass man sich einfach faszinieren lässt und etwas testet. In Deutschland gilt es als unschick oder verpönt, wenn ein Mann Beautygeheimnisse hat.

Also: Botox gehört ins Gesicht. Alt aussehen ist in Manhattan nicht angesagt, und es ist wie gesagt keine Frage von Homo oder Hetero. Ab einem gewissen Alter bzw. ab einem gewissen Ausmaß an Falten im Gesicht hat man zu spritzen. Und das geht so: Man sucht sich einen Arzt seines Vertrauens, und dann schaut dieser in das Gesicht. Man entscheidet sich noch kurz, ob „nur" an der Stirn oder auch an den Augen.

Ganz ehrlich, an den Augen habe ich noch niemals etwas spritzen lassen – immer nur in die Stirn. Dazu werden fünf Punkte markiert – kurz mit einem Stift angezeichnet. Man kräuselt die Stirn, und dann setzt der Arzt die Markierungspunkte. Die Spritze in der Mitte der Stirn gilt der Zornesfalte – das ist die senkrechte Falte zwischen den Augen. die übrigen Spritzen werden oberhalb der Augen in die Wülste gesetzt, die sich durch das Runzeln der Stirn ergeben. Gelernt habe ich, dass man niemals weiter außen ansetzen sollte als senkrecht über der Augenmitte, da ansonsten das Auge absacken könnte.

Nun ja – dementsprechende Beispiele kennt man aus deutschen Boulevardmagazinen zur Genüge. Aber dann sitzt man selbst beim Arzt und bekommt die Spritze ... auch hier sind das Schmerzen, als wenn einem jemand direkt in den Schädeldecke spritzt. Schrecklich.

Dann immer dasselbe – man kann es kaum erwarten, nach drei bis vier Tagen beginnt die Wirkung. Man kann auf einmal die Stirn nicht mehr auf eine gewisse Art runzeln. Nach einer Woche ist die Wirkung vollends eingetreten – die Stirn ist glatt – und ganz ehrlich, auch wenn die Wirkung nach einem halben Jahr aufhört, man hat es sich einfach abgewöhnt, die Stirn zu runzeln. Man hat verlernt, diese Muskeln anzuspannen. Nach sechs Monaten muss aber nachgespritzt werden, wenn die Wirkung anhalten soll – rein optisch macht es schon eine Menge aus. Man gewinnt etwa zehn Jahre, die man jünger aussieht, und ab und zu ist das doch ganz nett. Medizinisch erklärt: Das Botolinus-Toxin setzt am Muskelrezeptor an (die Oberfläche des Muskels besteht aus Proteinen, diese werden durch das Gift geblockt) mit der Folge, dass der Muskel gelähmt wird. Bedenken sind völlig unbegründet, da der Vorgang vollständig reversibel ist. Langzeitstudien fehlen allerdings bisher.

Nun zum gesellschaftlichen Ansehen.

Schauen Sie sich in der Subway von Manhattan um: Botox, Bleaching und Gym sind zum Statussymbol geworden. Es gibt nicht die Diskussion, ob etwas Sinn macht oder ob es gut oder schlecht für die Gesundheit ist. Wenn man in gewissen Clubs ausgeht, kommt einem keine Frau entgegen, die keine High Heels bzw. Highest Heels – denn alles ist steigerbar – trägt. Keine Frau, die nicht extra für den Abend beim Friseur war, und keine Frau hat gelbe Zähne oder Stirnfalten. Auch sind natürlich die Boops gerne mal gemacht, und neben dem Mega Victoria's Secret Push Up knetet man nicht selten Silikon – sollte es denn dazu kommen.

Botox, Bleaching, zum Friseur gehen und die Maniküre sind wie Zähneputzen oder jeden Tag das Hemd wechseln. All das ist zu einem Teil des „must have" – einem Teil des persönlichen Lifestyles geworden. Was für Statussymbole hat ein Mann schon in der westlichen Welt? Sie meinen das Auto? In Manhattan Fehlanzeige – hier stören Autos. Mann bleibt eine Uhr, ansonsten achten die Mitmenschen auf äußere Dinge – kleidet man sich adäquat, zeitgemäß, witzig und mit der Hipness von heute, oder hängt man den Dingen nach und hechtet der Chance Manhattans hinterher? Manhattan bietet alles und immer. Leverage your Lifestyle – nutze ich das überhaupt, oder nehme ich das Alles und das Immer gar nicht wahr? Dann kann natürlich die Frage aufkommen bei einer der vielen Poolpartys: „Hey, why don't you …" Nicht, dass einem etwas negativ ausgelegt wird – in Manhattan ist alles positiv, und nur Schönes wird bemerkt – aber offensichtliche Scheuklappen vor Trends und Zeitgeist mag man nicht.

Fragen Sie sich selbst, was Sie wollen – was für eine Partnerin möchten Sie kennenlernen – soll diese sich Möglichkeiten verschließen? In der Stadt der Städte wohnen, aber nichts davon mitbekommen? Wohl kaum, lautet Ihre Antwort.

Ein Blick zurück nach Deutschland: In Deutschland boomen gerade Botox to go und Botox-Pauschalangebote, fast jede Zeitschrift hat über Verfahren berichtet, den Lifestyle nicht dem Chirurgen zu überlassen. Spritzen statt schnippeln. Egal ob Unterspritzen, Haut bestrahlen, Haut abrubbeln, untere Hautschichten injizieren, Lasern oder Needeling und Cremen. Alle Geheimnisse werden hier in Deutschland aufgedeckt, anstatt auch Männern ein paar secrets zu lassen. Natürlich deckt die Boulevardpresse aber auch immer wieder Beispiele auf, wo irgendetwas nicht gut ging … weil einfach zu viel injiziert wurde. Botox wird an der Stirn und an den Augen angewendet. Die Lähmung der Muskeln bewirkt, dass die Falten nicht hervortreten – gleichzeitig „lernt" der Mensch, diese Muskeln auch gar nicht mehr zu benutzen. Und eine entspannte Haut ist faltenfreier.

Das Problem ist, das richtige Maß zu finden. Wer sich hat spritzen lassen, empfindet die Menge beim nächsten Mal als zu gering und will mehr. Nach der Stirn geht man an die Augenpartie. Während die Umwelt vielleicht beim ersten Mal gar nicht wahrgenommen hat, dass man ein wenig beim Glätten nachgeholfen hat, werden Freunde und Bekannte ab einer Menge, die unnatürlich ist, stutzig – besonders Bilder lügen nicht. Das ist dann nicht mehr zu verschweigen und setzt einen Mann unter Druck. Es wirkt viel zu schnell lächerlich, denn man fragt sich: Warum hat man das nötig? Und genau das hat man halt nicht. Nötig hat man Botox et cetera gar nicht. Es hat etwas mit Selbstwertgefühl zu tun. Wenn ich mich ganz persönlich wohlfühle, mich in meiner Umgebung geborgen fühle, dann habe ich doch eine ganz andere Ausstrahlung. Als Mann betrachte ich meine Uhr am Handgelenk und denke vielleicht an den besonderen Moment oder den Anlass, bei dem ich sie gekauft habe. Schaue ich in den Spiegel und habe ein neues tolles Hemd an oder eine gute Krawatte um, die ich selbst schön finde, so gibt mir das persönliche Power und ein Selbstwertgefühl, das mich in diesem Moment, in dem ich in den Spiegel schaue, unterstützt und stärkt. Genauso ist das doch auch mit dem Nachhelfen beim Glätten: Betrachte ich mich im Spiegel und sehe entspannt aus, ist es doch ein Grundgefühl, welches mich bestärkt. Ein Freund von mir benutzt Hämorrhoidencreme für die Augenlider. Er meint, dass sich die Augenränder so zusammenziehen. Das mag ein Hautarzt als krass beurteilen. Diesen Freund macht es aber glücklich, und er fühlt sich besser. Und nur das zählt. Leverage your Beauty ... entscheide, welche Möglichkeiten du selbst für dich nutzt, um dich wohlzufühlen! That's it. Und das Maß und die Menge entscheide ich selbst.

Eine andere Art, etwas nachzuhelfen, ist Hyaluronsäure. Dieses Mittel wird benutzt, um Falten aufzufüllen. Der Arzt oder Heilpraktiker spritzt es unter die Haut, und so verteilt es sich, man polstert die Falten von innen aus. Dabei dauert es weniger lange, bis sich die Wirkung entfaltet; das Hyaluron zieht Wasser, und dann ist das Ergebnis am nächsten Tag bereits sichtbar. Optimale Anwendungsgebiete sind hier ebenfalls die Stirn, die Augenpartie sowie die Nasolabial-Falte, das ist die Falte von der Nase zu den Lippen. Hyaluron ist eine körpereigene Substanz mit eigenständiger Molekularstruktur und ist in jedem Gelenk vorhanden. Im Laufe des Lebens wird es nicht mehr in dem Maße nachproduziert, wie es erforderlich wäre, die Folge sind Gelenkprobleme.

Durch die künstliche Erzeugung ergeben sich also auch gute Möglichkeiten in der Sportmedizin, zum Beispiel um Kniegelenke von Schmerzen zu befreien. Hyaluron bindet das körpereigene Wasser – somit wird bei dieser Behandlung die Biologie auf natürliche Weise unterstützt.

Im Gesicht zu spritzen erfordert eine genaue Kenntnis der verwendeten Substanzen – auch hier gibt es Unterschiede, wie viel Wasser das Produkt bindet, und es gibt unschöne Resultate, wenn man vom Arzt kommt und die Lippe und die Augen gefallen einem perfekt – am nächsten Morgen ist aber alles um 10 bis 20 Prozent mehr aufgequollen. Dann wurde eindeutig das falsche Produkt für Sie verwendet. Eine Behandlung kostet in Deutschland zwischen 280 und 400 Euro. Dafür erhält man eine Spritze, Stirn, Augenpartie und Zornesfalte aufpolstert. Nach etwa sechs Monaten ist der Effekt aber wieder vorbei und muss wiederholt werden.

Lichttherapie und Fettabsaugen

Heilpraktiker sehen Alternativen zur Schulmedizin. In Deutschland ist ein neuer, faszinierender Ansatz entwickelt worden, mit Licht zu verjüngen bzw. Energie aufzufrischen: Die Bio-Kraftfeld-Photonentherapie. Bio-Photonen werden kleinste Lichtteilchen genannt, die in lebenden Organismen für Wachstum und Regeneration verantwortlich sind. Wir kennen das: Isst man eine frische Orange, so fühlt man sich frisch – nachweislich nimmt man über eine Orange genauso viel Sonnenenergie auf, wie wenn man sich an einem Sommertag 30 Minuten in der Sonne aufhalten würde! Den Effekt kennt man aus dem Sonnenstudio: Die eigenen Kräfte werden angeregt, und man fühlt sich besser, auch irgendwie motivierter, wenn man Licht „getankt" hat.

Der Forschung gelang es nun, mithilfe eines Restlichtverstärkers nachzuweisen, wie viel Lichtteilchen pflanzliche Lebensmittel abgeben, die dann neben den Inhaltsstoffen wie Mineralien oder Vitaminen dem Körper Kraft geben. So sind biologisch angebaute Lebensmittel eindeutig von konventionellen Produkten zu unterscheiden. Menschliche Zellen sterben täglich ab, und neue entstehen. Warum also soll Licht nicht helfen, im menschlichen Körper Energien freizusetzen? Neue Therapiegeräte bestrahlen Körperteile gezielt mit Licht – dabei wird durch Frequenz, Amplitude, Ausbreitungsrichtung und Polarisation gezielt gesteuert, wie das Kraftfeld auf die menschliche DNA wirkt.[3]

Je nach Intensität wird so der eigene Körper zur Regeneration angeregt. Psychologische Blockaden, Erreger, Giftstoffe und so weiter verhindern im Gewebe die Aufnahme von Licht. Probleme wie Angespanntheit, Antriebslosigkeit, Gedächtnisschwächen, Ängste, Schlafstörungen oder Kopfschmerzen – typische energiebedingte Blockaden – können damit erfolgreich angegangen werden. Das kostet dann etwa 50 bis 60 Euro pro Sitzung. Es gibt sogar Ansätze, chronische Erkrankungen wie Rheuma, Herz-Kreislauf-Störungen und Frakturen mit Licht zu behandeln. Das ist das Neueste aus Deutschland. In den USA entstehen derzeit Sauerstoffgeschäfte. Hier hat man die Möglichkeit, für 10 oder 20 Minuten in einer Sauerstoffkabine aufzutanken. Die Haut fühlt sich frisch an, der Körper atmet mehr Sauerstoff, als in normaler Luft vorhanden ist, und der erhöhte Sauerstoffgehalt im Blut regt die Organfunktionen an.

Botox oder Bleaching, Haartransplantation oder Hyaluronsäure liegen nicht jedem Mann, auch möchte Mann nicht so offen darüber reden. Alexander, ein Freund, hat sich Fett absaugen lassen. Er war es einfach leid, trotz regelmäßigem Sport und disziplinierter Ernährung immer noch keine Erfolge an sich selbst festzustellen. Mit 2.000 Euro war das Problem gelöst – der Chirurg hat mit einer Sonde einfach den Speckgürtel rund um den Bauchnabel mehrmals punktiert und Fett abgesaugt. Man dachte erst, Alexander hätte noch mehr trainiert als früher, er sah gut aus und wirkte fröhlich. Was wirklich geschehen ist, hat er kaum jemandem erzählt. Sowieso ist es bei all diesen Eingriffen am besten, wenn Sie danach für zwei Wochen nicht im gewohnten Umfeld auftauchen. Oder verbinden Sie es mit einem Urlaub –

3) Schöpe, Jörg Victor (2012): *Biophotonen in der Energiemedizin.* ACON Arbeitskreis Bochum.

danach bemerken Ihre Leute zwar positive Veränderungen, aber eher dosiert.

Kosmetik

Eine andere Möglichkeit, sich zu pflegen, ist Kosmetik.

Mit Mitte 30, mit 40 gar und ganz sicher auch noch später kennt Mann das Gefühl, morgens in den Spiegel zu schauen mit dem Gedanken: „Puh, das sah früher einmal anders aus." Viele von uns kennen die Erfrischungscreme am Morgen nach einer Party. Sie ist der frische Kick fürs Gesicht!

Die Verwendung dekorativer und pflegender Kosmetik wird für Männer in Deutschland immer normaler und akzeptierter. Shampoo, Lotion, Gesichtscremes sind auf dem Vormarsch, und, ganz ehrlich, nach einer längeren Nacht wirkt ein Produkt mit Beauty-Flash doch wirklich Wunder. Eigentlich alle, die ich kenne, haben irgendein Lieblingsprodukt. Beim einen muss es ein besonderes Gel sein, damit die Haare auch so liegen, wie man es will, ein anderer schwört auf eine besondere Creme. Nach dem Sport sollte man eine Bodylotion auftragen; wenn man das ein paar Tage vergisst, dann sind die Ellenbogen rau, und an den Beinen bilden sich weiße Schlieren. Der Körper will Feuchtigkeit, und weil die Industrie oft Proben ausgibt, hat Mann auch schon hier und da neue Produkte kennengelernt oder selbst beim Shoppen in einem Geschäft entdeckt. Wahnsinnig toll ist doch, wenn man schon beim Auftragen einer Creme mit Feuchtigkeit das Boost-Gefühl bemerkt und geradezu spürt, wie das Gesicht die Energie aufsaugt. Schafft man es dann, noch die Haare mit Gel oder Molding Mud zur eigenen Zufriedenheit zu stylen, beginnt doch der Tag schon ganz anders!

Natürlich ist das oft subjektiv, und der jeweilige Duft einer Pflegelinie gibt einem entweder ein gutes Gefühl – oder halt nicht. Aber genau darum geht es doch. Ich muss mich wohlfühlen. Ich muss mich akzeptieren, so wie ich bin, und wer sich schon selbst nicht im Spiegel anschauen möchte, was soll aus dem beruflich oder auch privat werden? Die Abrundung für mehr Selbstzufriedenheit bieten Düfte, die man je nach Stimmung aufträgt.

Eine Umfrage[4] zeigte kürzlich, dass über die Hälfte aller Männer im Arbeitsalltag einen Duft tragen und sich sogar 70 Prozent der Männer in Parfümerien selbst einen Duft kaufen. Da hat sich doch etwas verändert gegenüber Großvaters Zeiten, als noch ein Aftershave genügte und das schon als etwas ganz Besonderes verwendet wurde.

Kein Wunder also, dass die nationale und internationale Marktbedeutung für Männerkosmetik steigt und steigt: Weltmarktführer L'Oréal hat eine Studie herausgegeben zum Thema: „Warum Mann sich pflegt – der deutsche Mann und seine Einstellung zur Kosmetik". Demnach hat 2010 jeder fünfte Mann weltweit eine pflegende Creme oder Lotion verwendet.[5] Damit betrug der Anteil der Männerkosmetik 6,5 Prozent des gesamten Kosmetikmarktes. Allein im Segment Hautpflege bedeutet dies einen Anstieg um 54 Prozent gegenüber 2005. Waren es in der Vergangenheit vorwiegend Aftershave-Produkte, Deo oder Shampoo, so kommen heute Produkte wie Anti-Aging-Cremes oder spezielle Augenprodukte hinzu. Die Kosmetikkonzerne sorgen für immer mehr Vielfalt: Zum Beispiel waren 2009 88 Make-up-Produkte für den Mann auf dem Markt, waren es 2005 erst drei. Selbst die dekorative Kosmetik ist auf dem Vormarsch, denn nur noch 51 Prozent halten Falten und raue Haut für männlich! Über drei Viertel der deutschen Männer legen gesteigerten Wert auf ein gepflegtes Äußeres; bei den Gründen stehen bessere Karriereaussichten an erster Stelle (von 89 Prozent genannt), 77 Prozent aller Männer geben an, dass die Erwartung des Partners motivierend ist, und über 50 Prozent sagen, dass durch die Anwendung solcher Produkte das Selbstbewusstsein gestärkt wird. Wichtig sind dem deutschen Mann die Verpackung und der Duft, die ein Produkt als Männerprodukt definieren – die Inhaltsstoffe werden seltener beachtet.

Hier sind weltweite Unterschiede zu erkennen. In Tokio ist mir neulich eine Werbung für Männer-Lippenstifte aufgefallen. Für

---

4) L'Oréal (2012): *Dossier Männer & Kosmetik*. Studie Düsseldorf.
5) L'Oréal (2012): *Dossier Männer & Kosmetik*. Studie Düsseldorf.

mich persönlich undenkbar, aber laut der Studie schminkt sich heute in Deutschland jeder achte Mann. Seit ich das las, habe ich bei Freunden im Badezimmer vereinzelt in den Kulturbeutel geschaut – und wirklich, Männer (und zwar Heteros) haben wirklich Abdeckstifte, teilweise Kajalstifte und Wimperntusche im Kulturbeutel. Das hätte ich nie gedacht – in einer Parfümerie wurden mir auf entsprechende Nachfrage Produkte gezeigt, die farblich allerdings nicht so auffallen wie bei Frauen. Nun gut, diese secrets of a man's life sollen wohl Geheimnisse bleiben.

Interessanterweise hat L'Oreal 26 Marken in einzelnen Segmenten. Schaue ich in die Beipackzettel, so wird bei Männerprodukten ein Geheimnis aus den Inhaltsstoffen gemacht. Unterschieden wird in Deutschland zwischen Apothekenkosmetik – hier ist von „Mineralien" und Ähnlichem die Rede, und gesund klingende Fachworte wie „Parabene", „PH-Wert" oder „Calcium" entfalten ihre Wirkung. Schon die Verpackung wirkt heilend, pflegend und halt gesund. „Das wird mir guttun", vermitteln die Produkte, und dasselbe Gefühl hat Mann doch auch, wenn man zum Beispiel nach dem Duschen beim Sport mit seinem eigenen Duschgel in die Kabine geht und sich so ein wenig vom gewöhnlichen Drogerieartikel oder gar dem studioeigenen Shampoo abhebt.

Ältere Männer werden in Deutschland mit speziellen Anti-Aging-Produkten bedient – aber auch hier zeigt ein Blick in die Beipackzettel keine genaue Wirkung der Inhaltsstoffe wie zum Beispiel bei Frauenprodukten, wo schon mit Collagen in Anzeigen auffällig geworben wird. Männerhaut verliert mit der Zeit an Dichte und Straffheit. Spezielle patentierte Namen für enthaltende Extrakte werden angeführt und geben einem das Gefühl, jetzt wirklich etwas für die Haut getan zu haben. Und ganz ehrlich, ich fühle mich auch anders und angenehmer, wenn ich morgens zu einem entsprechenden Produkt greife!

In Manhattan boomen Ökocremes und gesunde Produkte im Männer-Kosmetik-Segment. Natürlich werden mindestens alle in Europa erhältlichen Pflegeprodukte angeboten, die Kosmetikbrands haben sogar noch ein weitaus umfangreicheres Programm als in Europa. Shiseido bietet in Deutschland zum Beispiel keine Haarpflegeprodukte für Männer an. Hinzu kommen in den USA aber viele kleine Eigenmarken einzelner Supermärkte oder Ökoläden. Hier werden dann spezielle Inhaltsstoffe wie zum Beispiel Aloe Vera oder Salbei besonders auf der Verpackung herausgestellt und als eigene Linie angepriesen. Auch der deutsche Hersteller Dr. Hauschka ist hier sehr angesagt. Dr. Hauschka unterteilt die Produktstrategie nicht in eine Herren- und eine Damenlinie, sondern differenziert nach unterschiedlicher Hautbeschaffenheit. So werden Cremes für die kalte Jahreszeit oder den Sommer angeboten – verstärkt werden die Inhaltsstoffe mit natürlichen Zutaten wie zum Beispiel Mandel- oder Rosenöl, wofür es jeweils eine eigene Produktlinie gibt.

Biotherm Homme ist weltweit Marktführer im selektiven Herrenkosmetik-Markt. Die Geschäftsplanungen verraten, dass dieses durch zwei Hauptzielgruppen in der Zukunft noch weiter ausgebaut wird. Einmal sollen neue „Einsteiger-Typen" mit leichten Texturen sowie Feuchtigkeitspflege bedient werden, zum anderen werden durch Innovationen in hoch-technologische Anti-Aging-Produkte neue Trends gesetzt und so der Markt vorangetrieben.

Genuss

Ein amerikanischer Freund von mir war ganz erstaunt, als ich einmal „echte" Milch gekauft hatte. Er dachte, die Milch sei schlecht, so sahnig und dickflüssig hatte sich oben am Kanister das Fett abgesetzt. Und als er sie probiert hatte, spuckte er die Milch in das Spülbecken: „That's like pudding!" – „Oh nein", musste ich ihm widersprechen. „Milch, die nicht hocherhitzt und pasteurisiert wurde, ist so. Das ist echte, frische Milch." Der Mensch hatte zuvor immer nur „Skim Milk" gekauft, 2-Prozent-Milch. Die sah aus wie aufgelöstes Spermawasser – 2 Prozent Milch und der Rest Wasser. Es gibt in US-Supermärkten, ich habe es nachgezählt, neun Sorten Milch, mit oder ohne Fett – etwas

Fett, reduced fat, mit oder ohne Vitamin D, Ziege, Schaf oder was auch immer. Ein halbes Regal nur Milch!

Als ich einmal ein Brot selbst gebacken habe und es aus dem Ofen holte, kam: „What is that?" Ich meinte: „That's bread!" „Bread?", entgegnete er. Ich fühlte mich leicht auf den Arm genommen. „That's not bread, this is round", und Brot sei nicht rund, meinte er. „What do you mean?", entgegnete ich, Brot ist nicht rund? Was ist Brot dann? Und schon ahnte ich, dass er Brot nur in der Kastenform kannte – Toastbrot eben, ebenfalls in 16 verschiedenen Sorten erhältlich. Mit Korn, ohne Korn, mit Kruste oder ohne, dunkel oder hell! Aber alle Sorten sind geöffnet gleich weich und pappig, egal ob mit Korn oder ohne. Jedenfalls war er ganz erstaunt, dass Brot nicht immer eckig ist, sondern auch rund sein kann. Ich habe ihm dann erklärt, dass Brot, wenn man es selbst bäckt und keine Form nimmt, ja gar nicht eckig sein kann.

Sie sind nicht so der intellektuelle Typ – es ist eher der Genuss, der Sie lockt, etwas Neues auszuprobieren?

Wie wäre es mit einem Kochkurs? Im Fernsehen wird es uns vorgeführt – Männer kochen. Und das ganz anders als Frauen. Könnten wir Männer für uns alleine kochen und würden uns die Zeit dazu nehmen, gäbe es Steaks in Perfektion! Welche Gerichte haben Sie schon einmal zubereitet? Den klassischen Nudelsalat, die Frikadellen oder die Bowle dazu? Wie wäre es, wenn Sie sich an Vertrautes herantasten und dann die Zutaten abwandeln? Sie sind alt genug, um zu verstehen, warum in Frikadellen oder Bouletten Hackfleisch mit Semmelbröseln und Ei plus Gewürze vermengt werden – testen Sie Variationen! Interessieren Sie sich für fremde Kulturen? Gehen Sie einmal Indisch essen, Afrikanisch, Chinesisch und so weiter. Schmecken Sie hier die unterschiedlichen Gewürze heraus, und versuchen Sie mit diesen die Zubereitung für Ihr Stammrezept „Bouletten" abzuwandeln. Sie können auch im Internet nachsehen, welche Gewürze die anderen Kulturen verwenden und was Ihnen wohl am besten schmecken würde – testen Sie das zu Hause aus. Überraschen Sie sich selbst mit einer Variation in Richtung Orient, Russisch oder Japanisch.

Dann wandeln Sie andere Ihnen bekannte Speisen ab und passen die Getränke dazu an. Der übliche Trott muss durchbrochen werden! Das übliche Essen, auch wenn es gut schmeckt – Abwechslung ist besser.

Schaut man in Deutschland in die Supermärkte, so gibt es doch kaum Veränderung: Öko ist angesagt und Bio. Es gibt Haushalte, da wird Bio pur gelebt und Müll getrennt. Neuerdings ist alles ökologisch und gesund, und dann kommt doch heraus, dass Bodenhaltung bei Hühnern schlecht ist und sich die Keime viel stärker vermehren als bei Käfighaltung. Die Tomaten sind genverändert und doch Bio – denn der verwendete Dünger ist biologisch. Selbst bei Schokolade steht schon Bio drauf – vielleicht ist hier das Geheimnis, dass für die Kakaobohne mehr bezahlt wurde und so der Bauer irgendwo auf der Welt mehr Geld bekommen hat, und darum darf hier das Gütesiegel Bio verwendet werden. Mal logisch nachgefragt – wie ist es möglich, dass inzwischen schon in jedem Discounter vieles auf Bio umgestellt wurde? Sind jetzt alle Kühe glücklich und alle Hülsenfrüchte fair gehandelt? Wohl kaum – aber man kocht Bio.

Warum kombiniert man nicht die bisherigen Essensgewohnheiten mit etwas Neuem, anstatt beim Alten zu bleiben und mit der Umstellung auf Bio schon zufrieden zu sein? Eine TV-Reportage hat jetzt aufgedeckt, dass die in Deutschland verkauften Bio-Lebensmittel meist aus dem europäischen Ausland stammen, Kartoffeln sogar zum Teil aus Argentinien eingeflogen werden. Die Kartoffeln mögen dann zwar bio sein, Nachhaltigkeit wird aber ganz sicher nicht gelebt, indem man diese Produkte verwendet. Deutsche Bauern schwenken wieder mehr und mehr zur herkömmlichen Produktion um, da Bio zu den in Deutschland angebotenen Preisen regional einfach nicht umzusetzen ist!

Wie immer der Blick nach New York: In einem amerikanischen Supermarkt sind Erdbeeren so groß wie Kiwis und Orangen so groß wie bei uns Pampelmusen. Äpfel so grün wie Photoshop-Katalogbilder und Möhren, Porree oder jedes andere Gemüse gleich lang – alles ordentlich aufgetürmt und attraktivst zur Schau gestellt. Sowieso ist Gemüse ohne saisonale Beschränkung erhältlich. Erdbeeren sind immer fett, saftig rot, während die Pampelmusen in gelb, weiß, pink oder mit rotem Fruchtfleisch zu haben sind. Dazu die Auswahl an Milch mit und ohne Vitamin D oder A – Skim Milk mit 0 Prozent Fett, 0,2 Prozent Fett bis hin zu Whole Milk, pasteurisiert und nicht – dann noch erhältlich in 1-Galon-Kanistern oder Faltschachteln mit einer halben Gallone Inhalt. Dasselbe gilt bei Orangensaft – hier gibt es welchen mit viel, wenig oder gar keinem Fruchtfleisch, mit 20, 50 oder doch lieber 80 Prozent Blutorangeanteil, die Kombination mit Karotte und/oder Grapefruit. Wenn man sich nach dem Erstaunen über diese Vielfalt entschieden hat, muss man noch wählen, welchen Hersteller man kaufen möchte. Das alles ist nicht einfach. Bei Eiern ist ein ähnliches Sortiment erhältlich: Mit Vitaminen, mit oder ohne Omega-3-Zusatz, fat free, glukosearm und weiß oder braun.

Während ich die Milchproduktpalette noch verstehen kann, frage ich mich bei Eiern, die ja alle aus Hühnern kommen, wie hier diese „Zutaten" hineinkommen. Aber das hinterfragt man in den USA besser nicht. Auch ist das Eigelb wirklich gelb bzw. fast orange – so wie es in Deutschland nur bei „glücklichen Hühnern" vorzufinden ist. Keines der angebotenen Eier, egal mit welchen Omega-Anteilen, welchen Vitaminen und sonstigen Zusatzstoffen, ist angestochen, sodass die Zutaten hätten injiziert werden können. Also fragt man sich lieber nicht, was der Bauer macht, damit sein Huhn nur Eier einer besonderen Sorte legt. Nun ja. Des Weiteren werden etwa 30 verschiedene Flake-Sorten und Cerealien-Produkte angeboten und von allem anderen auch ganz viel.

Hinzu kommt, dass es in jedem Supermarkt fertiges, frisch zubereitetes Essen gibt. In Obst-Nähe sind die geschnittenen und portionierten Vitaminpacks, sortiert nach Obst und Gemüse mit unterschiedlichen Dippsorten appetitlich angerichtet, und in der Fleischtheke warten diverse Salate und schon fertige Gerichte auf den Verkauf. Auch gibt es immer ein Angebot an frischem Sushi, nach Sashimi, Nigiri und Wraps sortiert. So wird einem die Auswahl nicht leicht gemacht, musste man sich doch vorher schon beim Kaffee kaufen zwischen 30 frisch gerösteten Kaffeebohnen, die allesamt einzeln in Kaffeesäcken angeboten werden, entscheiden.

Auch hier gilt: Alles, überall, und das zu jeder Zeit. Selbst wenn ich nachts einkaufen will, dann ist alles immer frisch vorhanden – auch steht nachts natürlich der Lieferservice parat! Es fällt einem wohl nicht ein Landstrich unserer Erde ein, für dessen Nationalküche man nicht beim Schlendern durch die Straßen ein tolles Restaurant entdeckt. Selber kochen ist in Manhattan nicht angesagt – viele haben kleine Wohnungen, außerdem ist Essengehen wirklich günstig. Kocht man aber doch einmal selbst für sich, so sind das meistens einfache Gerichte, da die Küchen in Manhattan äußerst klein sind. Warum also nicht mal einen Japanisch-Kochkurs machen? Aber es geht auch ohne: Einfach eine Sorte Fisch kaufen und zwei Minuten, bevor der Reis auf dem Herd fertig ist, diesen mit ins kochende Wasser gleiten lassen. Ein Topf und eine Herdplatte reichen aus! Dann beides vom Herd nehmen, das Wasser abgießen, Sojasauce dazu oder etwas Zitrone frisch ausgepresst – und fertig ist ein japanisches Gericht. Nahrhaft, schmackhaft und trotzdem kalorienarm.

Wenn Sie an das amerikanische Frühstück denken, würde diese Beschreibung nicht passen. Hier kann man im Restaurant zwischen French Toast mit oder ohne Pancakes, mit oder ohne Würstchen und Eier, von einer Seite angebraten oder in der Pfanne gewendet oder doch lieber Rührei oder im Glas pochiertem Ei wählen. Fett und viel ist ein Frühstück in Amerika, und schaut man sich um, so liegt die Frage auf der Hand, was wohl die Restaurantbesucher an sich oder ihrem Körper gerne ändern würden oder nach europäischen Maßstäben vielleicht sogar sollten …

Genuss ist aber auch, wenn man als Europäer in den Staaten Kuchen kauft. Am Anfang sieht man die Buttercremetorten – Cheesecakes – und Muffins, die „Danish's" – Teigteilchen mit Obst – oder die berühmten Cupcakes. Jeder kennt das Gefühl. Man ist beim Bäcker in Deutschland und sieht die angebotenen Produkte. Man weiß, wie was schmeckt, und spürt, ob man nun lieber eine Obstschnitte oder eine Buttercremetorte möchte – oder vielleicht doch lieber einen Käsekuchen oder ein Schokostück? Die Produkte werden schmecken, wie sie aussehen, auch wenn das Produkt natürlich bei einem Bäcker besser mundet als beim anderen. Aber kein Vergleich zu Amerika. Besonders, wenn man Besuch aus Europa bekommt, macht man immer wieder dieselbe Erfahrung: Man denkt, dass etwas so schmeckt wie man meint, dass es schmecken sollte, da es ja so aussieht, wie es schmecken könnte.

Kurz: Viele süße Sachen schmecken nicht so, wie wir dem Aussehen nach erwarten. Kuchen zu essen läuft geschmacklich grundsätzlich folgendermaßen ab: Da alles perfekt und wirklich appetitlich aussieht, erwarten Sie einen tollen Geschmack – aber dann ist es so, als würden Sie erst einen Esslöffel Zucker, dann einen Teelöffel Fett in den Mund nehmen und dann erst von dem Kuchenteilchen abbeißen, das Sie erwarten. Und das Stückchen für Stückchen. Die Hauptzutat bei amerikanischen Kuchen, Cupcakes oder Muffins ist Zucker. Dann noch mal derselbe Anteil Zucker. Und dann liegt es im Ermessen des Bäckers, wie viel Zucker noch zusätzlich in die Schüssel kommt. Anschließend garantiert Fett. Dann erst kommt das Mehl als Zutat in den Teig. Egal, was dann folgt, Zucker ist definitiv noch einmal dabei. Sollte das von Ihnen ausgesuchte Stückchen Kuchen (wobei „Stückchen" die Dimension der Portion nicht umschreibt, es gibt eigentlich nur „Stücke") noch mit Sahne sein, dann ist auch hier garantiert viermal so viel Zucker wie flüssige Sahne enthalten. Deswegen heißt Sahne in den Staaten auch nicht Sahne, sondern gleich „Cream". Angemerkt muss noch werden, dass in fast jedem Produkt künstlicher Geschmacksverstärker enthalten ist.

Aber es geht hier um das Entdecken von Genuss, und es geht um Vielfalt, um festzustellen, was man mag und was nicht. Und das geht in den USA wirklich gut, denn neben den Zucker-Desserts gibt es auch vielfältige Restaurants, die tolles Essen anbieten. Vielfalt ist eben angesagt. Jeder kennt den für die USA typischen Burger – auch hier ist die Auswahl nicht auf Burger King oder McDonald's beschränkt. Viele spezielle Burger-Restaurants bieten Burger in zig Geschmacksrichtungen an. Man wählt nicht nur zwischen medium, rare oder well done, sondern die Raffinessen beziehen sich auch auf das Belegen der Brotsorte mit allem Erdenklichen vom Salatblatt bis hin zu Honig oder Ziegenkäse – der Vielfalt sind keinerlei Grenzen gesetzt! Essenstechnisch ist Manhattan nicht zu überbieten, und schon nach einiger Zeit ernähre ich mich irgendwie ganz anders als in Deutschland. Viel mehr Obst, frische Aprikosen zum Frühstück – dazu ein gesundes Müsli und Greek Joghurt. Ein Genuss! Hier in Deutschland gibt es die Produkte zwar auch – ein deutsches Frühstück besteht aber eher aus herkömmlichem Brot oder „nur" Müsli.

Oder Avocados, richtig reif auf den Punkt, buy 2, get 3 – nicht wie hier noch unreif, und wenn sie reif sind, hat man sie in der Küche längst vergessen und in Gedanken schon als „alt" abgetan. In Amerika aber frische Avocados auf einen gerösteten Erdbeer-Creamcheese-Bagel streichen, dazu eine kleine Scheibe Parmaschinken ... Wahnsinn! Und im Einkauf gar nicht teuer. Denk ich an Deutschland und die Fleischtheke ... Niemand wagt es hier doch, sich einfach mal vier dünne Scheiben von verschiedenen Schinkensorten abschneiden zu lassen. Dann motzt doch die Fleischfachverkäuferin, ob ich nicht mindestens ein paar hundert Gramm nehmen kann, schließlich müsse sie die Maschine wieder säubern. Sorry, aber das interessiert den Kunden wohl wirklich null!

Nach amerikanischer Auffassung darf die Lady froh sein, dort zu arbeiten und Schinken dünn in Scheiben zu schneiden. In Amerika schneidet die Verkäuferin auch mitten in der Nacht ziemlich happy und mit einem Lächeln und selbstverständlich mit einem netten Talk zwei oder drei Scheiben Schinken; anschließend bietet sie noch unverbindlich eine andere Sorte zum Probieren an – denn mir als Kunden könnte die andere Sorte ja noch besser gefallen, sodass ich beim nächsten Mal dort noch mehr Schinken kaufe. Vor allem ist die Verkäuferin froh, dass ich als Kunde nachts in dem Supermarkt einkaufe, wo sie arbeitet – denn wenn ich nichts einkaufen würde, so hätte sie auch keinen Job!

Toll, oder? Aber das versuchen Sie mal einer deutschen Supermarkt-Fleischfachverkäuferin zu vermitteln – undenkbar! Gewerkschaften und Gesellschaft finden auch vehement Gründe, Ignoranz und Unfreundlichkeit zu rechtfertigen; in den USA gibt es übrigens einen Mindestlohn[6] von 7,75 Dollar in Alaska, 4,- Dollar in Montana und 8,- Dollar in Kalifornien. In New York müssen mindestens 7,25 Dollar pro Stunde bezahlt werden.

Also halten wir fest: Ihr kostbar verdientes Geld können Sie ausgeben, wofür Sie wollen – es gibt alles in Riesenmengen, Riesenauswahl, und Schritt für Schritt werden Sie feststellen, dass eine vielfältige Ernährung Spaß macht!

---

6) http://www.dol.gov/whd/minwage/america.htm

7. Kapitel

LIFESTYLE

Lifestyle setzt sich zusammen aus zwei Worten:
Life, also Leben, und Style, also Gestalten –
wie gestalte ich mein Leben?

Berlin ist da wirklich anders als München. Amerikaner, die in München waren, fanden, dass der Viktualienmarkt wie ein Theater für Alle sei – die Menschen seien dort ebenfalls verkleidet gewesen, höre ich immer wieder. In Berlin ist es schick, halt nicht „schick", Hamburg-like oder Köln-like zu sein. Paula, eine Freundin von mir, arbeitet im Goethe-Institut, und als sie mal in Hamburg shoppen war, gefiel ihr ein leichtes Sommerkleid. Auf die Frage, wo sie das anziehen solle, meinte die Verkäuferin: „Na zum Shoppen, jeden Tag halt!" Überzeugt kauft sie das Kleid. Paula ist dann nach Berlin umgezogen und hat dieses Kleid einfach samstags zum Einkaufen im Supermarkt angezogen – sie wurde angeschaut, als gehe sie mindestens zum Opernball – dezent overdressed.

Bei Europäern ist es populär, Labels zu tragen, die es in Europa nicht häufig gibt. Amerikanische, japanische oder auch australische Marken – so hebt man sich von der Masse ab. In Berlin sind Schlabberhosen in, und eigentlich kommt die gute Trainingshose mit den drei Streifen plus ein T-Shirt, dazu einfach Stoffturnschuhe von H&M für 4,80 Euro als gepflegt rüber. So erhält man ohne Probleme Einlass in jeder Disko, und kein Türsteher der deutschen Hauptstadt hätte Zweifel, dass das Outfit passen würde. Dies ist übrigens der Fehler von allen Berlin-Touristen, die stundenlang vor den begehrten Clubs Schlange stehen und dann, aufgezäumt wie Zirkuspferde und als no-go auch noch mit tollen Schuhen ausgestattet, endlich vor dem Türsteher angelangt sind, der dann abschätzend an ihnen hoch und runter schaut und „no" sagt. So zerplatzen Träume in Berlin – dabei könnte es outfitmäßig so einfach sein.

In New York aber hatte ich natürlich auch alles an Sachen mit, die ich weltweit sonst so anziehe. Dezent wurde mir gesteckt, dass mein Style irgendwie nicht so geht und auch meine Shirts allesamt viel zu groß seien. „You are such a cool guy, but your style is not so New York", bekam ich zu hören, und so verschwanden sämtliche Shirts aus Europa ganz hinten im Schrank. Da die Schränke in den New Yorker Apartments nicht so groß sind, waren dies die ersten Sachen, die bald im Paket nach Deutschland zurückgeschickt wurden. In New York sind ganz eigene Labels angesagt – Kragen hochstellen wie in schicken Hamburger Clubs ist verpönt – Body zeigen und fit sein. Oder schlampig – aber nicht Berliner Sozial-Armut.

Nicht nur über Kleidung, sondern auch über Sprache vermittelt sich Lifestyle. Neulich habe ich bei Mandy in Berlin auf dem Sofa gesessen. Sie möchte ihre Englisch-Kenntnisse auffrischen. Während sie sich für den gemeinsamen Abend noch im Bad umzog, meinte sie, ich könne ja mal mein Englisch testen. Auf dem Wohnzimmertisch stand ein Kästchen mit verschiedenen Karteikarten. Englisch – Deutsch. Auf der einen Seite stand eine deutsche Redewendung und auf der Rückseite die englische Übersetzung. Ich bin einige Karten durchgegangen, und sofort wurde mir mal wieder bestätigt: Englisch lernen und korrekt sprechen ist eine

Sache – aber leben in einem Land und die Umgangssprache sprechen, das sind zwei verschiedene Level. Und so steckt in einem überraschend ausgesprochenen „Hallo?" in Deutschland nicht die amerikanische Übersetzung „Hello?", was so viel bedeutet wie: „Wo bist du?" Sondern das „Hallo?" im Deutschen bedeutet im Zeitgeist von heute: „Wie bist du denn drauf?" oder auch: „Das meinst du doch nicht ernst?" oder: „Da habe ich jetzt aber etwas ganz anderes verstanden!"

Sie schmunzeln vielleicht, aber genau solche Situationen erlebt man gerade in New York City häufig. „He is so L.A.", „Let's fly to Frisco!" Dahinter stecken überall Bedeutungen, die man am Anfang, wenn man neu in einer Stadt ist, gar nicht kennen kann. „He is so L.A." drückt etwas über die Lebensauffassung aus. New Yorker lästern über die Leute in Los Angeles, und die Los-Angeles-people lästern über New Yorker. „So L.A. sein" bedeutet also Autofahren, entspannter sein (denn man steht mit dem Auto oft stundenlang im Stau), Kaugummi kauen zu jeder Gelegenheit, eher Cola mit Eis anstatt Wodka mit Eis trinken (da man in Los Angeles noch mit dem Auto heimfahren muss) und vieles mehr. „Being N.Y." bedeutet wiederum für Los-Angeles-people, dass man „always on the run" – immer in Hektik – ist, vom Denken her sehr strukturiert und immer zielgerichtet. „Let's fly to Frisco!" bedeutet, lass uns nach San Francisco fliegen, und beschreibt das Image, welches San Francisco auf Amerikaner ausstrahlt. Sich mal entspannen und trotzdem innerlich aufgeräumt sein – sich nicht so gehenlassen wie jemand, der in Los Angeles wohnt, und etwas mehr „drive" bekommen im Leben.

Aber zurück zum Lifestyle. Das Wort Lifestyle kann man in New York perfekt verstehen. Style ist nämlich mehr als nur „gestalten". Styling ist mal bunt, mal schrill, mal düster, mal grell. Mal laut und mal Normalo – mal frech und mal dezent daneben. Mal ist man in New York hipp angezogen und im Job Wall-Street-like bieder. Die Häuser sind mal hohe Wolkenkratzer und mal nur zweigeschossig. Die Menschen sind von dunkler und von heller Hautfarbe. Das Essen ist teuer und billig. Diese Liste könnte jeder, der einmal in New York war, unendlich ergänzen. Und genau das fasziniert uns doch allesamt, denn dadurch, dass die Wohnungen meist klein sind, findet das Leben auf der Straße statt – in den Restaurants, in den Bars oder im Sportstudio, auch im Maniküre-Studio. Alles ist also nach außen hin sichtbar – denn die Schränke und Wohnungen sind alle vollgepackt, und es ist keine Seltenheit, dass in einer Manhattaner Wohnung das Fahrrad überm Eingang hängt, da es draußen geklaut würde, und sich in mindestens einer Ecke noch Umzugskartons stapeln – weil kein Schrankplatz mehr vorhanden ist. Lifestyle hat in New York nichts mit Arm oder Reich zu tun – wie ich mich kleide, wie ich mich gebe, wofür ich mich interessiere, das hängt nicht mit Geld zusammen. Ebenso wenig wie eigentlich in Deutschland.

In Deutschland ist man zwar gefühlt arm oder reich – aber aus Sicht der Amerikaner ist in Deutschland alles möglich. Alles geht auch mit wenig Budget. Jeder ist krankenversichert, und die Dinge laufen gesittet ab. Aber in Deutschland hat man das Gefühl, man gehört zu einer Klasse mit Geld, oder man ist Malocher und kommt eh zu nix. Die Deutschen verstehen nicht, Lifestyle zu entwickeln, unabhängig von ihrem Job und ihrem Budget. Das haben die Amerikaner drauf. Eine Frau im Supermarkt stylt sich auf, als wenn sie in Hamburg auf der Reeperbahn jobben geht. Daneben steht diejenige, die es gerade geschafft hat, Adidas-Flipflops anzuziehen, anstatt nur in Socken in den Supermarkt zu gehen (auch das kommt vor). New Yorker überlegen sich ihre Stimmung am Morgen, am Abend – immer wenn sie ausgehen. Und die setzen sie dann in ein entsprechendes Outfit um.

That's cool, that's hip, that's crazy – so etwas entsteht, wenn man seine Personality zu entwickeln geschafft hat und diese nach außen zeigt, weil man Spaß an sich selbst hat. Genieße das Leben, genieße dich selbst – that's it! In Deutschland trägt Mann Polohemden zu Jeans oder auch Oberhemden im Sommer, die dann bis zum Ellenbogen hochgekrempelt sind. Die Anzughosen schlagen einen Zentimeter auf dem Schuhsaum auf, und die Krawatten enden eine halbe Handrückenlänge überm Hosenbund. Ist das

Style? Einfache Antwort – nein. Wo also wird in Deutschland gestylt? Back to the roots – Grafiker gestalten Anzeigen und Magazine. Man inszeniert Fotoshootings für Magazine, und dazu braucht man Stylisten. So kommen wir der Sache näher. Inszenierung und Machen, das sind die Komponenten von Style! Und das passiert in New York: Man inszeniert sich – aber dies geschieht experimenteller als in Deutschland. Man probiert mehr einfach aus und findet so seinen Style heraus. Und man gestaltet sein ganzes Leben unabhängig von der Meinung der anderen.

Ich weiß noch heute genau, dass ein Hermès-Handtuch 320 Euro kostet. In Tokio am Flughafen ist es günstiger und für umgerechnet 280 Euro zu haben. Das ist Lifestyle, ein Leben lang, und ich war neulich richtig entsetzt, als ein Freund solch ein

> **Tipp:**
> Entdecken Sie, was Ihnen wichtig ist! Ein Designer-Handtuch für 300 Euro mag für einen anderen nach Verschwendung klingen – für Sie ist es Lifestyle. Jedes Mal, wenn Sie danach greifen, gibt es Ihnen dieses Gefühl: „DAS IST MEINS – Endlich ich! – Das habe ich mir geleistet." Nach 15 Jahren ergeben sich bei – zugegebenermaßen hoher – Anfangsinvestition von 320 € für ein Handtuch am Ende 1,77 € pro Monat. Dafür dieses Endlich-Ich-Gefühl! Kann es für so einen geringen Betrag mehr Lifestyle geben? Setzen Sie sich also gegen Bedenken von Ehepartner, Freund oder Freundin hinweg. Geben Sie ruhig vereinzelt für Materielles richtig „viel" Geld aus. Um bei dem Beispiel zu bleiben: Sie werden mehr darauf achten als auf billigere Discounter-Handtücher, die Sie gefühllos nach jedem Gebrauch in die Wäsche sortieren. Kein Wunder, wenn dann die Körperpflege keinen Spaß macht und nur Frustration bereitet.

Handtuch griff, um Vogeldreck vom Balkon zu wischen mit den Worten: „Das hier (er meinte mein Hermès-Handtuch) hast du schon in Hamburg gehabt – das ist 15 Jahre her, es wird Zeit, es auszutauschen."

Was ist Lifestyle? Womit beschäftigen sich Menschen? Den Trend einer Kultur oder eines Landes entdeckt man am besten am Bahnhof oder am Flughafen. Sie werden fragen, warum. Na, weil dort die größten Zeitschriftengeschäfte sind. Und Zeitschriften sind ein Spiegelbild der Gesellschaft.

Ich liebe das Stöbern in Zeitschriften! In den USA gibt es sogar Barbie-Magazine, Stempel-Magazine neben Modellbau-Blättern. In Japan greift man zu Manga-Magazinen und Handy-Deko-Blättern. Wenn man in Deutschland Kurioses entdeckt, so ist dies meistens verbunden mit der Frage: Was macht einen Mann glücklich? Ein fettes Motorrad, ein neues, noch größeres Auto, ein tolles Haus, eine tolle Einrichtung. Landhaus-Style ist in Deutschland gerade „in". Ansonsten verraten Männermagazine regelmäßig die neuesten Must-Haves an Uhren, Klamotten, Düften und so weiter. Es sind also in Deutschland eher die unerreichbaren Dinge, die, die mit Geld verbunden sind, die einen Mann angeblich glücklich machen! „Boa, hey, du hast ein fettes Auto, eine protzige Uhr und eine geil gemachte Alte!" Aber ist das so interessant, dass es der Inhalt eines Buches sein könnte? Dann wäre das Buch nach fünf Zeilen zu Ende.

Also wieder einen Blick nach New York.

Irgendwann kam mein Container im Hafen von New York an. Bis dahin war ich natürlich im Alltag shoppen gegangen – auf der 5th Avenue, und mein Schrank hatte sich gefüllt. Wie schon beschrieben, zu jedem Flat in Manhattan gehören praktische Einbauschränke, da die Wohnfläche dezent bescheidener ist als in Deutschland. Und was glauben Sie, der Schrank war gefüllt und voll, noch bevor der Container in New York den Hafen erreichte. Als Entschuldigung habe ich mir selbst immer eingeredet: „Es war doch günstig!" Hier drei Jeans, vier neue Hemden, Poloshirts der Marken, die ich wirklich liebe, Handtücher von Calvin Klein, Bettwäsche schon für das Bett, welches erst noch aus Europa kommen sollte. Einen neuen Trenchcoat, einen Regenmantel und sowieso endlich im Fünferpack die Boxershorts, die man sonst auf Reisen aus Angst vor dem Zoll nur begrenzt einkaufen kann. 20 Paar Socken, neue Sakkos: „Das war wirklich ein Sommerschlussverkauf!"

Ich habe die Kreditkarte glühen lassen, und ansonsten hatte ich schon Vorräte an Vitamin-Energy-Pulver, Vitamin-Calcium-Eiweiß-Pulver („gleich fünf Packungen nehmen, dann gibt es die Jahresclubmitgliedschaft im Vitamin Store for free and that is so cool!") und so weiter angelegt. Und natürlich Turnschuhe. In den ersten vier Wochen hatten sich fünf Paar Turnschuhe gefunden, die im Style abgefahren waren, so N.Y. – die musste ich haben. Dazu natürlich ein komplett neues Outfit in der Nike World, dasselbe nochmal bei Puma, denn hier gibt's den Black Label Store, dann nochmal ein Outfit von Polo Sports, dasselbe bei Calvin Klein, und wenn ich ehrlich bin, dann habe ich, als ich oben am Central Park angelangt war, bei den Geschäften „unten" in SoHo wieder von vorne angefangen. Ich hatte ja auch nichts zu tun, und meine Garderobe war im Container auf dem Atlantik.

Tja, und dann begann das Problem – alles, was im Container ankam, war nun alt, aber meine Vergangenheit. Was blieb, waren ein Paar Nachtschränkchen meiner Urgroßeltern, mein Bett, zwei Sessel, ein Teppich und Geschirr. Handtücher hatte ich nun mehr als doppelt so viele, wie ich brauchte, und mit der Menge der Sportsachen hätte ich Bedürftige ausstatten können. Was ich brauchte, waren Elektrogeräte, denn in den USA hat man 110 Volt. So war ich happy, dass ich weiter shoppen konnte – denn ich hatte schon so viel an tollen Küchensachen gesehen! Einen amerikanischen Fernseher für meine erste eigene Wohnung in New York, meine erste amerikanische Air-Condition-Anlage – whow! Natürlich die Kitchen Aid, eine Kaffeemaschine und einen Toaster. Ein neues Bügeleisen, ein Waffeleisen, einen Sandwichtoaster, einen Föhn, einen neuen Rasierer. Ich war ganz verrückt. Shoppen, und das alles nicht als Tourist, sondern shoppen mit Sinn, weil man das alles braucht!

Um es abzukürzen: Als ich die goldene Kreditkarte bekam, da hatte ich wirklich alles. Und alles, was ich gerade neu gekauft hatte, war bereits wieder alt – denn inzwischen gab es eine neue Saison. Und das ist die Shopping-Zeit pur. Ging ich in die Nike World, so gab es viel coolere Schuhe und Outfits, auch Trenchcoats und Boxershorts und natürlich auch größere Fernseher, Toaster, aufblasbare Decken, blinkende Weihnachtsbäume et cetera. Inzwischen war Weihnachten in New York, und irgendwie kam ein mulmiges Gefühl auf – denn das, was in meinen Augen alle Menschen taten, nämlich shoppen, das war für mich jetzt nicht mehr drin. Das Geld war nicht alle – wohlgemerkt, aber die Wohnung war voll, und 4.000 Dollar Miete jeden Monat – das war genug. Umziehen, um mehr zu shoppen, wäre dumm gewesen, das sah selbst ich ziemlich schnell ein.

Der touristische New-York-Wahn war abrupt zu Ende gegangen, und da dämmerte mir, was Lifestyle bedeutet. Das alles, was uns in den Zeitungen vorgegaukelt wird, ist schon schön. Ich mag auch eine fette Patek Philippe Nautilus – oder doch lieber die Aquanaut. Möchte ich nun die in Gelbgold für 23.000 Euro oder lieber die rotgoldene für 26.000 Euro? Und eine neue Hublot-Uhr, oder gerade angesagt ist auch eine gewisse Rolex. Aber hallo? Aufwachen und mal realisieren: In den USA sind ganz andere Uhrenmodelle angesagt als bei uns in Deutschland – und in Russland sind es wiederum ganz andere, und die Russen zeigen auch viel mehr Status, als es bei uns in Deutschland je der Fall sein wird!

Lifestyle ist die Art, wie man sich mit seinen Möglichkeiten sein eigenes Leben gestaltet. Eine Wohnung muss nicht groß sein, meine Uhr muss nicht teuer sein – das Essen am Abend muss nicht im Super-Restaurant stattfinden. Rückblickend hätte ich auch niemals ausgehen müssen – hier nicht und dort überall in München, Hamburg oder Berlin auch nicht. Und mein Porsche – wie gut, dass der nicht mit im Container war – überflüssig hier in Manhattan.

Lifestyle ist überall in der Stadt, denn Lifestyle bin ich selbst, und wie ich meine Welt gestalte: Wenn ich beschließe, als Typ gefallen mir dreiviertellange Hosen, dann trage ich sie. Wenn ich als

Dunkelhäutiger bunte Socken tragen möchte, dann trage ich sie. Wenn ich in meiner Wohnung mit zwei Freunden zusammen wohnen möchte, weil ich unbedingt an Manhattan als Wohnort festhalten muss, obwohl es im Job gerade schlecht läuft und die Wohnung nur so zu finanzieren ist, dann mache ich das – Hauptsache die Airconditioning-Anlage läuft Tag und Nacht! Wenn ich beim Sport ein T-Shirt tragen und es vorher zerschneiden will, sodass meine Muskeln besser sichtbar sind, dann tue ich das. Lifestyle hat nichts mit Geld zu tun, sondern ist der Ausdruck meiner Persönlichkeit. Ich fühle mich besser mit Sauerstoff im Gesicht, zweimal die Woche, jeweils 20 Minuten, oder mit einer Botoxkur? Pfeif doch drauf, wie meine Nachbarin das findet – ich mache es! Und wenn ich anstatt mit einer Frau zu schlafen, plötzlich mal einen Mann attraktiv finde – dann mache ich auch das. Und daten tue ich sowieso – wen und wann ich will.

Und schon schlägt für Europäer die moralische Bombe ein, und die Mundwinkel rutschen vielleicht nach unten, wenn ein Deutscher in Manhattan anlässlich einer Shopping-Tour Dinge sieht, die man daheim so nicht sieht – aber hier fällt es halt gar nicht auf! Denn jeder macht, was er und wie er es möchte, und das ist vielfältig, weil jeder Mensch unterschiedlich ist.

8. Kapitel

HINTERFRAGE DEINE WELT

Werte – da und dort. Was macht davon heute noch für mich Sinn? Und was nicht?

Früher gab es striktere Abgrenzungen, da hat sich auch eine Frau mit fast 50 nicht mehr für den Playboy ausgezogen: Frauen in der Generation meiner Mutter konnten sich nicht mit einem Lover einfach mal so in einem Hotel einquartieren, das durften sie noch nicht einmal, denn das galt als unzüchtig. Man wurde damals von den Eltern gedrängt, sich zu verloben, weil ein Kind unterwegs war, so wurde mir erzählt. Nochmal 20 Jahre davor war es, wie mir meine Großmutter berichtete, noch selbstverständlich gewesen, am Samstag die Stube mit Sand auszufegen! Meine Großmutter, die die Brotzutaten auf einem großen Stück Zeitungspapier zusammenmischte und so die Druckerschwärze regelmäßig in den Teig einknetete – ohne diese Zutat im Rezept aufzulisten. Wo blieb da der Lifestyle? Was war damals das „Endlich-Ich-Gefühl", und wie entwickelte sich dieses?

Verständlich, dass die Tipps der Feministinnen, sich frei in der Badewanne zu räkeln, mit Kerzen am Badewannenrand und Schaum im Wasser, wie ein Befreiungsschlag war. Der Tipp kam damals von Anja Meulenbeldt, Holländerin. Und ihre Bücher, u.a. „Die Scham ist vorbei", gelangten weltweit übersetzt zu Ruhm und Anerkennung.

Das Lebensgefühl, Moralvorstellungen und so weiter ändern sich also von Generation zu Generation. Und angestoßen werden diese Veränderungen von Leuten, die das eigene Leben hinterfragen. Und das können und sollten auch Sie tun, zum Beispiel im beruflichen Bereich, zum Beispiel durch einen Vergleich mit Amerika.

> **Tipp:**
> Baden wie früher: Im Discounter eine günstige 19-Cent-Seife besorgen und, während das Wasser einläuft, das Seifenstück unter dem Strahl abwaschen – so entsteht ein leichter Schaum. Bleibt nur die Frage: Fällt Discounter-19-Cent-Seife unter Lifestyle?
> Die Badeschaumkugel erzeugt schon ein etwas anderes Gefühl: Ätherisches Öl, Sorte „Lavasünde" mit Zugabe von Madagaskar-Wurzel durchdringt das Badewasser. Dazu eine Duftkerze mit am Rand eingegossener Fruchtscheibe, zum Beispiel Zitrone (19,80 € vom Versandhandel in einer Schmuckschatulle) sowie ein Drink, Gurke und Buttermilch. Das sollte es schon sein für ein „Endlich-Ich-Gefühl". Wahrscheinlich ist der Dimmer im Bad, der auf sanfte Beleuchtung gestellt ist, heute das i-Tüpfelchen.

Berufliches

Die Bewerbung

In Deutschland kann man sich zunehmend per Internet bewerben. Üblicher ist aber immer noch die Zusendung einer Bewerbungsmappe. Früher bei meiner Medienproduktionsfirma haben sich regelmäßig, sogar initiativ, Menschen beworben – selbstverständlich wurden Zeugnisse mitgeschickt, ein Lebenslauf und ein Anschreiben wurden meistens noch durch beigelegte Arbeitsproben vervollständigt.

Heute ist es üblich, ein Social-Network-Profil zu haben – XING in Deutschland, Linkedin in den USA. Betrachtet man deutsche Profile, so herrscht hier wieder mal die Datenschutz-Angst vor, jemand könnte zu viel Privates von einem sehen. Gerade mal angegeben sind Schulabschluss und Studienzeiten, abgerundet von Firmentätigkeit – that's it.

Betritt man die USA und möchte hier sogar arbeiten, ist Transparenz das A und O.

Denken Sie einmal so: Es gibt zig Menschen, die arbeiten möchten, und begrenzte Stellen – also muss man es dem Personal-Auswähler doch möglichst einfach machen. Ein Klick auf mein Social Work Profile, und alles ist in Stichworten ersichtlich. Nicht nur wird hier dargestellt, von wann bis wann ich irgendwo gearbeitet habe, nein, auch die genaue Beschreibung, was ich dort gemacht und gelernt habe, wofür man mich eingesetzt hat, das alles steht in diesem Profil. Klar und übersichtlich – ohne Scheu, ein Bild von sich selbst zu zeigen, und ohne Blockierung vor irgendwelchen Dritten.

Ich will die deutsche Sichtweise nicht rügen, aber man wird in den USA schon gefragt: „Why do you have secrets to tell somebody what you are doing?" Oder auch: „How could someone find your profile if you don't tell them who you are?" Und wirklich – was für einen Grund sollte es haben, dass die Welt nicht sehen dürfte, welche Positionen ich ausgeübt und was ich dort gelernt oder an Erfahrungen gesammelt habe? Warum verstecken wir Deutschen uns und wundern uns dann über mangelnde Jobmöglichkeiten oder sogar an uns herangetragene Wechselangebote?

In Amerika ist das Headhunter-Milieu noch viel ausgeprägter als bei uns – wie soll jemand auf mich aufmerksam werden, wenn ich noch nicht mal ein sympathisches Foto von mir im Netz veröffentliche? Wie soll jemand auf mich zukommen, wenn ich noch nicht einmal die Tätigkeiten meiner bisherigen Arbeitserfahrungen detailliert darlege? Und ganz ehrlich, was habe ich zu verlieren, wenn selbst mein Nachbar oder was weiß ich wer lesen kann, was ich am Tag so tue, um mein Geld zu verdienen? Die deutsche Scheu ist hier fehl am Platz.

Aber es gibt noch einen Punkt. Deutsche Positionen werden fulminant umschrieben, und es wird immer nach Zeugnissen gefragt. Selbst im Internet geht die Rekrutierungsmaske beim Ausfüllen nicht weiter, wenn ich keine Zeugnisse hochlade.

Auch hier wieder ein Blick nach Manhattan. Ich habe mich bei diversen Agenturen vorgestellt. Als Profi im Bereich Green Living hatte ich die Idee, hier europäischen Marken zu helfen, in den USA dieses Being Green herauszustellen. Deutsche Waschmaschinen, deutsche Autos – alle sind mit Patenten vollgestopft, deutsche Ingenieurskunst ist einzigartig, und jede unsichtbare Schraube in einer Waschmaschine, made in Europe, ist noch „green" zertifiziert und umweltökonomisch produziert. Konzern-Philosophien verschreiben sich der Nachhaltigkeit. Aber – am deutschen Markt wird dies kaum beachtet, denn selbstverständlich trennt man Müll, sammelt Glas, separiert Plastik und wirft nicht komplette Elektroteile in den Hausmüll. Ein Besuch eines Müllbetriebes in Deutschland verdeutlicht, wie Rohstofftrennung funktioniert – Metall, Glas, Holz und so weiter.

Nur wenige Marken werben jedoch mit Öko-Patenten oder Nachhaltigkeitsvorteilen. Viel zu pedantisch wird investigativ von Journalisten nachgeforscht, ob ein Hybridmotor wirklich die angegebene CO_2-Menge ausstößt, und natürlich kommt heraus, dass das Auto mehr CO_2 denn ever produziert, da der benzinbetriebene

Startantrieb bei den für die Werbung benutzten Daten nicht eingerechnet wurde.

Nun gut – gehen Sie einmal auf eine deutsche Haushaltsgeräte-Webseite etwa für Waschmaschinen. Dort entdecken Sie Schwarzweißbilder einer tollen neuartigen Waschtrommel. Auf einer amerikanischen Produktwebseite fliegt Ihnen eine grüne Fee entgegen und entdeckt die Wunderwelt des Haushalts. Amerikaner können einfach besser verkaufen! Amerikaner können sich und ihre Produkte einfach besser präsentieren! Amerikaner können pauschalisiert für Produkte begeistern!

Amerikaner machen einfach und hinterfragen seltener. Genau wie ein deutscher Film immer mit Problemen konfrontieren und diese diskutieren muss – amerikanische Blockbuster verzaubern, entführen und stellen Traumwelten dar. Die vielen Effekte faszinieren einen – dazu sind Deutsche oft nicht in der Lage! Und das macht doch keinen Spaß – und Shoppen und Konsum sollen Spaß machen. Denn wer sein schwer verdientes Geld ausgibt, dem soll ein gutes Gefühl gegeben werden.

Nicht jeder verdient so viel, dass er sich ethisch und ökologisch zu 100 Prozent vertretbare Produkte leisten, sich zu 100 Prozent vollwertig ernähren kann – trotzdem wird auch diesen Menschen beim Konsum ein gutes Gefühl gegeben. Das ist in Deutschland scheinbar nicht möglich – so hat selbst McDonald's zuerst in Europa ein Öko-Gesundheits-Image entwickelt und etabliert, welches in den USA mit Erstaunen versucht wird zu kopieren. Um am Markt gut zu verkaufen, kann man sich marketingmäßig von den Amerikanern einiges abschauen.

Bei all den Gesprächen, die ich geführt habe, hat mich nie jemand nach meinen Zeugnissen gefragt. Ich habe zwei Studiengänge absolviert, ein Diplom und einen Magister – aber das ist inzwischen dezent Vergangenheit. Hätte ich nicht studiert, so wüsste ich wohl heute nicht mit statistischen Formeln oder irgendwelchen VWL-Theorien umzugehen oder diese anzuwenden. War ich aber berufstätig, so relativiert sich die Ausbildung doch. Jede Ausbildung, jedes Studium ist ein Schlüssel, den ich mir aneigne –

diesen Schlüssel unbenutzt mit sich herumzutragen, das bringt mal gar nichts. Ich muss Schlüssel in Schlösser stecken und schauen, ob sie passen und wo sie passen. Erfahrung zählt. Und da sind Zeugnisse sowas von unwichtig!

In den USA wird man eingeladen zu einem Gespräch. Neue Ideen hört man sich an – und dann wird nicht lange herumgeredet oder gefeilscht.

„There is your seat, so show us, what you can do!" Und dann geht's los – natürlich ist es in den Staaten auch einfacher, weil Aspekte der Festanstellung, Sozialversicherung, Krankenversicherung, des Brutto- und Netto-Verdiensts et cetera erst wichtig werden, wenn die Firma einen wirklich möchte und konkrete Projekte umgesetzt werden. Man bekommt aber seine Chance, und die vermisse ich aus Erzählungen in Deutschland. Außerdem sind Amerikaner stolz, wenn sie arbeiten dürfen, und sind gerne im Beruf – denn dort zeigen sie, was sie können, sie bringen sich ein und bekommen am Ende Geld. In Deutschland hat man ein eher umgekehrtes Gefühl, und genau wie am Anfang eines Supermarkteinkaufs in Deutschland nach ökologischer Reinheit gefragt wird und vor dem Bewerbungsgespräch nach der Distanz zum Arbeitsplatz, müssen in Deutschland erst sämtliche Probleme abgeklärt sein, um dann am Ende zum Arbeiten bereit zu sein. That's hard for Americans to understand.

Versicherungen

Da aber alle Spontaneität auf dem Weg zu irgendetwas Neuem im Leben aufgrund der Sicherheitsdenke der Deutschen eine gewohnte Struktur haben muss, fragt man sich natürlich, wie man einen beruflichen Wechsel und einen persönlichen neuen Lebensabschnitt im Ausland plant – denn ganz einfach so unbedarft die Koffer packen und dann mal weg sein – das funktioniert in Deutschland wohl kaum. Und Versicherungen, Rentenansparung und Krankenversicherungen, Kredite und Belastungen, Unterhaltszahlungen et cetera sind Belange, die man sich anschauen und genau prüfen sollte, um nicht ungeahnt einen unumkehrbaren Fehler zu begehen. Denn während es in Amerika Anreize für Mobilität und Spontaneität gibt und man Phasen mit viel und solche mit wenig Geld hinnimmt, leben wir als Europäer nach unseren sozialen und kulturellen Regeln, und diesen entweicht man nicht.

Eine deutsche Rentenversicherung aufzukündigen und sich gegebenenfalls auszahlen zu lassen, wird man bereuen – eine deutsche Krankenversicherung ist verdammt flexibel. So kann man eine festgelegte Anzahl von Tagen im Ausland sein, ohne seinen Versicherungsanspruch zu verlieren – selbst wenn man ins Ausland verzieht, sind internationale Abkommen getroffen worden, um weiterhin gut versichert zu sein. In den Staaten zum Beispiel sind Krankenversicherungen zeitlich begrenzt. Nur weil ich mit Ende 30 versichert bin, heißt das nicht, dass ich es mit 40 auch noch bin. Wechsele ich den Tarif oder ziehe ich in einen anderen Staat, so gelten andere Bedingungen, und oft kommen erneute Gesundheitsfragen. Eine bestehende Krankheit bedeutet den Ausschluss aus eben dieser Absicherung – genaue Fragen nach Rauchen, Drogen, Alkohol, Sportunfällen und Sporttätigkeiten sind penibel auszufüllen, und wenn nachträglich Falschangaben herauskommen, so fällt man rückwirkend aus der Versicherung, und es drohen sogar noch Regressansprüche.

Bei formellen Angelegenheiten verstehen die Amerikaner absolut keinen Spaß, und der kleinste Fehltritt macht sich unauslöschbar bis hin zur Credit History negativ bemerkbar. Also als 40-Jähriger eine Krankenversicherung in den USA abzuschießen ist ungeschickt – man wird versuchen, seinen deutschen Status niemals zu verlieren. Hingegen ist es nice to have und in Deutschland wiederum undenkbar, für Zahnzusatzleistungen wie Zahnreinigung und sogar Bleaching eine Zahnversicherung für 12,99 Dollar pro Monat zu buchen.

In den USA kennt man bei fehlenden Versicherungen und fehlendem Budget kein Pardon. Niemand hat ein Problem damit, Kranke nach Hause oder in eine Charity Hall zu schicken, in der Ärzte kostenlos die Versorgung übernehmen. Hier muss ich dann jedoch lange warten und kann nicht unbegrenzt wiederkommen.

Wer Krebs bekommt und raucht, der bekommt eine Chemotherapie. Wer dann weiterraucht, erhält keine zweite Therapie. Wer kein Geld hat, den Arzt zu bezahlen, der wird nicht behandelt. Besucht man den Arzt, so ist alles superfreundlich. Am Anfang wird aber die Kreditkarte gecheckt. Bis ans Limit gehend schlagen einem der Arzt und die Helferinnen dann Dinge vor, die man doch mal machen könnte. Röntgen zur Vorsorge et cetera – alles Positionen, mit denen die Praxis Geld macht. Dann bezahlt man, und wie man das Geld zurückbekommt, bleibt dann einem selbst überlassen. That's Amerika – Gesundheit ist eben auch ein Business, und genauso wird es auch betrachtet. Ein Freund von mir ist Arzt. An einem Tag berichtete er von einer alten Frau, die ins Koma gefallen war. Die alte Dame hatte nicht genügend Mittel, um allein die täglichen Pflegekosten im Krankenhaus zu bezahlen. Zudem sahen die Angehörigen ihr Erbe vom Krankenhaus aufgebraucht. So wurden die Maschinen eben abgestellt!

Hinterfrage dein Leben

Lautete eine Überschrift einige Kapitel weiter oben noch: „Überdenke deine Freundschaften", so ist man in Manhattan angekommen, hat sich ein bisschen eingelebt, einen Job gefunden und ist nun bereit für das Entscheidende: „Hinterfrage dein Leben." Ich koche gerne, und es ist immer wieder erstaunlich, wie man an einem kleinen Stehtisch und als Sitzgelegenheiten einem Stuhl, dem Bett sowie zwei Sesseln sieben Personen bewirten kann. In der Küche habe ich zwischen Spülbecken und linker Wand 70 cm Platz. Dieses Becken ist wiederum 1,20 Meter breit, und dann bleibt noch ein Keil, unten 10 cm, oben in der Ecke 60 cm Platz, bis rechts der Gasherd anfängt. That's it. Dazu die Geräte: Kitchen Aid, Toaster, Kaffeemaschine, Kaffeezerkleinerer.

Es waren die witzigsten und lustigsten Abende, die ich je hatte in der Stadt. Bemerkt wurde immer ein Bild an der Wand in einem alten Rahmen, welches ich aus Deutschland mitgebracht hatte.

„Who is this?", „Where did you get the poster?", „That's a nice work with Photoshop effects – it looks so old!" Wirklich alle meine Gäste haben einen Kommentar zu diesem Bild abgegeben und fragten auch, auf welchem Trödelmarkt ich das erstanden hätte. „And the frame looks so old, too. Great job!"

Ganz erstaunt waren die Amerikaner immer, wenn ich dann erklärte, dass das ein Bild meiner Vorfahren sei. Meine Großmutter war da erst vier Jahre alt und stand neben ihrer Mutter und ihrem Vater. Außerdem sind auf dem Bild auch meine Ur-Urgroßeltern zu sehen. Ein solches Bild aus der eigenen Familie ist in Amerika undenkbar, und ich gebe zu, in Deutschland war das nie ein Bild, welches zu meinen Favorites gehörte. Ich hatte es genauso mitgenommen, wie ich alte Möbel meiner Familie seit Jahren bei allen Umzügen mitschleppe.

Jetzt aber bekam das alles aus meiner Heimat und meiner Vergangenheit eine ganz neue Bedeutung. „Your flat is cool Lifestyle", sagte man mir. Und ich musste darüber nachdenken.

Was schießt einem nicht alles durch den Kopf, wenn man über sich nachdenkt! Habe ich meine Grenze hier in New York erreicht? Komme ich damit klar, alles nochmal von vorne beginnen zu lassen? Warum mache ich das? Bin ich vielleicht einfach nur müde gewesen in Europa und in Deutschland und musste mal für eine Weile meine Wurzeln vergessen? Was habe ich bisher erreicht im Leben, und was habe ich noch vor? Möchte ich einfach nur eine Ruhepause machen? Aber Manhattan bietet doch so viel Inspiration! Sie wissen ja: von allem alles, und das zu jeder Zeit!

Zeige mir deine Wohnung, und ich sage dir, wer du bist – dieser Spruch ist in Deutschland bekannt. Genauso gilt aber auch: Zeige mir deine Freunde, und ich sage dir, wer du bist, oder ich sage dir, mit was und wem du umgehst, und ich schließe so auf deine Persönlichkeit.

Es geht darum, eine Persönlichkeit zu entwickeln. Ähnlich mit dem Thema Lifestyle – was mache ich aus mir, und was ist mir wichtig? Mancher Tourist fühlt sich in New York verloren und findet sich gar nicht zurecht. Orientierungslos, sozusagen. Aber wenn man dort wohnt, dann wird einem schnell bewusst, dass das alles sehr überschaubar ist. Von Ost nach West sind es elf Avenues. Von der Wall Street bis SoHo, dann kommt die Houston Street als die Straße null, und dann wird bis 59 gezählt – dort beginnt der Central Park. Die Faszination der New-York-Besucher verschwimmt nach einiger Zeit, und man achtet auf andere Dinge, die wichtig werden. In der Hektik möchte man sich auch mal daheim ganz allein zurückziehen. Man lernt aufgrund des riesigen Angebots einfach das zu machen, wozu man Lust hat. Man lernt, sich für etwas zu interessieren. Konzerte, Oper, Sport, Turniere, Weiterbildung, Restaurants, Museen, Theater. Man erfährt, dass es zwei Möglichkeiten gibt – entweder in einer kleinen Wohnung allein sein oder raus und das Leben genießen und entdecken.

In Deutschland höre ich oft: „Ich möchte auch gerne mal raus aus meinem Job!" oder „Eine Auszeit und etwas anderes machen wäre toll!" Als Nächstes kommt dann aber oft die ratlose Frage, was sie denn tun sollen. Dabei bieten Deutschland und das System, in dem wir leben, eigentlich wesentlich mehr Freiheiten, sich selbst zu entdecken. Deutsche sind abgesichert. Wir haben eine Kranken-, eine Rentenversicherung und richtig viele Urlaubstage. Aber ein Deutscher ist nach dem Arbeitstag kaputt und muss zur Familie oder nach Hause, um Erledigungen zu machen.

Das müssen die Menschen in New York auch – nur wer müde und kaputt ist, kann sich hier keinen zweiten Job suchen – wer müde und kaputt ist, kann sich hier nicht entfalten und all das erleben, was die Touristen erleben! Fehlt in Deutschland ab und zu ein Lebenskompass? Wünscht sich nicht jeder von uns in zweifelnden Momenten jemanden, der sagt, was man tun soll? Man spürt, etwas anderes machen zu wollen, aber man weiß nicht, was. Ist das wirklich die Midlife-Crisis, die da klingelt, oder ist das einfach nur ein Hauch von Burnout – die Eintönigkeit im Job oder in der Familie? Wäre es vielleicht Zeit für eine neue Liebschaft?

Oft sind wir so in unsere Arbeit verstrickt, haben immer scheinbar unaufschiebbare Aktivitäten vor, dass wir gar nicht in der Lage sind, in unseren Körper hineinzuhorchen, was man anders machen könnte oder was man mal ausprobieren möchte. Was fehlt, ist ein Kompass, eine Landkarte – etwas, das uns zeigt: Gehe diesen Weg, entscheide dich jetzt für oder gegen deine Familie, schaffe dir drei Liebschaften an, dann wirst du glücklich. Oder man wünscht sich jemanden, der sagt: Kündige deinen Job und mache hier ein Praktikum, dort einen Lehrgang, und dann bekommst du diese Tätigkeit. Das alles, verbunden mit drei großen, fetten Urlauben und einer Extra-Summe Geld, die man ausgeben kann zum Shoppen, und schon ist man wieder glücklich! Doch – das gibt es nicht. Die Zeit, wo Eltern ihrem Sohn eine Braut gesucht haben, die ist in der westlichen zivilisierten Welt vorbei, und so muss jeder für sich selbst einen „change" im Leben einläuten: Veränderungen kann nur jeder selbst vornehmen.

Immerhin sind wir dazu aber in der Lage. Denn das unterscheidet uns vom Tier! Der Philosoph und Soziologe Jürgen Habermas hat mit der Theorie des kommunikativen Handelns das Wort „Lebenswelten" geschaffen. Die Suche nach dem Ich, die Suche nach sich selbst. Dabei stellt er fest, dass wir aus selbstbezogenen und von unseren eigenen Interessen gesteuerten Sichtweisen ausbrechen können und uns verändern können.

Aber dazu braucht man erstens die Möglichkeiten und zweitens einen gewissen Druck. Ich nenne es „Spirit", wobei die Übersetzungen ins Deutsche mit „Geist", „Sinn", „Stimmung", „Mut" und „Laune" oder „Elan" und auch „Schwung" nicht wirklich genau die Bedeutung treffen: In Deutschland ist alles so geregelt, dass neue Möglichkeiten, die auch oft mit Spontanität und Laune zusammenhängen, nur für sehr mobile Menschen in Frage kommen. Der Spirit fehlt bei uns in Deutschland. Bequem sein kommt gut und reicht aus – Druck verspürt man in Deutschland keinen! Selbst wenn man depressiv wird, tritt man in eine Spirale ein – man geht zum Psychologen, aber erzählt doch nichts. Man geht zur Krankengymnastik, aber turnt dort nur 20 Minuten herum. Man trinkt und geht einmal in der Woche zur Therapie – Gruppentherapie ... dort wird man dann jede dritte bis vierte Woche selbst zum Thema.

Nun wieder ein Blick nach New York:

Alles wird geboten, die Menschen strahlen Spirit aus – überall. Selbst auf dem Nachhauseweg begegnen mir so viele Werbetafeln, da muss mir einfach der Gedanke kommen, was ich mir an Theatern, Konzerten und so weiter ansehen möchte. Selbst wenn ich „nur" fernsehe – das Programm ist so vollgestopft mit Werbung, da bleibt irgendein Produkt hängen und macht Lust, dieses auszuprobieren. Und so geht das weiter. Bewege ich mich aus dem Haus, dann sehe ich weitere Angebote. Die Vielfalt der Stadt steckt mich an.

Und je mehr ich sehe, desto mehr möchte ich machen und erleben. Da das „Haben" und das „Besitzen" schon durch den Platzmangel eingeschränkt ist, geht es um die ganz persönlichen Erlebnisse. Kino, Ausstellungen, Konzerte, Museen. Die Stadt ermuntert und rüttelt Leute auf – ein Aufrütteln, welches in Deutschland manchmal bzw. meistens fehlt. Bei uns ist alles so fertig – in New York ist vielleicht mal ein Gebäude „fertig" – um das Gebäude herum dagegen ist alles stetig im Wandel. In Deutschland ändert sich alles nur äußerst schleppend. Gerade habe ich eine aktuelle Auswertung gelesen, dass bereits fast zwei Drittel der Hartz-IV-Empfänger zu Dauerbeziehern werden. Wie geht das in einem so starken Land wie Deutschland? Unbegreiflich in Amerika – hier herrscht Druck. Wenn das Geld für das, was ich machen und erleben will, nicht reicht, dann arbeite ich. Jeder arbeitet so lange, bis das Geld für die Bedürfnisse reicht. Das klingt vielleicht platt und simpel, wird aber radikal umgesetzt. Und diejenigen, die das nicht wollen, die werden an den Rand der Gesellschaft gedrängt.

Warum stehen Hartz-IV-Empfänger in Deutschland so im öffentlichen Interesse? Wer keinen Spirit findet und vermittelt, der soll sich doch zurückziehen. Ein Grundeinkommen würde die Situation klären, niemand muss verarmen, aber die öffentliche Aufmerksamkeit fürs Nichtstun wäre somit ausgeschlossen!

In Manhattan macht man und erlebt man – in Deutschland funktioniert so etwas nur begrenzt, weil die Anreize fehlen. Wer in den USA seine Motivation nicht von selbst entwickelt, der wird von außen dazu gedrängt. That's it. Schlupflöcher fehlen in den Staaten. Wenn du arbeiten willst, dann musst du vernünftig aussehen. Wenn du vernünftig aussehen willst, dann kannst du nicht trinken, eine Krankenversicherung kostet auch viel mehr, wenn ich Raucher bin – also lasse ich es sein! Solche Parolen in Deutschland zu verbreiten, das wäre Radikalismus pur und auch verpönt – aber vielleicht ist das gerade der „Ruck", das Aufrütteln, der innere Wecker und Kompass, der bei uns tagtäglich fehlt. Midlife-Crisis, Mobbing, Burnout – fuck off in the States. Wenn kein Job vorhanden ist, dann zieht die Familie um, und da gibt's auch no discussion, weil Mutti sich zu Hause bisher so wohl fühlte oder die Kinder so prächtig in der Schule klarkommen oder einen tollen Freundeskreis haben. Wenn ich mich irgendwo nicht wohlfühle, dann gehe ich. Wenn ich nicht an der Westküste klarkomme, dann gehe ich an die Ostküste.

In Deutschland wird wirklich diskutiert, ob es zumutbar sei, für einen neuen Arbeitsplatz umzuziehen. Stattdessen geben Familien ein immenses Geld aus, um mit dem Auto zum Arbeitsplatz zu pendeln. Hallo? Für einen Amerikaner undenkbar – warum zieht man nicht einfach um? Die Begründung, dass das Umfeld aus emotionalen Gründen nicht gewechselt werden kann – no way, absolut kein Verständnis!

Derzeit entdeckt Deutschland, dass ältere Menschen nach dem Arbeitsleben ein zweites Leben genießen. Reportagen über Rentner als Au-pair lösen den Traum vom Schafzüchter in Neuseeland ab. Auch gibt es nicht selten Rentner, die zur Pflege aus Kostengründen nach Südostasien geflogen werden – in ihrer frischeren Lebensphase haben sie diesen Teil der Erde niemals gesehen. Die Moderation der Reportage, die ich gesehen habe, klang fast mitleidig: „Was diese Personen verbindet, ist nicht das Alter, sondern das Lebensgefühl ... "

Da denke ich mir: dezent zu spät. Warum fängt man nicht in der Mitte des Lebens an nachzudenken, was einen stört? Horche in dich hinein, denn von alleine wird nicht viel passieren, kann man einem Deutschen sagen. All die Denkanstöße auf Engels-

und Motivationskarten[1] – wie ausgewogen ist dein Geben und Nehmen? Erlebe Energie durch Leichtigkeit, beginne die Vergangenheit zu überwinden. Entdecke die Schönheit des Lebens, unterstütze nicht nur dich selbst, erlaube dir Tagträume – Kreativität et cetera. Hallo? Als Deutscher kann man jeden Spruch umsetzen, ohne irgendetwas zu befürchten – aber gerade wir Deutschen ändern freiwillig ziemlich wenig. Alles ist toll, wenn es so bleibt, wie es ist.

Wie wäre es stattdessen damit: Vertraue in dich selbst, akzeptiere dich und ändere, was du ändern willst – oder entdecke, wenn es Zeit ist zu gehen! Und erlebe das perfekte Timing – was wünschst du dir? Erkenne die Zeichen, wage Dinge, setze dich durch und beginne deinen Richtungswechsel.

Warum bitte entwickeln Sie nicht mehr Selbstbewusstsein? Was haben Sie zu verlieren? Der einzelne Mensch hat gar nichts zu verlieren. Deswegen: Man kann jeden Tag mit neuen Erlebnissen und Erfahrungen nur begrüßen.

Suchen die Menschen wirklich immer nach der einen Sache, die uns einzigartig macht und vom Rest unterscheidet? Warum muss bereits immer feststehen, wo es hingeht, wenn ich die Koffer packe? In Deutschland wird einmal jährlich ein Rentenbescheid verschickt. Da steht genau, ab wann der Bürger welches Geld automatisch erhält – aber bis dahin: Enjoy it und versuche nicht immer dasselbe zu tun – denn die Zeit holt auch uns ein.

Wieder ein Blick nach New York:

Alte Menschen sind auf den Straßen Manhattans kaum zu finden. Was sagt mir das? Mein persönlicher Richtungswechsel muss stattfinden, bevor ich in Deutschland mit dem Arbeitsprozess fertig bin! Deutschland konzentriert sich, wie bereits angemerkt, auf Erlebnisse nach der Arbeitszeit. Das Rad ist dann bereits zu weit gedreht. Wer hat Lust, mit 70-Jährigen im Sprachkurs zu sitzen oder nach dem Sport in der Sauna abzuhängen, nachts verrückt auf der Brooklyn Bridge Wein zu trinken oder sich am Tag unbeschwert und halbnackt in den Hamptons in der Sonne zu wälzen?

---

1) Görden, Michael (Hg.) (2010): *Das Engel-Orakel für jeden Tag*. Allegria, Berlin.

Soll die Generation 60 plus etwa anfangen, Botox zu spritzen und die Zahnspangen zu bleachen, Eiweiße zuzufüttern, um Muskeln aufzubauen und fit auszuschauen?

Muss die Kosmetikindustrie Produkte entwickeln, um tiefe Runzeln zu glätten, oder soll unsere Elterngeneration anfangen, Möbel hin- und herzuschleppen, umziehen, um sich selbst zu entdecken?

Dies wäre wohl leicht widersprüchlich, denn künstliche Zähne kann man gar nicht bleachen. Botox allein reicht irgendwann nicht mehr, und Eiweiß dockt im Körper irgendwann nicht mehr in dem Maße an. Wir in Deutschland kennen Prominente, die zu spät angefangen haben, sich Botox & Co zu gönnen – wo aber ist das Augenmerk unserer Generation darauf, sich wohlzufühlen?

Aber warum wird so wenig darüber diskutiert, dass man bislang gehütete Träume und Talente in der Blüte seiner Lebens- und Arbeitszeit entdecken sollte? Genau jetzt, genau im Lebensabschnitt ab 30 kann ich Attraktivität günstig erwerben, hier und da etwas ändern an mir! Es ist erschwinglich, seine Sachen zu packen und zu gehen – und wenn man gebunden ist, dann kommt der Anhang halt mit. Aber wenn man das nun nicht tut, nicht heute und hier und jetzt beginnt zu überlegen, was man ändern möchte, dann muss man auch nicht schmachtend vor dem Fernseher oder über Magazinen sitzen und von den Abenteuern anderer hören oder lesen. Warum bekommen Arbeitslose Weiterbildungsmaßnahmen bezahlt, wenn sie arbeitslos sind und den Staat sowieso schon Geld kosten? Warum entdecken Deutsche keine Lust auf neue Dinge im Leben und bilden sich von ihrem eigenen Geld weiter? Denn Weiterbildung ist doch eine Erweiterung meiner persönlichen Möglichkeiten!

Deutsche lachen sich über die Vitaminpräparate der Amerikaner kaputt, anstatt mit Calcium und Ähnlichem vorzubeugen und so den Körper zu unterstützen. Sie sitzen aber dann, von der Allgemeinheit bezahlt, in aufwendigen Reha-Maßnahmen, weil sie sich etwas gebrochen haben. Die Diskussion könnte man weiterführen – das gilt aber in Europa als radikal. Wir sind ja sozial!

Entdecken Sie Alarmsignale des Körpers wie Kopfschmerzen, Nervosität, Schlafstörungen, Kloß im Hals, Hitzewallungen, Atemnot, Infekt-Anfälligkeit, Druckgefühl in der Brust, Herzrasen, Bluthochdruck, Übelkeit, Magendruck, Stoffwechselstörungen, Rückenschmerzen, Sexunlust oder Alarmsignale der Psyche wie Entscheidungsschwäche, Gereiztheit, zunehmende Depressionen und Ängste, Schuldgefühle oder das drängende Gefühl: Ich bin zu rational, habe zu viel Arbeit? Dann ist es vielleicht Zeit, zum Arzt zu gehen, und vielleicht sind Sie dann schon über den Punkt hinaus, ein neues Leben zu entdecken und zu verwirklichen.

Haben Sie aber einfach Lust und sind neugierig auf etwas anderes als das, was Sie gerade tun, und gefällt es Ihnen, niemals stehen zu bleiben und eigene Perspektiven häufig zu wechseln – oder lassen Sie andere Sichtweisen zu?

Sind Sie so weit, dass sich etwas tun muss, und planen neue Schritte? Haben Sie herausgefunden, was Sie reizen könnte? Ein neues Land, eine neue Partnerschaft, ein neues Hobby? Das ist ein Umbruch, den Sie ganz selbstbewusst angehen sollten. Denn genau an Ihrem mangelnden Selbstbewusstsein kann es liegen, dass Ihre Zweifel überwiegen. „Es klappt nie so, wie ich das möchte", oder: „Ich habe nie so richtig Glück im Leben." Wenn Sie das sagen, dann kann ich Ihnen nur raten, es einfach zu probieren. Und wenn Sie einmal auf den Geschmack gekommen sind, dann werden Sie immer weitermachen. Denn die Grundstimmung, dass sich etwas ändern muss, die wird bleiben. Ihr Gefühl sagt Ihnen, dass Sie mehr wollen, als Sie jetzt haben, und neugierig sind – gierig auf Neues und Mehr also. Und niemand auf dieser Erde muss meinen, dass nur durch einen Umzug ein Gefühl der Rastlosigkeit oder Neugierde überwunden wird – wenn Sie am Tag trinken, so haben Sie ja am nächsten Tag auch wieder Durst, und nur weil Sie einmal toll Essen waren, verzichten Sie ja nicht für den Rest der Woche auf neue Nahrung.

Wenn Sie erst einmal anfangen, etwas zu ändern, dann ändern Sie immer wieder etwas – denn Veränderung bedeutet Weiterentwicklung. Sie haben nämlich dann festgestellt, dass es sich lohnt, neue Dinge im Leben anzugehen und Aufgaben fernab Ihres jetzigen Umfelds zu lösen!

Einsamkeit oder Alleinsein

Ein Grund für die Scheu, Veränderungen anzupacken, ist die Angst vor der Vereinsamung. Haben Sie Angst vor Einsamkeit oder dem Alleinsein?

Natürlich werden Sie sich in einem anderen Land oder selbst wenn Sie eine neue Sportart anfangen oder auch „nur" Ihre Ernährung umstellen, von Vertrautem im Leben lösen müssen. Plötzlich ist es nicht mehr so, wie es war. Sie stehen morgens auf, und Ihr Partner bemerkt, dass Sie auf einmal morgens in der Früh vor dem Job anfangen zu joggen. Oder Ihre Bäckerin fragt Sie, warum Sie nicht mehr so häufig kommen, um das Gewohnte zu kaufen. Oder Ihre Arbeitskollegen erkundigen sich, warum Sie kündigen wollen, um woanders hinzuziehen. Oder Ihr Männergrüppchen lästert über Sie, weil Sie – anstatt sich regelmäßig zum Trinken zu verabreden – nun lieber einer neuen Sportart nachgehen.

Sie werden Dinge und Gewohnheiten ändern – aber negativ auffallen wird das nur den anderen, die sich nicht bewegen und beim Gewohnten bleiben. Das ist der erste Schritt: Plötzlich macht es Ihnen nichts mehr aus, den anderen zu sagen: „Sorry, aber ich gehe jetzt einmal die Woche zum Squash", oder: „Sorry, ich habe keine Zeit auf einen Kaffee, denn ich mache jetzt den Segelschein", oder: „Weißt du, immer so lange im Bett liegen … Ich will mich bewegen und gehe nun morgens joggen." Sie wenden sich ganz persönlich ab, um etwas Neues zu erfahren und zu erleben. Beim Joggen erleben Sie Momente, die Ihr Leben bereichern können – Sie fühlen sich körperlich fitter, und das wird man Ihnen ansehen. Entscheiden Sie sich für eine neue Sportart. So lernen Sie auch andere Menschen kennen – mit gleichen Interessen. Ihr Leben wird bunter, vielfältiger und reicher.

Wieder ein Blick nach New York! Menschen sind hier flexibler, da sich Reichtum oft nicht in Form von klischeehaften Männerwünschen wie einem neuen Auto, einer neuen Uhr oder einer neuen Wohnung definiert. Reichtum ist in den USA in Form von Erfahrungen angesagt: etwas machen, sich weiterbilden, sich weiterentwickeln.

Jeder erfährt, dass neue Schritte zwar am Anfang schmerzlich sein können und vielleicht ein Gefühl von Einsamkeit hervorrufen. Aber eines ist ganz wichtig, nämlich zu verstehen, dass Alleinsein nichts mit Einsamkeit zu tun hat. Einsam sind diejenigen, die immer in ihrer Welt verharren, die nichts Neues wagen und die in ihrem persönlichen Geflecht des Lebens kleben bleiben. Allein werden Sie vielleicht sein, weil Sie sich in einer neuen Gruppe, in einem neuen Land und mit einer neuen Situation auseinandersetzen müssen und alles noch so fremd sein wird. Das ist auch gut und macht Sinn: Nutzen Sie eine Zeit für sich ganz allein. Es gibt so viel zu organisieren und zu ordnen, wenn Sie sich verändern. Dazu im letzten Kapitel mehr – gönnen Sie sich, mal ganz bei sich selbst zu sein! Umso klarer werden Sie wissen, was Sie verlassen haben, und umso stolzer können Sie auf sich selbst sein, nun endlich etwas Neues zu starten.

Wenn ich nach drei Jahren in New York zurückkomme und Freunde von früher sehe, habe ich das Gefühl, dass sich bei denen gar nichts getan hat. Immer noch dieselben Probleme, dieselben Gespräche. Meldet man sich bei Freunden von früher telefonisch oder per SMS, dann bekommt man oft zur Antwort: „Sorry Marco, ist grad schlecht, ich melde mich später … " oder: „Toll, dass du dich meldest, wir fahren gerade an den See, lass uns morgen treffen … " Im ersten Moment ist man traurig, weil man meint, die anderen müssten jetzt begeistert sein, dass man sich meldet und sie treffen möchte, weil man lange so weit weg war. Man war doch früher so oft und gerne zusammen. Kommt Ihnen das bekannt vor? Die Personen um Sie herum sind nicht so flexibel und spontan, wie man es in Manhattan erlebt. Diese Denke des Planens und der Unflexibilität entspricht aber der Welt, aus der Sie sich gelöst haben. Wenn Sie früher das alles so wunderbar gefunden hätten, warum waren Sie dann so unzufrieden? Wenn das soziale Gefüge früher so perfekt gewesen wäre, dann hätten Sie sich nicht lösen müssen, um etwas Neues zu starten. Aber diejenigen, die dort geblieben sind, verzeihen Ihnen Ihren Aufbruch nicht so richtig – und das ist genau die Welt, aus der Sie sich befreien wollten. Wenn Sie sich jetzt einsam fühlen, machen Sie sich bewusst, was Sie durch Ihre Veränderung hinzugewonnen haben. Vielleicht werden Sie sich alleine fühlen, aber Sie werden in der Lage sein, die Erfüllung durch Weiterentwicklung zu spüren. Die anderen taumeln weiter in ihrer angestammten Welt. Und dann können Sie sich gestärkt fragen, ob Sie so etwas wirklich vermissen und sich immer auf morgen vertrösten lassen wollen.

Denken Sie an das, was Sie Neues erfahren haben. Und wenn Umgangsweisen in anderen Ländern mit neuen Menschen anders sind, als Sie es kannten, so wägen Sie für sich ab, wie viel Sie davon übernehmen wollen. In New York spricht man eine eigene Sprache, das habe ich erklärt. Der Lifestyle umfasst dort Airconditioning, Flüge bei jeder Gelegenheit, Angebote überall, eine kleine Wohnung, aber großes Leben und vor allem Erleben. Hart Arbeiten für das, was morgen kommt, und sich dann etwas leisten und sich verändern. Veränderung, wann immer ich Lust darauf habe, aber Leben, sobald ich vor die Tür gehe. Neue Menschen jeden Tag und ständig neue Telefonnummern, damit man sich erkundigen kann, wie andere ihr Leben meistern, Situationen bewältigen, Aufgaben erledigen und so weiter. „Neue Kunden, neue Runden!"

Der Spirit der Menschen bedeutet Vielfalt, bedeutet, sich zu entwickeln und zu entdecken, wozu man heute und jetzt in diesem Moment Lust hat. Und daran sollten Sie denken, wenn das „Früher" Sie wieder einholt und Ihnen klar wird, dass Sie sich anders entschieden haben. Früher ist nun Vergangenheit. Das heißt nicht, dass alles Alte und Vergangene nichts mehr zählt. Gerade meine Gegenstände von früher – die Bilder meiner Großmutter, als sie Kind war inmitten ihrer Familie, ein altes Nachtschränkchen meiner Urgroßmutter oder auch die Gedanken an

Freunde von früher und die gemeinsamen Erlebnisse, die nicht alle nur negativ waren. Das prägt uns und macht unsere Persönlichkeit aus. Wenn ich mir vorstelle, meine Großmütter wären in New York ... sie hätten sich nicht richtig wohlgefühlt. Wenn meine Urgroßmutter ihre Nachttischchen in dieser Stadt sehen würde, so würde sie mich wahrscheinlich fragen, warum ich diese durch die ganze Welt verschiffe und ob es dort nichts Neues gäbe. Für mich bedeutet das aber ein Gefühl der Geborgenheit trotz des neu erlangten Spirits.

Wir benutzen das Früher und das Vergangene, wie wir es gerade brauchen. Realistisch sind wir dabei aber nicht. Zum Beispiel bei vergangenen Partnerschaften und Ehen: Nur weil sich eine Ehe oder eine Beziehung auseinanderentwickelt, heißt das doch nicht, dass im Rückblick alles Vergangene schlecht sein muss. Aber auch hier gilt: Derjenige, der geht und etwas zurücklässt, macht neue Erfahrungen. Neue Erfahrungen mögen nicht immer gut oder steigerbar besser und noch besser sein – aber es sind neue Erfahrungen. Trotzdem kann man doch Vergangenes bewahren und schätzen. Die Realität sieht aber meistens so aus, dass, wenn zwei, die sich getrennt haben, irgendwann aufeinandertreffen, einer von beiden noch im selben Gefüge sitzt wie früher.

Einer wurde verlassen und hat nichts aus seiner Erfahrung und auch den Möglichkeiten, die dies eröffnet, gemacht. Dieser Mensch hat sich nicht weiterentwickelt, ist nicht umgezogen, hat nicht einmal alte Kisten und Erinnerungen durchsortiert – niemals den Job gewechselt, niemals Neues erfahren, und sei es auch nur, dass er neues Geschirr gekauft hätte, um sich mal einen neuen Anblick zu verschaffen. Einer von beiden sitzt auf demselben Sofa, wo früher zwei saßen, einer von beiden isst sogar vom selben Teller und trinkt aus derselben Tasse und erwartet gar noch, dass jemand Neues sogar auf der Matratze des ausgezogenen Partners schläft. Wenn Sie das jetzt lesen, verstehen Sie sofort, dass das nicht gut gehen kann.

Ich kam neulich in eine Wohnung, wo der Freund sogar verstorben war. Überall spürte ich diese Energie, obwohl ich wirklich nicht täglich Engelskarten lege oder bei meinen Entscheidungen ein Pendel hinzuziehe. Aber diese Energie des Vergangenen war überall. „Lass doch mal die Wohnung ausräuchern", habe ich geraten. Es war unerträglich, überall eine andere Person zu fühlen.

Gleichzeitig wurden Erinnerungen wach, weil ich natürlich den Ex-Partner gekannt hatte. Ich fühlte, wie Eigenschaften von ihm auf mich projiziert wurden. So etwas kann nicht gut gehen. Das Wohnungausräuchern ist ein Ritual der katholischen Kirche. Man kann einen Pfarrer oder Priester anrufen und darum bitten, dass die Wohnung oder die Büroräume gesegnet werden. Ist man evangelisch, so wird der katholische Kollege hinzugezogen. Ich habe das jeweils bei dem Bezug von neuen Büroräumen und Wohnungen gemacht. Ich finde, das ist eine sehr schöne Zeremonie. Normalerweise ziehen die Sternsinger Anfang des Jahres durch die Gemeinde und segnen die Wohnungen.

Diese Extra-Segnung ist eine etwas außergewöhnliche Bitte, die Kirchen kommen dem Wunsch aber nach. Gemeinsam wird dann eine kleine Liturgie gehalten, ein Gebet gesprochen, und anschließend wandert der Pfarrer mit dem Räucherkegel durch alle Räume und segnet die Räumlichkeiten. Danach öffnet man die Fenster, und alles, was in der Wohnung oder in den Büroräumen jemals an schlechter Energie oder störendem Einfluss vorhanden war, ist wie fortgeblasen. Ich habe das persönlich als befreiend und als tollen Neuanfang in neuen Räumen erlebt und kann das nur empfehlen!

Nach einer Trennung die Ex zu fragen, warum sie sich nicht im selben Maße weiterentwickelt oder verändert hat, wie ich selbst vielleicht mit einer neuen Partnerin, das ist auch zynisch – nicht jeder ist zu Veränderungen bereit, nur weil die Welt sich um einen herum verändert. Manche mögen es, stehenzubleiben und in verbrannter Asche zu kratzen – irgendwo könnte ja alte Glut neues Feuer entfachen. Aber niemand sollte andere an Entwicklungen oder Neuem hindern. Warum sollen alte Feuer immer wieder auflodern – warum kommen wir damit besser klar, als einfach froh zu sein, dass etwas vorbei ist, denn nur dann kann etwas Neues entstehen?

Warum fällt es einem so schwer, in Veränderungen die Chance zu erkennen? Ganz einfach – weil man selbst nicht gefestigt genug ist und an Gewohntem klebt. Welche Ex-Freundin kann Sie schon ganz offen und natürlich fragen: „Na, wie ist es in deiner neuen Beziehung?" Noch am Tag vor einer Trennung säuselt man einander ins Ohr: „Ich würde alles für dich tun!" und: „Ich will immer wissen, was du denkst!" Aber wenn man sich dann trennt und geht und die Wahrheit sagt, interessiert sich die Ex auf einmal gar nicht mehr dafür. Dabei würde jede Ex doch erst durch Trennung wirklich feststellen, ob sie Gedanken, Lebensweisen, Ansichten des Partners wirklich mag oder eher doch nicht. Die Trennung müsste als eigentlicher Beweis für Liebe und Entwicklung angesehen werden – aber das habe ich noch nicht erlebt ...

Etwas Neues ist der Beweis für sich selbst!

Selbstbewusstsein, Lachen, weil man sich frei fühlt, Glück – wann erleben Sie das?

Wenn Sie alles so tun, wie Sie es immer getan haben, wenn Sie sich nicht verändern und weiterentwickeln, dann lachen Sie vielleicht über Zoten, wenn Sie mit Ihren Freunden unterwegs sind. Aber lachen Sie auch ganz entspannt, wenn Sie an Ihre alte Beziehung denken?

Selbstbewusst sind Sie vielleicht am Arbeitsplatz, weil Sie eine tolle Position haben und genau wissen, wie Sie auf andere wirken. Aber ist es nicht eher so, dass Ihnen das insgeheim manchmal alles zu viel ist und Sie gerne etwas Neues machen möchten? Sind Sie bei diesem Gedanken noch genauso selbstsicher? Finden Sie Ihre Beziehung nur deshalb toll und fühlen sich zufrieden, weil der Partner keine Veränderung einleitet? Alles bleibt, wie es ist, ist das schön? Stellen Sie sich vor, Sie könnten lachen, weil Sie einfach entspannt glücklich sind über Situationen, in denen Sie früher verärgert waren. Hat man Sie versetzt, wollte eine Freundin lieber putzen, anstatt eine Geburtstagseinladung von Ihnen anzunehmen? Oder sind Freunde abends einfach losgezogen – ohne Ihnen Bescheid zu sagen? Stellen Sie sich vor, Sie könnten das alles selbstbewusst und entspannt ertragen, weil Sie an Ihre eigenen Erfahrungen denken und Ihr Selbstwertgefühl nicht von anderen abhängig machen! Oder weil Sie daran denken, wen Sie an ihrem neuen Lebensmittelpunkt schon kennen und mit wem Sie dort in der letzten Zeit essen waren und tolle Abends verbracht haben! Dann können Sie entspannt ertragen, daheim mal nicht „dabeigewesen" zu sein.

Das ist die Überleitung zu den neuen Erfahrungen, die man in Manhattan machen kann:

Das Leben in Manhattan

Die neue Freiheit

Während Männerwünsche daheim in Deutschland, wie bereits ausgeführt, oft materieller Art sind, ist dafür hier in New York nur begrenzt Platz. Sich in New York City eingelebt zu haben bedeutet auch, über den Besitzanspruch von früher dezent zu lächeln. Viele New Yorker haben einen Storage. Das sind professionelle Aufbewahrungs-Lagerräume. Auf mehreren Ebenen kann man wie in einer Kleingarage klimatisiert die Wintersachen aufbewahren und im Winter die Sommersachen – das Surfbrett, die Skier oder einfach all die Dinge, für die daheim kein Platz ist.

So ein Storage, natürlich von Security bewacht, kostet zwischen 29 und 80 Dollar pro Monat. Man kommt jederzeit an seine Sachen heran – 24/7, also 24 Stunden durchgehend an allen sieben Tagen der Woche. Braucht man zum Beispiel einen Anzug, der daheim aussortiert war, geht man in seinen Storage und holt ihn sich. In Deutschland wühlt man unterm Bett in Kisten oder findet den Anzug irgendwo zerknüllt im Schrank und muss dann „das gute Stück" erst einmal reinigen lassen. Eigentlich praktisch so ein Storage!

Platz ist Mangelware – und denke ich an mein Leben in Hamburg oder Berlin, an all die materiellen Dinge, die ich unbedingt haben musste – Vergangenheit! Auch mit zwei Taschen, gefüllt mit Klamotten, kann man überall gut klarkommen. Habe ich früher einen Porsche gefahren, natürlich einen schönen 964 mit ausfahrbarem Verdeck, so war das nett, um Freundinnen in der Stadt hin- und her zu kutschieren, in New York habe ich aber gelernt, dass man ohne Auto viel besser klarkommt. Außerdem empfinde ich einen Viersitzer für eine Einzelperson nicht mehr als angebracht. Ein kleiner, wendiger Flitzer oder eine Vespa in der Stadt, das ist cool, sowieso sind einfache Dinge viel cooler, als das früher der Fall war.

Busfahren empfand ich früher als Fortbewegungsart für Migranten. In Manhattan irgendwo zu sein und quer durch die Stadt – ab in den Crosstownbus oder in die Subway. Touristen fahren in Manhattan immer und gerne Taxi. Das empfinden sie als cool. Als New Yorker ist Taxi nice at night, wenn die U-Bahnen weiter getaktet sind und nicht mehr alle drei Minuten fahren. In Manhattan ist es im Sommer praktisch, Flipflops zu tragen. Es ist dort sehr heiß, und warum nicht mal irgendwo einfach aus den Flipflops schlüpfen und den Füssen frische Luft gönnen? Keep it simple! Warum nicht mit einem Kaffee durch die Straßen laufen?

Und wenn ich doch einmal ein Auto brauche: In Deutschland mag ich neuerdings Mitfahrzentralen. Warum irgendwo zu einer Autovermietung hechten – das Auto immer vollgetankt zurückbringen müssen, dabei immer aufpassen müssen, keinen Unfall zu bauen? Einfacher ist doch die Mitfahrzentrale. Ich lasse andere fahren, und ich lerne neue Menschen kennen. Was andere erleben, ist oft spannend anzuhören. Ich muss nicht allen meine Handynummern geben und mit jedem, den ich kennenlerne, eine Freundschaft beginnen – aber für eine gemeinsame Autofahrt zu erfahren, wie andere ihr Leben händeln oder was sie gerade tun – that's cool und wirklich günstig.

Zurück in Deutschland kommen mir große Wohnungen fast komisch vor. Früher hatte ich Dachgeschosse. 240 qm nur für mich – inzwischen empfinde ich das als Graus. Warum so viel Platz – alles putzen und einrichten müssen? Weniger ist mehr. Woran habe ich Erinnerungen, und was ist mir wirklich wichtig? Das bewahre ich auf.

Neue Medien

Dann der Umgang mit den Neuen Medien. „What's your Facebook name?" In Manhattan eine normale Frage. In Deutschland wird man von Frauen, die man neu kennengelernt hat, angeschaut, als würde man ihnen unverblümt in den Schritt langen. „Bei Facebook?", fragen sie erstaunt und schrecken zurück. Dabei wünscht Mann so mancher Frau in Deutschland, sie hätte mehr Facebook-Freunde, als dass sie die Zeit wartend in irgendeiner Dorfdisko verbringt! Let's Social Media!

Ein Blick nach Manhattan. Klar ist es vielleicht übertrieben, wenn man in einen Club in New York geht und fast alle auf den Handys herumtippen. Als Europäer findet man das schon befremdlich, da man es aus Europa so kennt, dass man ausgeht, um Musik zu hören, herumzuschauen, Fremde anzuquatschen oder mit Freunden wegzugehen, einen gemeinsamen Abend zu erleben. Aber hey – anderes Land, andere Sitten: In New York bedeutet sich treffen nicht, dass man auch gemeinsam wieder geht – man ist nebenbei auf Facebook oder Latitude oder mit irgendeiner anderen App beschäftigt. Latitude zeigt mir an, wo meine gespeicherten Freunde gerade sind. In Deutschland würde man dies als Handyortung umschreiben – in den Staaten käme niemand auf die Idee, sich daran zu stören, seiner Community zu zeigen, wo man gerade ist.

Warum nicht, wenn Freunde in einem anderen Club in der Nähe sind, mal kurz den Ort wechseln und dort vorbeischauen? Ab in die Subway und zwei Stationen fahren – that's it. One night with so much fun. Das kommt einem, wenn man neu in der Stadt ist, befremdlich vor, wenn in einem Club viele in der App hängen – denn für uns Europäer sind sie ja schon im Club. Wozu im Club sein und in der App zugleich?

Vielleicht muss man wirklich nicht jeden Standort per Latitude posten oder täglich Bilder veröffentlichen. Eine Freundin von mir war schwanger, und es wurden sogar Ultraschall-Pics gepostet. „So what?", wird man gefragt – was ist dabei? Alle meine Freunde sehen einen Schleier im Ultraschallbild in irgendeiner Plazenta. Interessiert nicht wirklich – aber Freunden bei Facebook gibt es so ein Gefühl, dabei zu sein, teilzuhaben – „gefällt mir" wird geklickt – that's it.

Wenn man jemanden kennenlernt oder auch nur irgendwo im Supermarkt trifft – einen Facebook-Namen kann man sich schneller merken als eine Rufnummer. Mit einer Rufnummer kann ich mehr Missbrauch treiben als mit einer Facebook-Connection. So what?, würde ich jedem Deutschen sagen, der skeptisch fragt, warum man das denn macht. So hat man neue Bekannte und kann, wenn einem danach ist, auch nachhaken – oder eben nicht, und nichts weiter passiert. Und ganz ehrlich – selbst wenn Sie am Tag zig Bilder posten von sich beim Essen, auf dem Weg zum Sportstudio, auf dem Weg zum Job, beim Auswählen zwischen diesem oder jenem Sportschuhmodell oder auch von der Plazenta Ihrer Freundin – who the f… really cares?

Der deutsche Datenschutz geht wohl im weltweiten Vergleich sowieso zu weit – nur in Deutschland kommen Menschen auf die Idee, bei Google ihre Adresse in Street View zu kaschieren. Wenn ich jemanden besuchen möchte und bei Street View nachsehen kann, wie das Haus aussieht, bin ich eher dort – und wer nun unbedingt meint, sehen zu müssen, wo ich wohne – nun gut …

Die meisten Menschen, die sich um Datenschutz sorgen und ihre Adresse bei Street View schwärzen lassen, würden doch sowieso keinen Besuch bekommen, zumindest nicht, um glücklich und entspannt mit Freunden zusammen zu sein. Und das lernt man in den USA – Technik zu nutzen und entspannt sein. Warum nicht bei Grindr mal sehen, wer in meiner direkten Umgebung mit Angabe der Distanz in Metern (ja, Sie lesen richtig: in Metern!) Lust auf Sex hat? Das wurde mir neulich von einem Freund gezeigt, „That's such a cool App!" und funktioniert natürlich nur für ein Smartphone.

Das klingt anders als Ihr jetziger Alltag? Über all diese Erfahrungen kann man glücklich sein, und das entspannt. That is lifestyle, und da gelingt einem so manches laute Lachen, wenn man als Weltenbummler wieder auf deutsche Spießigkeit trifft!

Ganz entspannt lachen, sich wohlfühlen. Das alles braucht man zwar nicht, wenn man es aber hat, so ist es eine Bereicherung.

Und das ist New York. Niemand wird hier hinterfragen, warum eine Marke einen Flagship-Store hat und vier weitere Geschäfte, niemand fragt, warum wieder eine Galerie oder ein Supermarkt eröffnet wird oder wieder ein Restaurant versucht, noch etwas Neues zu bieten – und niemand urteilt über eine App, die die Distanz bis zum nächsten unverbindlichen Geschlechtsverkehr in Metern angibt!

Kein Tag ist verloren, keine Stunde des Nachdenkens wird Sie einholen, in der Sie sich fragen: Was mache ich hier eigentlich? Sie bewegen sich in dem Strudel einer Stadt, die ganz schlicht und einfach nicht auf Sie gewartet hat. Anders als daheim. Da wartet der Garten auf Sie, das Auto will bewegt werden, und die Frau verlangt Konversation. In Manhattan wollen alle etwas – aber ob nun präzise von Ihnen – das ist Auslegungssache. Ein Vermieter will seine Miete, und die Telefongesellschaft will die Zahlung für die Handykosten – aber das löst man schnell mit der Weitergabe der Kreditkartennummer. „So, what's next?", würde der New Yorker fragen.

Hast du keine News zu bieten, warum soll ich mich dann mit dir abgeben? Machst du nichts, warum soll ich dann meine Zeit verschwenden, damit auch du etwas erlebst? „I am cool – so are you." Das sollte sich ein Deutscher merken. Warum soll ich mich mit dir unterhalten, wenn du nichts Tolles oder Spannendes zu erzählen hast? Oder mein Beispiel von vorher: Warum soll ich auf einen Kaffee mit dir zwei Tage warten, nur weil du es nicht schaffst, vor oder nach dem Segeln einen Kaffee irgendwo zu trinken? Einen Kaffee trinken bedeutet nicht den Tag gemeinsam verbringen. „Be cool and come down" – sei anders, und du bist gut.

Bist du Migrant? Bist du von einem anderen Kontinent? „Whow, that's amazing!" Also erzähl mal deine Geschichte. Bist du lesbisch oder schwul? „Oh, that's funny – so tell me ... ", denn ich bin es nicht, aber Schwule erleben immer viel – also erzähl mal, denn das ist lustig! Und Lustigkeit gibt meinem Tag, an dem ich viel machen muss, einen Moment der Freude. Und wenn du dich und dein Leben und deine Situation gut regelst, „whow, that's nice to hear" – dann sind das Tipps und Tricks for free, ohne dass ich Erfahrungen selber machen muss. Ich rede mit dir, dafür lerne ich von dir. Redest du nicht mit mir, so bist du selbst schuld und erfährst auch nichts von mir. Ich bin cool – hast du keine Lust drauf, dann lass es sein!

Networking

Networking is the key – das Schlüsselwort für Erfolg: Social Media. Ich stöbere mal in deinen Kontakten, wen ich da gut finde oder welches Profil und welche Tätigkeiten zu meinen passen. Ergibt sich dabei noch ein Date, „hey, that's even better!" Also warum sollte ich nicht Bilder von mir posten, auf denen jeder, der es will, mich auch sehen kann? In Deutschland hübschen sich Frauen zwei Stunden vor dem Spiegel auf, um dann wegzugehen. Man bereitet sich angespannt vor, und deswegen ist die Erwartung an das Heute, dass da was passieren muss, enorm groß – und die Enttäuschung wirklich bitter, da ja meistens für die jungen und alten Girls dann nachts gar nichts passiert. Macht das etwa Sinn? Warum nicht sympathische Bilder von sich posten und seinen Namen im Supermarkt weitergeben, damit mein Gegenüber diese Bilder von mir sieht – das ist einfacher, als im Club zu warten.

In Amerika lernt man auch, seine Social-Media-Profile zielgerichtet auszufüllen und bei „ich biete" oder „ich suche" konkret zu schreiben, was man kann – und was man will! Und warum auch nicht? In Deutschland wirkt das befremdlich, und auch im 21. Jahrhundert kenne ich leider Leute, die auf ihren Social-Media-Profilen kein Bild von sich zeigen – tja … wer meint, dass er ohne Optik überzeugen kann, herzlichen Glückwunsch! Aber in den USA lernt man: „be nice – it's easier that way."

Beruflich gibt es in den USA sogenannte Jours fixes. In regelmäßigen Abständen treffen sich Menschen einer Profession. Im Filmbereich ist das eine übliche Sache. Immer montags kann man zum Beispiel an einem gewissen Ort ganz unkonventionell gemeinsam über neue Projekte und Pläne reden. Da Networking in den USA eine ganz wichtige Sache ist und viele Jobs sich ergeben, weil man wen kennt, sind diese Treffen besonders im Freiberufler-Milieu sehr begehrt. Auf diese Weise kann man ungezwungener, unverbindlicher über Projekte reden oder auch neue Ideen vorstellen. Irgendeiner kennt immer irgendwen, der Lust auf dieses Projekt hat oder der an eine Idee glaubt und sich dafür einsetzen möchte, diese zu verwirklichen. Auf der anderen Seite habe ich an vielen Jours fixes teilgenommen, und oft ist es auch langweilig, da einem so richtig auffällt, mit welcher Klientel von Selbstständigen man es zu tun hat. Gerade im TV-Geschäft und im Journalismus sind Kämpfertypen erfolgreicher als Ideenlieferanten. Es gehört schon eine Portion an Durchsetzungsvermögen und auch an betriebswirtschaftlichen Kenntnissen dazu, tolle Ideen nicht nur zu verwirklichen, sondern auch wirtschaftlich zum Erfolg zu führen. Allein die rechtlichen Aspekte bei Veröffentlichungen sind entscheidend für Urhebertantiemen und so weiter.

Bei einem Jour fixe ist immer alles nur toll, alle sind von neuen Projekten begeistert – was sich am Ende wirklich umsetzen lässt und wer daran verdient – das steht auf einem ganz anderen Blatt.

9. Kapitel

ES IST ZEIT ZU WAGEN

Time for a change ...

Ab Mitte 20 bis Ende 30 gilt Mann als unverdorben und träumt von gewissen Dingen, die man erreichen möchte. Wenn ich das dann erreicht habe, dann passiert im Leben aber weiterhin das eine oder andere. Freundschaften entwickeln sich, eine Liebschaft oder sogar Partnerschaften. Vielleicht wagt man auch die Ehe und setzt Kinder in die Welt. Kleine Dinge, die vorher ein scheinbar erfülltes Leben bedeuteten wie ein gewisser Urlaub, ein neues Auto, eine neue Uhr oder tolle Turnschuhe – all das wird ab Mitte 30 zur Banalität und füllt einen nicht mehr aus. Dann auf einmal wird man 40, der Alltag wird zum Trott – aber wo entwickelt Mann neue Ideen? Aufs Land zu ziehen, kann man sich als Stadtmensch schwer vorstellen, als Landmensch möchte man umgekehrt vielleicht auch nicht in die Stadt ziehen. Etwas Veränderung wäre schön – aber dann setzt das Sicherheitsdenken ein, und Mann verändert doch nichts. So wird mir im Laufe der Jahre vieles egal, so lange, bis ich mir gar nichts Neues mehr für mich selbst vorstellen kann. Dabei bietet genau diese Eingefahrenheit, wie bereits angesprochen, auch Vorteile – denn neue Pläne müssen nicht abrupt umgesetzt werden, und es muss gar nichts sofort passieren, da das Leben schon läuft.

Beobachtet man Deutsche, so wird nur persönlich Erlebtes als Lernerfahrung verarbeitet. Meist hinterfragt man sein persönliches Verhalten im Rahmen von diesen Erlebnissen, um so Schlüsse daraus zu ziehen. Ihre Berichte klingen völlig neutral und distanziert. Amerikaner sind da anders. Amerikaner erleben eine banale Geschichte und nutzen diese für sich selbst. Eine Story wird total persönlich, auch wenn sie sie in einem Buch gelesen, in einem Film gesehen oder auch nur irgendwo aufgeschnappt haben. Und doch können sie sie so schildern, als sei es die ganz persönlich erlebte Geschichte. So gelingt es ihnen, sich mithilfe der Erlebnisse anderer immer wieder neu zu erfinden. Vermeintliche Misserfolge und Niederlagen werden als Chance verstanden für den nächsten Schritt.

Und auch aus vermeintlichen Niederlagen oder Misserfolgen anderer kann man seine Schlüsse ziehen. Deswegen verkaufen sich Ratgeber in den USA auch noch viel besser als in Deutschland. Die Fähigkeit, fremde Situationen oder die fremde Motivation auf sich selbst zu beziehen und für sich selbst zu nutzen, das fehlt vielen Deutschen. Deutsche würden sagen: Ich habe dieses und jenes gelesen, aber ich habe ja meine eigene Geschichte und deswegen ist das alles bei mir anders – ich kann das Gelesene oder von anderen Erlebte nicht auf mich anwenden. Amerikaner lassen sich mehr inspirieren – Deutsche legen Wert auf Distanz, und so fehlt der Mut, sich selbst immer wieder neu zu erfinden. Alles läuft ja auch so, und oft hängen wir fest wie ein dicker Brei.

Wir denken zu klein, so könnte man es auch formulieren. Und tatsächlich – bei einem Gespräch unter Freunden hat es einer so formuliert: „Ist nicht jeder von uns einfach nur gerne everybody's

Darling in seiner persönlichen Umgebung? Ich selbst kenne meine Entscheidungen der letzten Zeit. Ich bin nicht experimentierfreudig, bleibe in meiner Umgebung und verändere nichts. Das Einzige, was ich will, ist, dass man mich mag. Vielleicht ist das ein bisschen wenig, aber so ist es halt, und deswegen geht's nicht weiter."

Es wird Menschen geben, die kapitulieren vor vermeintlichen Hindernissen, einer Midlife-Crisis oder dem Burnout. Wie wäre deshalb der Ansatz, dem Glück auf die Sprünge zu helfen? Denn es ist Ihr Leben und deshalb auch Ihr Glück.

Sind die Entscheidungen gefallen und wollen Sie sich verändern, so sind doch einige Dinge abzuwägen und gegenzuchecken. Eine relativ unkomplizierte Möglichkeit steht uns Deutschen dabei offen: Das Sabbatical ist ein Arbeitszeitmodell, welches einem eine Auszeit von drei bis zwölf Monaten einräumt und das seit Januar 2001 sogar im Teilzeit- und Befristungsgesetz (TzBfG) festgeschrieben ist.

Am einfachsten ist es natürlich für Singles, etwas Neues zu wagen. Man untersucht seine finanzielle Lage und jobbt vielleicht vorher ein wenig, um ein Polster anzulegen. Dann geht's los. Wenn Sie in Deutschland arbeiten können, warum sollte Ihnen das nicht auch im Ausland gelingen? Und wenn es Ihnen gefällt, dann bleibt man halt – alles andere wird sich ergeben.

Nicht so einfach ist es mit Anhang. Hier gilt es zu überlegen, ob der Lebenspartner oder die Ehefrau mitkommt. Aber auch eine Trennung, am Anfang natürlich auf Zeit geplant, gut erklärt und deutlich geschildert, hilft der Weiterentwicklung. Die gegenseitige Inspiration ist in Partnerschaften auch auf Distanz möglich, und ein Loslassen des Partners – was gibt es Schöneres, als am Glück seiner Partnerin teilzuhaben oder sie in ihren Plänen zu unterstützen? Ebenso macht es doch Mut, wenn man selbst Ermunterung erfährt, anstatt Hindernisse in den Weg gelegt zu bekommen. Selbst wenn eine Trennung auf Zeit irgendwann zum Nachzug der Familie oder auch zu einer endgültigen Trennung führt – niemand möchte doch einem anderen und dessen Entwicklung im Wege stehen.

Kinder können von der Schulpflicht entbunden werden – hier gibt es in jedem Bundesland unterschiedliche Regelungen. Wenn man einen längeren Urlaub oder eine Auszeit plant, so ist eine Unterrichtung durch die Eltern während der Abwesenheitsphase möglich – genauso aber auch bei einem neuen festen Wohnsitz die Einschulung an einem anderen Wohnort in jedem Land der Erde. Weltweit gibt es sogar mehr als 140 deutsche Schulen – so wird die Umstellung für die Kinder nur wegen neuer Lebensideen der Eltern vielleicht tragbarer.

Am wichtigsten sind die Formalitäten wie Kranken- und Rentenversicherung. Hier gibt es Regelungen, dass bei einem Umzug ins Ausland Kosten nach dem deutschen Modell ersetzt werden. Da die Sätze zum Beispiel für eine Zahnarztbehandlung in den USA ganz sicher nicht ausreichen, ist eine Auslandskrankenversicherung unabdingbar. Es gibt diverse Anbieter – auch kann man sich im neuen Land versichern. Hier gilt es aber vor Wohnsitzwechsel die genauen Möglichkeiten abzuklären! Auch ist auf die Modalitäten der Rentenversicherung zu achten. Eine Auszahlung wegen Auswanderung sollte jedoch gut überdacht werden; eine freiwillige Weiterführung ist zu empfehlen, um die Absicherung nicht zu riskieren. Persönliche Verpflichtungen wie Kredite oder Auto und Haus sind durchzurechnen und ggf. abzulösen.

Bei Autos empfiehlt es sich, ein Auslaufen des Leasing- oder Finanzierungsvertrags als persönlichen Break zu nehmen, um auch privat etwas zu verändern. Aber auch bei Immobilien sind Finanzierungen meistens für fünf oder zehn Jahre festgeschrieben. Lässt sich eine Immobilie somit nach Auslaufen der Kreditverträge mit Gewinn verkaufen, so ist eine Ablösung der Kredite möglich, und der erwirtschaftete Gewinn dient als Einkommenspuffer für den neuen Lebensabschnitt.

Wer am Anfang etwas vorsichtig an eine neue Lebenssituation herangehen möchte, versucht vielleicht, seine Wohnung unterzuvermieten oder sogar zu tauschen. Das Internet bietet hier vielfältige Vermietungs- und Tauschoptionen, um flexibel umziehen zu können.

Ob ein Wechsel des Lebensmittelpunkts für immer ist – das kann niemand voraussagen. Mir geht es um die persönliche Inspiration und das Entdecken von Neuem – und dazu ist New York wirklich perfekt. In Manhattan erscheint all das, was uns hier in Deutschland scheinbar bremst, freier und einfacher zu realisieren. Mein New-York-Exkurs soll Sie einfach ermuntern, sich selbst zu entdecken, bevor Sie irgendeine Krise einholt. Sie werden ganz sicher andere Vorstellungen haben von einer Veränderung Ihres Lebens – vielleicht empfinden Sie Manhattan auch als total langweilig oder sogar abstoßend. Natürlich gibt es Elend und unendliche Armut in dieser Stadt – wie auch überall sonst.

Ich blende soziale Schieflagen oder ökologische Absurditäten nicht aus – ich begegne ihnen aber mit dem Privileg eines Fremden, der in einer anderen Umgebung ein neues Leben entdeckt. Es ist aber auch nicht die Aufgabe eines Midlife-Crisis-Ratgebers, nach Elend und Trostlosigkeit Ausschau zu halten. Lifestyle und Spirit zu entdecken, darum geht es – sich selbst weiterentwickeln, Dinge zu erleben und Neues zu wagen. Und all das fernab fester Regeln, die als typisch Deutsch gelten. Die Welt ist faszinierend, und wenn man woanders ist, so hat man manchmal das Gefühl, das eigene Leben hat genau auf diesen Moment gewartet.

Die Faszination einer Stadt ist nach rund drei Jahren gebannt, so sagt man. Wenn man nach Manhattan kommt, kann man sich nicht vorstellen, dass man wirklich drei Jahre braucht, um die Stadt und die Menschen, den Spirit, die Geschwindigkeit, den Trend oder auch die Funktionsweise zu verstehen. Man benötigt einige Monate, um sich einzuleben. Egal, wo man auf der Welt ist, ein persönlicher Alltag ist immer von der Region, in der man sich befindet, geprägt. In Deutschland tue ich andere Dinge als in Tokio oder New York. Schon bezüglich der Angebote, die man nutzt oder eben ignoriert, oder bezüglich der Ernährung ändern sich die Schwerpunkte.

Aber damit hat man nur Möglichkeiten dieser neuen Umgebung für sich ausgelotet. Und wirklich, nach drei Jahren USA stellt man eine Veränderung fest, die auch Freunde bestätigen. Diese Veränderungen sind das Ergebnis positiver und negativer

Erlebnisse. Positive Veränderungen sind zum Beispiel eine größere Weltoffenheit. Gerade in New York lernt man den Umgang mit unterschiedlichsten Kulturen und Verhaltensweisen.

Gerade weil in Manhattan jeder versucht, sich zu verwirklichen, und alle um einen herum dies akzeptieren, entsteht in mir aber andererseits auch eine deutliche Aggression gegenüber Personen und Gegebenheiten, die einen in Deutschland konkret behindern und den Spirit des Neuen ausbremsen. Dieser wird hierzulande oft als fremd beäugt.

Während in Deutschland eine Traurigkeit entsteht, weil Dinge nicht passieren, weil man diesen oder jenen Job nicht bekommt, weil sich Freunde nicht so verhalten, wie man es sich erhofft, führt ein Aufenthalt in den Staaten dazu, dass man durch solche Dinge eher angespornt wird. Mehr kämpfen, um etwas zu erreichen, noch offener sein, um andere Menschen kennenzulernen, und rückblickend sogar froh sein, dass sich Veränderungen ergeben haben. Durch den Blick auf Deutschland wird das dann sofort deutlich, denn blickt man auf seine „alte" Welt, so hat sich hier während der eigenen Abwesenheit wie ausgeführt nicht viel verändert.

Persönlich lernt man, selbstverständlich mit Hindernissen und Begrenzungen klarzukommen und diese sogar als Freiheit zu interpretieren. Reiste ich vorher mit viel zu viel Gepäck, so kann ich nun sehr flexibel einfach losfliegen, materielle Dinge und Besitz relativieren sich. Gleichzeitig verachte ich Missgunst oder Respektlosigkeit gegenüber Dingen, die mir wichtig sind und mit denen ich mich umgebe: Wer eine 200-Quadratmeter-Wohnung hat, der benötigt den einen oder anderen Gegenstand, mit dem er sich umgibt, nicht wirklich, um sich wohlzufühlen oder zu existieren. Wer aber auf 13 Quadratmetern lebt, der wird jede Socke finden und benötigt jedes Blatt Papier, das er aufbewahrt; man lernt, sich zu organisieren und zu strukturieren. Damit verbunden ist eine große Portion Flexibilität, die ja ohnehin neben dem Wort „Vielfalt" zu den Schlagwörtern Manhattans gehört. Es ist egal wo ich wohne, denn selbst wenn ich vorübergehend Kompromisse eingehe, sorgen diese letztendlich für Veränderung.

Bei all der Offenheit und Flexibilität bemerke ich aber auch immer wieder eine deutliche Grenze, an der ich Verständnis für Menschen entwickele, die zu all dem schlicht keine Lust haben. Und darin liegt der Grund für dieses Buch. Nicht abwarten, bis ein Lebensabschnitt einfach so dahinläuft – sondern eingreifen in den Fluss. Mit 50 oder 60 nach Manhattan zu ziehen, wäre wohl unendlich anstrengender als mit 35 oder 40, denn die Möglichkeiten zum beruflichen Change scheinen zwar in New York keine Grenzen zu kennen – aber dem Wahn und der Begeisterung für Neues, für Flexibilität, für Aufgeschlossenheit und für die allgegenwärtigen Chancen kann man als Deutscher nicht immer unbeschränkt folgen.

Man wägt als Deutscher mehr und mehr ab, ob man für all dies die Absicherung, die ja in Deutschland wirklich als allumfassend angesehen werden kann, eintauschen möchte. Wenn ich deutsche Versicherungen sehe, Krankenversicherung, Arbeitslosenversicherung, Rentenversicherung, Pflegeversicherung, Haftpflichtversicherung, Hausratversicherung, ja sogar Sturm- und Hagel-Versicherungen, Reiseversicherungen, Diebstahlversicherungen – was bitte kann einem Deutschen passieren im Vergleich zu einem Amerikaner, bei dem all diese Versicherungen wie geschildert zeitlich begrenzt und an wiederkehrende Überprüfungen gekoppelt sind? Lief dann bei ihm irgendetwas aus der Spur, dann ist aus die Maus, Schicht im Schacht. Nicht nur die Krankenversicherungen werden nach einer gewissen Zeit neu gecheckt, sogar die Rentenversicherungen der Amerikaner sind an Fonds gebunden, die ja bekanntlich auch nicht sicher sind – und so manches Mal habe ich mich gefragt, warum ich diesen Schritt nach Manhattan gemacht habe, trotz allem Neuen, den tollen Erlebnissen und größter Begeisterung!

Wenn ich heute lese, wie Senioren als Au-pair jobben, Führungspersonen zu Yogalehrern werden, Ingenieurinnen auf Hundebetreuerin umsatteln, Altenheimleiter jetzt als Touristenführer arbeiten oder egal was – dann sind das Berichte über Rentner, die aus einer vollständigen Sicherheit heraus Hobbys entwickeln. That's it – all dieses neu entdeckte Rentnersein in Deutschland oder Europa hat mit einer Mid-30er-Neuorientierung aber wirklich gar nichts zu tun. Hier die aufkommenden Sinnfragen mitten im gewohnten Leben zuzulassen und etwas anderen zu tun, einen Schritt heraus aus dem Alltagstrott zu wagen – davor empfinde ich Respekt, Bewunderung und allerhöchste Hochachtung.

Ich selbst hätte kein Jahr älter sein wollen bei dem Versuch, woanders Fuß zu fassen. Sich zu integrieren, gleichzeitig andere begeistern zu müssen, um im Job sowie von Freunden und Bekannten angenommen zu werden – dass man dazu trotz all der tollen und begeisternden neuen Erlebnisse keine Lust hat und sich fragt, warum man das alles tun soll, das kann ich einerseits gut verstehen. Andererseits ist hoffentlich in diesem Buch deutlich geworden, wie viel Sie durch einen mutigen Schritt für sich gewinnen können.

Außerdem: Hier hat ein Deutscher wieder sein Sabbatical – eine weitere Absicherung und sozusagen ein Schnuppern an der Freiheit. Sie müssen sich nicht gleich auf alle Zeiten festlegen.

Vergessen Sie also bei allem Ärger über Altgewohntes, Festgefahrenes und Midlife-Frust nicht das Bauchgefühl, das uns Menschen auch oft davor warnt, vor lauter wildem Forscherdrang und im Überschwang aufs Glatteis zu gehen. Andererseits sagt es „ja" zu den Dingen, die sich spontan gut anfühlen. Erspüren Sie, was Ihnen noch fehlt, um sich als Mensch komplett zu fühlen, finden Sie heraus, welche Träume noch geträumt und ausgelebt werden wollen. Wir leben so abgesichert, dass wir uns reifliche Überlegungen leisten können! Dann jedoch sollten Sie auch keine Angst vor Umwegen haben – die führen Sie letztlich auch ans Ziel, und das Leben wird Sie begeistern – kommen Sie gut an!

Jo Piazza – Beruf: Promi

Ob Ashton Kutcher oder Brad Pitt – Promis verdienen allein durch ihren Status Geld. Journalistin Jo Piazza hat direkten Zugang zu dieser Szene. Sie beschreibt detailliert, wie vom Babyfoto bis zum Twitter-Account nahezu alles vergoldet werden kann – und welche Regeln und Gesetzmäßigkeiten sogar Promis beim Geschäft mit dem eigenen Ruhm beachten müssen.

224 Seiten / broschiert / ISBN: 978-3-864700-48-4 / 19,90 €

Andreas Neichsner – Schritt für Schritt zur Traumfigur

Andreas Neichsner ist einer der bekanntesten Personal Trainer Deutschlands. Nun können Figurgeplagte vom Wissen des Experten profitieren, ohne sich einen Personal Trainer leisten zu müssen. Neichsner entlarvt viele Trainings- und Ernährungsmythen. Er zeigt Ihnen, wie Sie Schritt für Schritt den Weg in ein gesünderes und fitteres Leben gehen können.

256 Seiten / gebunden / ISBN: 978-3-864700-54-5 / 19,90 €